Obra Completa de C.G. Jung
Volume 3

Psicogênese das doenças mentais

Comissão responsável pela organização do lançamento da Obra Completa de C.G. Jung em português:
Dr. Léon Bonaventure
Dr. Leonardo Boff
Dora Mariana Ribeiro Ferreira da Silva
Dra. Jette Bonaventure

A comissão responsável pela tradução da Obra Completa de C.G. Jung sente-se honrada em expressar seu agradecimento à Fundação Pro Helvetia, de Zurique, pelo apoio recebido.

Dados Internacionais de Catalogação na Publicação (CIP)
(Câmara Brasileira do Livro, SP, Brasil)

Jung, Carl Gustav, 1875-1961.
    Psicogênese das doenças mentais
C.G. Jung; tradução de Márcia Sá Cavalcante. – 6. ed. – Petrópolis, RJ : Vozes, 2013.

Título original: Psychogenese der Geisteskrankheiten.

15ª reimpressão, 2021.

ISBN 978-85-326-0347-0
Bibliografia.

1. Distúrbios mentais 2. Doenças mentais 3. Psicologia Patológica 4. Psicopatologia 5. Psiquiatria 6. Sintomatologia I. Título.

CDD-616.89
10-08094
NLM-WM 100

Índices para catálogo sistemático:
1. Psicopatologia   616.89

C.G. Jung

Psicogênese das doenças mentais

3

Petrópolis

© 1986, Walter-Verlag, AG, Olten

Tradução realizada a partir do original em alemão intitulado
Psychogenese der Geisteskrankheiten (Band 3)

Editores da edição suíça:
Marianne Niehus-Jung
Dra. Lena Hurwitz-Eisner
Dr. Med. Franz Riklin
Lilly Jung-Merker
Dra. Fil. Elisabeth Rüf

Direitos exclusivos de publicação em língua portuguesa:
1991, Editora Vozes Ltda.
Rua Frei Luís, 100
25689-900 Petrópolis, RJ
www.vozes.com.br
Brasil

Todos os direitos reservados. Nenhuma parte desta obra poderá ser reproduzida ou transmitida por qualquer forma e/ou quaisquer meios (eletrônico ou mecânico, incluindo fotocópia e gravação) ou arquivada em qualquer sistema ou banco de dados sem permissão escrita da editora.

CONSELHO EDITORIAL

Diretor
Gilberto Gonçalves Garcia

Editores
Aline dos Santos Carneiro
Edrian Josué Pasini
Marilac Loraine Oleniki
Welder Lancieri Marchini

Conselheiros
Francisco Morás
Ludovico Garmus
Teobaldo Heidemann
Volney J. Berkenbrock

Secretário executivo
João Batista Kreuch

Tradução: Márcia Sá Cavalcante
Revisão literária: Orlando dos Reis
Revisão técnica: Dra. Jette Bonaventure

Diagramação: AG.SR Desenv. Gráfico
Capa: 2 estúdio gráfico

ISBN 978-85-326-2424-6 (Obra Completa de C.G. Jung)

ISBN 978-85-326-0347-0 (Brasil)
ISBN 3-350-40078-5 (Suíça)

Editado conforme o novo acordo ortográfico.

Este livro foi composto e impresso pela Editora Vozes Ltda.

Sumário

Prefácio dos editores, 7

I. A psicologia da *dementia praecox*: um ensaio, 9
   Prefácio, 11
   I. Exposição crítica das concepções teóricas sobre a psicologia da *dementia praecox*, 13
   II. O complexo de tonalidade afetiva e seus efeitos gerais sobre a psique, 48
   III. A influência do complexo de tonalidade afetiva sobre a valência da associação, 63
   IV. *Dementia praecox* e histeria: um paralelo, 82
      A. Os distúrbios emocionais, 82
      B. Anormalidades de caráter, 87
      C. Distúrbios intelectuais, 90
      D. A estereotipia, 106
      Resumo, 111
   V. Análise de um caso de demência paranoide enquanto paradigma, 114
      A. História clínica, 114
      B. Associações simples de palavras, 117
      C. Associações contínuas, 128
         a) A satisfação do desejo, 129
         b) O complexo de lesão, 143
         c) O complexo sexual, 152
         d) Resumo, 164

e) Apêndice, 166
Epílogo, 171

II. O conteúdo da psicose, 173
Prefácio à segunda edição, 175
O conteúdo da psicose, 178
Apêndice – A interpretação psicológica dos processos patológicos, 200

III. Crítica a E. Bleuler: sobre a teoria do negativismo esquizofrênico, 217

IV. A importância do inconsciente na psicopatologia, 225

V. O problema da psicogênese nas doenças mentais, 235

VI. Doença mental e psique, 253

VII. A psicogênese da esquizofrenia, 259

VIII. Novas considerações sobre a esquizofrenia, 279

IX. A esquizofrenia, 289

Referências, 307

Índice onomástico, 317

Índice analítico, 321

Prefácio dos editores

Os artigos sobre a psicogênese das doenças mentais de C.G. Jung pertencem, na maior parte, às primeiras publicações do autor. São o primeiro ponto alto de sua produção, ainda predominantemente psiquiátrica. Não se pode avaliar cabalmente a importância deles para a compreensão do trabalho de pesquisa de C.G. Jung. Embora alguns tenham hoje um interesse apenas histórico, no conjunto nada perderam de sua importância para o campo da psiquiatria. Decorrido mais de meio século, as investigações e sugestões do autor ainda aguardam maior aprofundamento e mais ampla experimentação.

Os dois primeiros tratados, mais extensos – "A psicologia da *dementia praecox*" e "Conteúdo da psicose" –, nasceram no período de fecundo trabalho de Jung no Hospital Psiquiátrico do cantão e na Clínica Psiquiátrica da Universidade Burghölzli em Zurique. As publicações oriundas do encontro e colaboração com Auguste Forel e Eugen Bleuler asseguraram-lhe um lugar definitivo na pesquisa psiquiátrica. Esses escritos despertaram a atenção de Sigmund Freud, ocasionando, entre os dois pioneiros do campo da psicologia profunda, o encontro e a intensa troca de ideias (embora temporária) que tiveram. Na verdade, a visão que tinha Jung das doenças mentais já encerrava os germes que o levariam a abandonar definitivamente a psicanálise.

A pesquisa do mundo de ideias do esquizofrênico sugeriu a Jung, em especial, a hipótese da energia psíquica e do inconsciente coletivo com seu conteúdo arquetípico – experiências e conceitos que se mostraram fecundos em seu trabalho posterior. Nem a teoria da libido sexual, que resulta em narcisismo, nem a de uma gênese hereditária ou pessoal lhe pareceram esclarecer suficientemente os fenômenos típicos do processo dissociativo, da avalanche de imagens e da deterioração das funções psíquicas, presentes nessas formas de psicose.

De fato, Jung foi um dos primeiros a realizar psicoterapia individual com pacientes esquizofrênicos. Aliás, já no início do século XIX, investigou as relações psicológicas entre funcionários e pessoal da administração dos hospitais psiquiátricos de um lado, e a evolução da doença de seus pacientes, de outro, extraindo as conclusões devidas para o tratamento. Hoje, as novidades introduzidas naquela época são em geral reconhecidas, confirmando os resultados proveitosos, previstos por Jung.

No artigo "Novas considerações sobre a esquizofrenia" (1959), Jung admite, a contragosto, que, desde suas primeiras publicações, os conhecimentos sobre a natureza desta doença mental permaneceram fragmentários, podendo no máximo ser apresentados como esboços, no tocante aos estudos de casos isolados.

Infelizmente as editoras Marianne Niehus-Jung e Lena Hurwitz-Eisner, há pouco falecidas, não puderam participar deste volume. Somos-lhes muito gratos, especialmente a Marianne Niehus que, juntamente com os editores anglo-americanos, empreendeu durante anos um trabalho de preparação decisivo. Klaus Thiele-Dohrmann traduziu para o alemão os artigos IV, V e VII, escritos em inglês. A elaboração dos índices de autores e analítico esteve aos cuidados de Marie-Louise Attenhofer e Jost Hoerni. Agradecemos-lhes pelo trabalho meticuloso.

Pelos editores,
F.N. Riklin

I
A psicologia da *dementia praecox*: um ensaio*

---

* Publicado pela primeira vez pela Verlagsbuchhandlung Carl Marhold, Halle a.S. 1907.

Prefácio

O presente estudo é fruto de pesquisas experimentais e observações clínicas realizadas durante três anos. Em vista da dificuldade e da vastidão da matéria, meu trabalho não quer nem pode pretender uma apresentação completa e uma certeza absoluta das afirmações e conclusões; ao contrário, reúne em si todas as desvantagens do ecletismo, de modo que a muitos leitores há de parecer que ele é uma profissão de fé e não um livro científico. Tanto faz! O principal é mostrar a meus leitores de que maneira, através da pesquisa psicológica, obtive algumas intuições que considero capazes de oferecer um novo e frutífero direcionamento para as questões sobre os fundamentos psicológicos individuais da *dementia praecox*. Essas intuições não são teias de uma mórbida fantasia, mas pensamentos amadurecidos no trato quase diário com meu estimado chefe, professor Dr. Bleuler. Agradeço especialmente ao amigo Dr. Riklin de Rheinau pelo enriquecimento específico do material empírico. Um exame superficial das páginas de meu trabalho mostra o quanto devo às geniais concepções de Freud. Uma vez que Freud ainda não recebeu o devido reconhecimento e apreciação, sendo inclusive bastante combatido nos círculos mais competentes, gostaria de precisar minha posição em relação a Freud. A leitura das obras de Freud levou-me a dar-lhe a devida atenção: de início, casualmente, ao ler a *Interpretação dos sonhos;* a partir desta obra, estudei seus demais escritos. Posso assegurar que desde o princípio fiz, naturalmente, as objeções aduzidas geralmente contra Freud na literatura. Contudo, achava que Freud apenas poderia ser refutado por alguém que tivesse utilizado amplamente o método psicanalítico e realmente houvesse investigado como Freud investiga, isto é, empreendendo uma longa e minuciosa análise da vida diária, da histeria e do sonho a partir de *seu* ponto de vista. Quem não procede assim ou não pode proceder assim, também não pode julgar Freud, pois se comporta como os famosos cientistas que por desprezo se recusaram a olhar pelo telescópio de Galileu. Fazer justiça a Freud não significa, como muitos temem, sujeitar-se incondicionalmente a um dogma; é bastante possível manter um julgamento independente. Se admito, por exemplo, os mecanismos complexos dos sonhos e da histeria, não significa, de forma alguma, que atribuo ao trauma sexual da juventude uma significação exclusiva, como Freud parece fazer; muito menos que eu coloque a sexualidade em primeiro plano, acima de tudo, ou lhe confira universalidade psicológica que, como parece, é postulada por Freud, pela impressão do papel poderoso que a sexualidade desempenha na psique. A terapia freudiana consiste, no melhor dos casos, em uma das várias possibilidades e talvez nem sempre ofereça aquilo que teoricamente dela se pressupõe. Mas essas questões são secundárias, desaparecendo por completo ante a descoberta dos princípios psicológicos que é o maior mérito de Freud e aos quais a crítica dá pouca atenção. Quem pretende ser justo com Freud deve comportar-se segundo as palavras de Erasmo: "Remove toda pedra, experimenta tudo, não abandones o que começaste".*

Uma vez que meu trabalho frequentemente se apoia em pesquisas experimentais, peço ao leitor que me desculpe quando encontrar excessivas referências aos *Diagnostische Assoziations-studien* [Estudos sobre Associações para Fins Diagnósticos], por mim editados.

Zurique, julho de 1906

C.G. Jung

---

* "*Unumquemque move lapidem, omnia experire, nihil intentatum relinque*".

I
Exposição crítica das concepções teóricas sobre a psicologia da *dementia praecox*

Na bibliografia especializada, existem simplesmente pistas para a interpretação dos distúrbios *psicológicos* na *dementia praecox*. Na verdade, algumas vão bastante longe, embora não se encontrem, em parte alguma, explicitamente inter-relacionadas. As contribuições de autores mais antigos têm apenas valor limitado, pois dizem respeito, ora a uma, ora a outra forma de doença e só se aplicam à *dementia praecox* com muita reserva. Assim não devemos conferir-lhes validade universal: a primeira concepção mais geral sobre a essência do distúrbio psíquico na catatonia é, quanto eu saiba, a de Tschisch (1886)[1], que considerava como característica essencial a *incapacidade de atenção*. Outra concepção semelhante, com outra formulação, é expressa por Freusberg da seguinte maneira[2]: os atos automáticos dos catatônicos estão ligados a um estado de diminuição da consciência que perdeu o domínio sobre os processos psíquicos. O distúrbio motor é apenas expressão sintomática do grau de tensão psíquica.

Para Freusberg, os sintomas de distúrbio motor na catatonia dependem de fenômenos psicológicos correspondentes. O "enfraquecimento" da consciência lembra a perspectiva bem mais moderna de Pierre Janet. Também Kraepelin[3] e Aschaffenburg[4] constatam o distúrbio na

---

1. Segundo ARNDT. *Über die Geschichte der Katatonie*, p. 81s.
2. *Über motorische Symptome bei einfachen Psychosen*, p. 757s.
3. *Psychiatrie. Ein Lehrbuch für Studierende und Ärzte*.
4. Cf. *Bericht über die 28. Versammlung des südwestdeutschen psychiatrischen Vereins in Karlsruhe, 6/7. November 1897*, p. 60s.

atenção, assim como Ziehen e outros: em 1894, encontramos, pela primeira vez, um trabalho de psicologia experimental sobre a catatonia – é a investigação de Sommer, "Zur Lehre von der 'Hemmung' geistiger Vorgänge"[5] [Doutrina da inibição de processos mentais]. O autor faz as seguintes considerações de importância geral:

1. Enfraquecimento do processo de ideação.

2. As imagens apresentadas ao paciente absorvem de tal maneira sua atenção que ele apenas com grande dificuldade delas se livra.

Sommer explica os *bloqueios* frequentes (prolongamento do tempo de reação), nesses casos, como tolhimento óptico[6]. O estado de dispersão em pessoas normais apresenta, muitas vezes, fenômenos semelhantes ("espanto", "olhar fixo"). Através da analogia entre o estado catatônico e a dispersão normal, Sommer constata algo semelhante a Tschisch e Freusberg: a *redução da atenção*. Um outro fenômeno intimamente ligado ao tolhimento óptico é, segundo Sommer, a *catalepsia* que ele "considera, em todos os casos, um fenômeno inteiramente condicionado pela psique". Com essa concepção, Sommer se opõe diretamente à concepção de Roller, admitida incondicionalmente por Clemens Neisser.

Roller diz o seguinte: "O estado patológico dos centros subordinados desencadeia num alienado as ideias e sensações que forçam a percepção, a entrada da realidade no campo visual da consciência. E quando a apercepção ativa, a atenção, entra em atividade, fica presa por estas percepções patológicas" etc.[7]

Continuando, Neisser observa: "Qualquer detalhe da loucura que examinemos revela sempre algo diferente, estranho; são processos que não podem ser esclarecidos por uma analogia com a vida psíquica normal. Na loucura, o mecanismo lógico não é acionado pela atividade psíquica consciente aperceptiva ou associativa, mas por estímulos patológicos aquém do limiar da consciência"[8]. Assim Neisser

---

5. P. 234s.

6. V. Leupold, quem mais escreveu recentemente sobre esse sintoma, chama essa manifestação de "o sintoma do nomear e apalpar" (*Zur Symptomatologie der Katatonie*).

7. Apud NEISSER. *Über die Katatonie*, p. 61.

8. Ernst Meyer se opõe a essa visão, também sustentada por Kraepelin (*Beitrag zur Kenntnis der acut entstandenen Psychosen*).

concorda com a visão de Roller. Essa concepção não me parece livre de objeção. Inicialmente porque se apoia numa concepção anatômica dos processos psíquicos. Com ela, todo cuidado é pouco. Nada sabemos sobre a importância dos "centros subordinados" para a constituição de elementos psicológicos (ideias, sensações etc.). Uma tal explicação se reduz, portanto, a meras palavras.

Em segundo lugar, a concepção de Roller-Neisser parece ter por base o pressuposto de que, fora da consciência, a psique deixa de existir, por assim dizer. Podemos aprender com a psicologia francesa e com a experiência da hipnose que não é esse o caso.

Em terceiro lugar, se não estou equivocado, ao falar de "estímulos patológicos aquém do limiar da consciência", Neisser se refere aos processos celulares do córtex. Esta hipótese vai ainda mais longe. Todos os processos psíquicos são correlatos de processos celulares (como admite a concepção materialista e também o paralelismo psicofísico). Portanto, nada de extraordinário que também os processos psíquicos da catatonia sejam correlatos de uma série física. Sabemos que a série psíquica normal se desenvolve sob a constante influência de inúmeras *constelações* psicológicas que, via de regra, não nos são conscientes. Por que essa lei psicológica fundamental subitamente já não mais se apresentaria na catatonia? Seria porque o conteúdo da ideia na catatonia é estranho à consciência? Mas isso não ocorre igualmente em nossos sonhos? E, no entanto, ninguém afirmaria que os sonhos provêm, em certo sentido, diretamente da célula, independentemente da constelação psicológica. Quem já tiver analisado seus sonhos, ao menos uma vez, pelo método freudiano, sabe como é poderosa a influência da constelação. A emergência de ideias estranhas na consciência, sem conexão demonstrável com os conteúdos anteriores da consciência, não é algo inaudito nem para a psicologia das pessoas normais nem para a psicologia dos histéricos. As "ideias patológicas" dos catatônicos contêm ricas analogias com as das pessoas normais e também das histéricas (veja adiante). O que nos falta não é tanto material empírico para comparação, mas sim a chave para a psicologia do automatismo catatônico. De qualquer modo me parece sempre uma grande aventura admitir algo totalmente novo e absolutamente estranho nas ciências naturais.

Na *dementia praecox*, onde ainda existem de fato inúmeras associações normais, devemos esperar que as leis da psique normal ainda operem por muito tempo antes de podermos conhecer os processos, certamente muito refinados, que são, na verdade, específicos. Infelizmente nossos conhecimentos da psique normal ainda se encontram num estado bastante embrionário. O que significa enorme dano para a psicopatologia, onde só existe propriamente consenso, quando se admite que os conceitos aplicados são ambíguos.

Devemos a Sommer[9] considerações proveitosas, fornecidas por suas investigações sobre as *associações* em catatônicos. Em certos casos de catatonia, as associações fluem de modo normal e subitamente são interrompidas por um encadeamento de ideias que parece totalmente desconexo, numa estranha combinação de ideias, como mostra o seguinte exemplo[10]:

escuro: verde
branco: marrom
preto: *bom dia, Guilherme*
vermelho: marrom

Essas associações incoerentes também foram confirmadas por Diem[11] que as compreende como "ideias" súbitas. Sommer, com razão, as considera um importante critério da catatonia. As "inspirações patológicas" descritas por Breukink[12], com base em Ziehen, foram observadas por esses autores no material clínico dos hospitais psiquiátricos, encontrando-se exclusivamente nos casos de *dementia praecox*, particularmente nas formas paranoides, onde as "intuições" de todo tipo desempenham um papel bastante conhecido. As "ideias patológicas" de Bonhoeffer[13] referem-se, provavelmente, a um fenômeno basicamente semelhante. A questão levantada com a descoberta de Sommer não está, de forma alguma, encerrada: mas enquanto carecemos de melhores conhecimentos, os fenômenos observados por autores das mais diversas orientações e designados praticamente

---

9. *Lehrbuch der psychopathologischen Untersuchungsmethoden.*
10. *Lehrbuch*, p. 362. Recentemente, Fuhrmann citou várias experiências de associação em *"acuter juveniler Verblödung"*, sem resultados característicos (*Über acute juvenile Verblödung*, p. 817s.).
11. *Die einfach demente Form der Dementia praecox (Dementia simplex).*
12. *Über eknoische Zustände.*
13. *Über den pathologischen Einfall. Ein Beitrag zur Symptomatologie der Degenerationszustände.*

com os mesmos nomes devem ser vistos com bastante reserva. Embora para a experiência clínica as "ideias patológicas" pareçam surgir apenas no âmbito da *dementia praecox* (abstraindo naturalmente as súbitas e frequentes falsificações de memória da demência orgânica e da síndrome de Korsakow), chamo a atenção para o fato de que, no âmbito da histeria, sobretudo nos casos que chegam ao hospital psiquiátrico, as "ideias patológicas" desempenham, frequentemente, um papel fundamental. Os exemplos mais interessantes são os relatados por Flournoy[14]. Observei semelhantes irrupções súbitas da atividade psicológica alterada num caso claro de histeria[15] e, recentemente, pude mais uma vez constatá-lo num caso similar. O distúrbio súbito da associação pela irrupção de um encadeamento estranho de ideias também ocorre em pessoas normais, como mostrei[16]. Assim, a associação incoerente ou "ideia patológica" talvez se relacione com um fenômeno psicológico mais geral que se apresenta na *dementia praecox* em sua forma mais flagrante, no que concordamos com Sommer.

Em suas investigações sobre as associações em catatônicos, Sommer encontrou inúmeras *associações auditivas* e *estereotipias*. Ele entende por estereotipia a frequente recorrência de reações anteriores. (Em nossas pesquisas, denominamo-la "repetição".) Os tempos de reação acusaram enormes oscilações.

Em 1902, Ragnar Vogt[17] levantou novamente o problema da consciência catatônica: partindo da investigação de Müller-Pilzecker[18], considera fundamentais suas observações sobre a "perseveração". Segundo Vogt, a persistência de processos psíquicos (ou de seus correlatos), mesmo já substituídos por outras ideias na consciência, é o *analogon* normal dos processos de perseveração na catatonia (verborragia, catalepsia etc.). Portanto, na catatonia, as possibilidades de perseveração das funções psicofísicas seriam particularmente grandes. Contudo, já que segundo as investigações de Müller-Pilzecker a perseveração se

---

14. *Des Indes à la planète Mars. Etüde sur un cas de somnambulisme avec glossolalie*, e *Nouvelles observations sur un cas de somnambulisme avec glossolalie*, p. 101s.
15. *Zur Psychologie und Pathologie sogenannter occulter Phänomene* (OC, 1).
16. *Diagnostische Assoziationsstudien*, cap. IV.
17. *Zur Psychologie der katatonischen Symptome*, p. 433s.
18. *Experimentelle Beiträge zur Lehre vom Gedächtnis*.

manifesta claramente quando nenhum novo conteúdo se fixa na consciência[19], Vogt admite que, na catatonia, a perseveração só é possível porque não ocorrem quaisquer outros processos conscientes de interesse. É preciso então aceitar um certo estreitamento da consciência. Assim também se torna compreensível a semelhança entre os processos *hipnóticos* e os *catatônicos*[20]. Vogt explica as ações impulsivas dos catatônicos igualmente pelo estreitamento da consciência que impede a intervenção de inibições. Vogt foi sem dúvida influenciado por Pierre Janet para quem "estreitamento da consciência e redução da atenção" é igual a *abaissement du niveau mental*[21]. Aqui reencontramos, portanto, numa forma um pouco mais moderna e geral, a já referida concepção de que, na catatonia, a atenção, ou o que prefiro exprimir de modo mais geral como desempenho psíquico positivo[22], encontra-se perturbada. A observação acerca da semelhança com processos hipnóticos é bem interessante. Vogt, infelizmente, não a desenvolve a fundo.

Concepções semelhantes foram expressas por Evensen[23]. Ele estabelece um paralelo interessante entre catatonia e dispersão, onde o fundamento da catatonia é a ausência de ideias, em consequência do estreitamento do campo da consciência etc.

A tese de René Masselon[24] é uma investigação penetrante e bem feita sobre a psicologia catatônica. O autor constata como característica principal a *redução da atenção* ("*distraction perpétuelle*"). De

---

19. Nas condições de desvio, ocorre frequentemente um aumento da perseveração. Cf. *Diagnostische Assoziationsstudien*, cap. I, e a interessante investigação de Stransky (*Über Sprachverwirrtheit*) também o excelente trabalho de Heilbronner (*Über Haftenbleiben und Stereotypie*, p. 293s.), que sustenta posições teóricas semelhantes.

20. Lembro aqui o trabalho de Kaiser *Beiträge zur Differentialdiagnose der Hysterie und Katatonie*, p. 957s.

21. JANET. *Les obsessions et la psychasthénie* I, p. 514s. Ele já possui esse ponto de vista em trabalhos anteriores tais como *Névroses et idées fixes* e *L'automatisme psychologique*.

22. Segundo Binet, atenção significa *"une adaptation mentale à un état qui est nouveau pour nous"* (*Attention et adaptation*) [uma adaptação mental a um estado que é novo para nós]. [Nota: As palavras entre colchetes, neste volume, são ou do editor, ou da tradutora, ou do revisor.]

23. *Die psychologische Grundlage der katatonischen Krankheitszeichen*.

24. *Psychologie des déments précoces*. (O trabalho de Masselon, *La démence précoce*, é mais um esboço clínico da doença.)

acordo com sua formação francesa em psicologia, ele concebe a atenção num sentido bastante amplo e geral. Diz ele: "A percepção dos objetos exteriores, a percepção da própria personalidade, o julgamento, a noção das relações, a crença, a certeza desaparecem quando desaparece a força da atenção"[24a].

De acordo com essa citação, muito depende da atenção, no sentido em que Masselon a concebe. Conclui ele que os traços mais gerais do estado catatônico são "a apatia, a abulia, a perda da atividade intelectual". Uma rápida reflexão sobre essas três expressões abstratas nos mostra que dizem, fundamentalmente, a mesma coisa. Na verdade, Masselon se esforça constantemente em seu trabalho por encontrar as palavras ou imagens capazes de melhor traduzir a essência de sua correta intuição. Contudo, nenhum conceito da linguagem humana pode ser tão múltiplo, e não existe nenhum que já não tenha sido achatado dentro de significações unilaterais por alguma escola ou sistema. Ouvindo o teor de algumas de suas declarações, podemos entender mais facilmente o que Masselon intui da essência da *dementia praecox*:

> O estado habitual é a apatia emocional – esses distúrbios estão intimamente ligados aos distúrbios da inteligência: *têm a mesma natureza* – [os doentes] não manifestam mais nenhum desejo – todo ato de vontade é eliminado – *o desaparecimento do desejo está ligado a todos os outros distúrbios da atividade mental* – um verdadeiro entorpecimento da atividade cerebral – os elementos [do espírito têm] a *tendência de viver uma vida individual,* por não estarem mais sistematizados pelo espírito inativo[25].

Em Masselon, misturam-se muitos assuntos e ideias que ele intui como oriundos de uma mesma raiz, a qual, no entanto, ele não é capaz de identificar sem fugir de obscuridades. Apesar de não serem profundas, as investigações de Masselon contêm observações bastante úteis. Ele percebe, por exemplo, uma grande semelhança com a

---

24a. "La perception des objets extérieurs, la perception de notre propre personnalité, le jugement, la notion des rapports, la croyance, la certitude disparaissent quand la puissance d'attention disparaît".

25. Op. cit. "L'état habituel est l'apathie émotionnelle: *ils sont de même nature* – [les-malades] ne manifestent plus aucun désir – toute volition est brisée – *la disparition du désir est liée à tous les autres troubles de l'activité mentale* – un véritable engourdissement de l'activité cérébrale – les éléments [de l'esprit ont] *tendance à vivre d'une vie individuelle,* n'étant plus systématisés par l'esprit inactif".

histeria: acentuada dispersão dos doentes em relação a tudo, especialmente aos próprios sintomas ("tolhimento óptico" de Sommer), cansaço fácil, *memória caprichosa*. Os críticos alemães o contestaram por tal afirmação, mas sem razão, sobretudo se considerarmos que Masselon se refere, na verdade, à capacidade de reprodução. Quando um doente não responde de maneira correta a uma pergunta direta, a escola alemã entende isso como *discurso obscuro,* como negativismo, algo como uma resistência ativa. Masselon, ao contrário, o entende como *incapacidade de reprodução*. Visto de fora, podem ser as duas coisas; a diferença reside simplesmente na diversidade das interpretações do fenômeno. Masselon fala de um verdadeiro obscurecimento da imagem-lembrança" e entende o distúrbio da memória enquanto "desaparecimento da consciência de certas lembranças e *incapacidade* de o doente reencontrá-las". A contradição entre as duas perspectivas desaparece se pensarmos na psicologia do *histérico*. Um histérico diz durante a anamnésia: "Eu não sei, esqueci" e isso significa o mesmo que: "Eu não posso ou não quero dizer, pois é algo que me incomoda"[26]. Geralmente a negação "eu não sei" é de tal modo flagrante que se percebe de imediato a razão desse não saber. Como pude provar, os erros (ausência de reação) que ocorrem na experiência de associação revelam a mesma psicologia[27]. Na prática, é difícil decidir se o histérico realmente não sabe ou se ele simplesmente não quer ou não pode dizer. Quem está habituado a investigar mais profundamente os casos de *dementia praecox* sabe quanto esforço muitas vezes é necessário para se obter informações corretas; ora se tem certeza de que os doentes sabem, ora de que é um bloqueio que parece totalmente involuntário e, por fim, os casos em que é preciso falar de uma "amnésia", justamente na histeria, pois apenas um passo separa a amnésia do não-querer-falar. Finalmente, a experiência de associação nos mostra que esses fenômenos ocorrem também em pessoas normais, embora apenas em estado embrionário[28].

Para Masselon, o distúrbio da memória tem a mesma origem que o distúrbio da atenção, mas é difícil dizer claramente qual seja. Numa certa contraposição, o autor encontra ideias que persistem obstinada-

---

26. Cf. MASSELON. Op. cit. Além disso, os trabalhos de Freud, como também o de Riklin, *Zur Psychologie hysterischer Dämmerzustände und des Ganser'schen Symptoms*.
27. *Diagnostische Assoziationsstudien,* cap. IV e JUNG. *Experimentelle Beobachtungen über das Erinnerungsvermögen,* p. 653s.
28. Cf. *Diagnostische Assoziationsstudien,* cap. IV.

mente e as qualifica da seguinte maneira: "*Certas lembranças ligadas anteriormente de modo mais íntimo à personalidade afetiva* dos doentes tendem a se reproduzir sem cessar e a ocupar continuamente a consciência – as lembranças que persistem adquirem uma forma estereotipada – o *pensamento tende a 'coagular'*"²⁹. Sem apresentar qualquer outra prova, Masselon esclarece que as ideias estereotipadas (delirantes) são associações do complexo da personalidade. É pena que o autor não aprofunde mais justamente este ponto, pois seria interessante saber até que ponto alguns neologismos ou algum tipo de "salada de palavras", que com frequência constituem o único resíduo através do qual a existência de ideias nos é comunicada, estão associados ao complexo da personalidade. A ideia de que a vida mental dos dementes precoces "coagula" me parece uma imagem adequada do torpor gradativo da doença; designa, de modo bastante expressivo, a impressão que causa certamente em todo observador atento da *dementia praecox*. Para o autor, era bem simples fazer derivar o *automatismo de comando* ("*suggestibilité*") dessas premissas. No que concerne à origem do negativismo, ele propõe apenas conjeturas vagas, embora a bibliografia francesa sobre fenômenos obsessivos ofereça muitos pontos de referência para explicações analógicas. Masselon também testou as associações experimentalmente; encontrou várias repetições de palavras-estímulo e frequentes ideias súbitas, de natureza aparentemente casual. Ele conclui, a partir desses experimentos, que os doentes não conseguem prestar atenção. Uma conclusão correta! No entanto, Masselon deu pouca atenção às ideias súbitas.

Como principal resultado do trabalho de Masselon, devemos acrescentar que o autor, assim como seus predecessores, tende a admitir um distúrbio psicológico central³⁰ que intervém na fonte vital de todas as funções mentais como *conhecimento, sentimento, desejo*³¹.

---

29. Op. cit. "*Certains souvenirs plus intimement liés jadis à la personnalité affective* des malades tendent à se reproduire sans cesse et à occuper continuellement la conscience – les souvenirs qui persistent prennent une forme stéréotypée – *la pensée tend à se figer*".

30. Séglas, 1895, em *Leçons cliniques sur les maladies mentales et nerveuses*, diz o seguinte a respeito da incerteza do desempenho catatônico: "Cela n'a rien de surprenant lorsqu'on réfléchit que tout mouvement exige la synthèse préalable d'une foule de représentations mentales – *et que c'est précisément le pouvoir de faire cette synthèse mentale qui fait défaut chez ces individus*" [Isso não é nada surpreendente se pensarmos que todo movimento exige a síntese *a priori* de grande número de representações mentais – e *que é justamente o poder de fazer essa síntese mental que falta nesses indivíduos*"].

31. KANT. *Crítica da razão prática*.

19   Em suas claras explicações sobre a psicologia da debilidade mental da *dementia praecox*, Weygandt designa o processo final da doença, segundo a terminologia de Wundt, de *embotamento aperceptivo*[32]. Como sabemos, o conceito de apercepção de Wundt é bastante extenso; compreende não apenas a concepção de atenção de Binet e Masselon como também o conceito de "fonction du réel"[33] [função do real] de Janet, ao qual ainda faremos referência. A generalidade do conceito de apercepção no sentido mencionado pode ser vista nas palavras de Wundt, que cito aqui literalmente: "Denominamos *atenção* o estado caracterizado por emoções singulares que acompanha a compreensão mais clara de um conteúdo psíquico, e *apercepção, o processo particular através do qual qualquer conteúdo psíquico alcança uma compreensão clara*"[34]. A aparente oposição entre *atenção* e *apercepção* logo se desfaz: "Assim, *atenção* e *apercepção* são expressões de um mesmo fato psicológico. Escolhemos, de preferência, a primeira dessas expressões para designar o lado *subjetivo* desse fato, ou seja, os sentimentos e sensações que o acompanham; com a segunda, indicamos sobretudo as consequências *objetivas,* isto é, as modificações na constituição dos conteúdos da consciência"[35].

20   A definição – apercepção é *"o processo particular através do qual qualquer conteúdo psíquico alcança uma compreensão clara",* diz muito com poucas palavras. Assim, apercepção é vontade, sentimento, afeto, sugestão, fenômenos obsessivos etc., pois todos constituem processos que levam "um conteúdo a uma compreensão clara". Com isso não queremos fazer uma crítica destrutiva ao conceito de apercepção, mas simplesmente apontar sua enorme abrangência; ele engloba todo desempenho psíquico positivo, sobretudo a *aquisição progressiva de novas associações,* ou seja, precisamente todos os enigmas da atividade psíquica, consciente ou inconsciente. O conceito de *embotamento aperceptivo* de Weygandt exprime, portanto, o que Masselon tinha em mente. Contudo, trata-se de uma expressão da *dementia praecox* apenas em termos gerais – gerais em demasia, para que se possa deduzir todos os sintomas.

---

32. WEYGANDT. *Alte Dementia praecox*, p. 613s.

33. *Les obsessions* I, p. 433. A "fonction du réel" também poderia ser chamada de *adaptação psicológica ao meio ambiente.* Ela corresponde à "adaptação" no sentido de Binet, que representa um lado específico da apercepção.

34. *Grundriss der Psychologie,* p. 249.

35. *Grundztige der physiologischen Psychologie,* III, p. 341.

Madeleine Pelletier[36], em sua tese, investiga o processo de ideação na fuga maníaca de ideias e na "debilidade mental", que englobam casos evidentes de *dementia praecox*. A perspectiva teórica a partir da qual a autora observa a fuga de ideias concorda essencialmente com a de Liepmann[37]. Suponho o conteúdo do trabalho de Liepmann já conhecido.

Pelletier estabelece um paralelo entre o fluxo vago das associações na *dementia praecox* e a fuga de ideias. O que caracteriza a fuga é a "ausência de um princípio diretor". O mesmo ocorre no fluxo das associações na *dementia praecox*: "A ideia diretora está ausente e o estado da consciência permanece vago sem ordenação de seus elementos... O único modo de atividade psíquica que no estado normal poderia se comparar à mania é o devaneio, se bem que o devaneio seja mais o modo de pensar do débil do que do maníaco". Pelletier tem razão ao perceber uma grande semelhança entre o estado do devaneio normal e as vagas associações dos maníacos, mas isso é apenas verdade quando as associações são escritas no papel. Clinicamente, o maníaco não possui qualquer semelhança com o sonhador. A autora, evidentemente, percebe e acha que a analogia seria mais correta para a *dementia praecox* que, desde Reil, é comparada com o sonho (cf. Chaslin: *La confusion mentale primitive*). A riqueza e aceleração do pensamento na fuga de ideias dos maníacos é fundamentalmente diferente do tipo de associação interrompida e vagarosa do sonho e, particularmente, da proeza das associações catatônicas com suas perseverações. A analogia é correta apenas no sentido em que falta um princípio diretor das ideias nos dois casos e, na mania, porque todas as ideias se impõem à consciência com grande aceleração e carga emocional[38]. Talvez por isso nenhuma atenção possa subsistir[39]. No

---

36. *L'association des idées dans la manie aiguë et dans la débilité mentale*.
37. *Über Ideenflucht. Begrijfsbestimmung und psychologische Analyse*.
38. Aschaffenburg constatou nos maníacos certa prolongação do tempo de associação. Contudo não se deve esquecer que, nos experimentos verbal-acústicos, a atenção e a disposição de linguagem desempenham um papel muito importante. Muitos observam apenas as expressões verbais, esquecendo as associações de ideias.
39. Aceleração e intensidade emocional de ideias são, ao menos, aquilo que pode ser apreendido pela observação. Isso não exclui a possibilidade de que ainda outros fatores essenciais que, no presente momento, escapam ao nosso conhecimento, possam ser considerados.

devaneio não existe, em princípio, atenção; sempre que esta falta, o fluxo de associações desce ao nível do estado de devaneio para uma progressão vagarosa segundo as leis de associação, sobretudo as de semelhança, contraste, coexistência e combinações verbomotoras[40]. A auto-observação cotidiana ou o acompanhamento atento de uma "conversa" comum nos oferece uma série de exemplos. Como mostra Pelletier, o fluxo das associações na *dementia praecox* se faz a partir do mesmo esquema, o que pode ser melhor observado no exemplo a seguir[40a]: "Eu sou o ser [*être*], o ser [*être*] antigo, a velha Faia [*Hêtre*][41], que se pode escrever com um F [*H*]. Sou universal, primordial, divina, católica, Romana[42], se tivesses crido [*cru*], o ser todo cru [*cru*], 'suprimido' [*suprumu*][43], o menino Jesus [*Jésus*][44]. Chamo-me Paulo, é um nome [*nom*] não é uma negação[45] [*négation*], conhecemos-lhe o significado [*signification*][46]. – Sou eterno, imenso, não há nem alto nem baixo, *fluctuat nec mergittur* [flutua e não se submerge], o barquinho[47], vocês não têm medo de cair".[48]

Esse belo exemplo nos mostra claramente o tipo do fluxo das associações na *dementia praecox*; o fluxo é bem lento, movimentando-se a partir de diversas associações sonoras. Contudo, a desagregação é tão acentuada que não pode mais ser diretamente comparada com o devaneio normal e sim com o próprio *sonho*. As palavras que

---

40. *Diagnostische Assoziationsstudien*, cap. I, Introdução.
40a. "Je suis l'être, l'être ancien, le vieil Hêtre, que l'on peut écrire avec un H. Je suis universel, primordial, divine, catholique, Romaine, l'eusses-tu cru, l'être tout cru, suprumu, l'enfant Jésus. Je m'appelle Paul, c'est un nom, ce n'est pas une négation, on en connaît la signification. – Je suis éternel, immense, il n'y a ni haut, ni bas, fluctuat nec mergitur, le petit bateau, vous n'avez pas peur de tomber".
41. Assonance.
42. Contiguïté.
43. Assonance.
44. Assonance.
45. Assonance.
46. Assonance.
47. "Ressemblance et contiguïté: 'Immense' lui suggère l'océan, puis le bateau et l'aphorisme qui forment l'écusson de la ville de Paris". [Semelhança e contiguidade: 'imenso' lhe sugere oceano, em seguida o barco e o aforismo que formam o emblema da cidade de Paris.]
48. Op. cit., p. 142.

pronunciamos no sonho soam deste modo⁴⁹. Na *Interpretação dos sonhos*, de Freud, podemos encontrar ricos exemplos.

O primeiro estudo de *Diagnostische Assoziationstudien* [Estudos sobre associações para fins diagnósticos] mostra que a redução da atenção gera um tipo vago de associação (combinações verbomotoras, associações sonoras etc.) e que, inversamente, sempre se pode deduzir um distúrbio da atenção a partir do surgimento de um tipo vago de associação. De acordo com nossas provas experimentais, damos razão a Pelletier quando relaciona o tipo vago de associação na *dementia praecox* com a redução da atenção. Ela usa as palavras de Janet para denominar essa redução da atenção: *"abaissement du niveau mental"*. Nesse trabalho, podemos perceber, mais uma vez, que o distúrbio tem a ver com o problema central da apercepção.

Há de se notar, em particular, que a autora passa por cima das perseverações, embora lhe devamos uma observação valiosa sobre os símbolos e relações simbólicas tão frequentes na *dementia praecox*: "Deve-se observar que o símbolo desempenha um papel de grande importância nas divagações dos alienados. Nos perseguidos, nos débeis, ele pode ser encontrado a cada passo. Isto se deve ao fato de que o símbolo é uma forma muito inferior de pensamento. Poderíamos definir o símbolo como a percepção falsa de uma relação de identidade ou analogia muito grande entre dois objetos que, na realidade, apresentam apenas uma vaga analogia"⁵⁰.

Daí se conclui que Pelletier relaciona os *símbolos catatônicos* à perturbação da atenção. Esta suposição apoia-se, decididamente, no fato de que o símbolo há muito é conhecido como um fenômeno comum no *devaneio* e no *sonho*.

Um capítulo especial é a psicologia do *negativismo*, sobre o qual existem inúmeras publicações. É certo que os sintomas do negativis-

---

49. Também apontado por Kraepelin, cf. *Bericht der XIX. Wanderversammlung der südwestdeutschen Neurologen und Irrenärzte in Baden-Baden, 2/3 Juni 1894*, p. 595, e STRANSKY. *Über Sprachverwirrtheit*.
50. Op. cit, p. 128s. "Il est à remarquer que le symbole joue un très grand rôle dans les divagations des aliénés; chez les persécutés, les débiles, on le rencontre à chaque pas; cela est dû à ce que le symbole est une forme très inférieure de la pensée. On pourrait définir le symbole la perception fausse d'un rapport d'identité ou d'analogie très grande entre deux objets qui ne présentent en réalité qu'une analogie vague".

mo não podem ser vistos como algo inequívoco. Existem múltiplas formas e graus de negativismo que ainda não foram estudados e analisados clinicamente com a nitidez necessária. É fácil compreender que os negativismos se dividam em *ativo* e *passivo;* os casos psicológicos mais complicados aparecem na forma de resistência *ativa*. Se a análise desses casos fosse possível, talvez se pudessem encontrar motivos bastante precisos para o comportamento de resistência. Seria então discutível falar de negativismo. Também na forma passiva, não são poucos os casos de difícil interpretação. Aliás, existe um grande número de casos onde é bem evidente que até os processos simples da vontade convertem-se invariavelmente em seu contrário. Em nossa opinião, o negativismo depende fundamentalmente de associações correspondentes. Se existe um negativismo que ocorre na medula, não sei. A perspectiva mais geral sobre a questão do negativismo é proposta por Bleuler[51], que mostra que a *sugestibilidade negativa*, ou a compulsão a produzir associações por contraste, não pertence apenas à psique normal, mas é também um mecanismo frequente nos sintomas patológicos da histeria, dos estados de obsessão e da *dementia praecox*. O mecanismo de contraste é uma função autônoma que se contrapõe à atividade de associação normal, e está totalmente enraizado na "afetividade"; manifesta-se, portanto, fundamentalmente nas ideias, nas decisões, etc., com forte tonalidade afetiva. "O mecanismo existe apenas como proteção contra uma *ação* precipitada, forçando a avaliação dos prós e contras". O mecanismo de contraste é o oposto da sugestibilidade. A sugestibilidade consiste na faculdade de acolher e realizar ideias com forte tonalidade afetiva, enquanto o mecanismo de contraste se encarrega do contrário; por isso, Bleuler o denomina, com propriedade, de *sugestibilidade negativa*. A estreita ligação de ambas as funções torna compreensível seu aparecimento simultâneo na clínica (sugestibilidade ao lado de insuperáveis autossugestões contrárias na histeria; negativismo, automatismo de comando, ecopraxia na *dementia praecox*, etc.).

---

51. *Die negative Sensibilität, ein physiologisches Prototyp des Negativismus, der conträren Autosuggestion und gewisser Zwangsideen.*

A importância da sugestibilidade negativa para a vida psíquica diária nos permite compreender por que as associações por contraste são sempre tão frequentes: elas se encontram à mão[52].

Também na linguagem, observamos algo semelhante: as palavras que exprimem contrastes comuns encontram-se fortemente associadas, pertencendo sobremaneira às expressões linguísticas consagradas (preto-branco etc.). Nas línguas primitivas, muitas vezes existe apenas *uma* palavra para designar os contrastes. Segundo as exposições de Bleuler, basta um distúrbio emocional relativamente leve para gerar fenômenos negativos. Como mostra Janet[53], o *"abaissement du niveau mental"* nos obsessivos já é suficiente para desencadear o jogo dos contrastes. Quanto, então, devemos esperar do "embotamento aperceptivo" na *dementia praecox*! Aqui nos vemos realmente diante do jogo, aparentemente sem regras, de positivo e negativo que, em geral, se reflete com beleza nas associações verbais.[54] Assim, na questão do negativismo, não faltam razões para se pressupor que esse sintoma também se encontre em estreita relação com o "embotamento aperceptivo": O *controle central tornou-se de tal modo enfraquecido que não é mais capaz de estimular os atos positivos nem de evitar os negativos,* ou vice-versa[55].

Recapitulemos então o que foi dito: os autores até aqui mencionados admitem a *redução da atenção, ou dito de maneira mais geral, o "embotamento aperceptivo"* (Weygandt) *enquanto principal característica da dementia praecox. Desta característica decorrem, em princípio, a superficialidade das associações, os símbolos, estereotipias, perseverações, automatismo do comando, apatia, abulia, distúrbios na reprodução e negativismo, em sentido estrito.*

O fato de a *apreensão* e a *faculdade de observação* não se alterarem durante um agravamento geral pode parecer surpreendente à

---

52. Isso é também expresso por PAULHAN. *L'activité mentale et les éléments de l'esprit.* • SVENSON. *Om Katatoni;* • JANET. *Les obsessions;* • PICK. *On Contrary Actions;* • Royce refere-se a um caso rico de ensinamentos em *The Case of John Bunyan.*
53. *Les obsessions,* I, p. 60.
54. Cf. a análise de Pelletier, op. cit., assim como as pesquisas experimentais de STRANSKY. *Über Sprachverwirrtheit.*
55. Outros trabalhos sobre negativismo etc., foram recentemente criticados por Bleuler em *Die negative Suggestibilität.*

primeira vista. Na verdade, é possível observar com frequência na *dementia praecox*, durante seus momentos acessíveis, uma memória extraordinariamente boa, quase fotográfica, que ressalta preferivelmente as coisas mais insignificantes que sem dúvida escapariam a uma pessoa normal[56]. No entanto, justamente esta particularidade indica que tipo de memória está em questão: não passa de um *registro passivo* dos acontecimentos no meio ambiente imediato. Por outro lado, tudo que exige um esforço de atenção do doente passa sem deixar vestígios, ou, no máximo, é registrado no mesmo nível como, por exemplo, a visita diária do médico ou o almoço; pelo menos assim parece. Weygandt[57] descreveu magistralmente esta falta de registro ativo. A *apreensão* é apenas perturbada nos períodos de excitação. Apreensão e faculdade de observação ou *registro* e *retenção* são, em grande parte, simples processos passivos que ocorrem em nós sem grande dispêndio de energia, da mesma maneira que a visão ou a audição, desde que não se encontrem relacionadas com a atenção.

32   A origem dos sintomas acima resumidos (automatismo, estereotipia etc.) é de certo modo dedutível a partir do conceito de "embotamento aperceptivo" de Weygandt (Janet: "*abaissement du niveau mental*"), embora isso não seja suficiente para explicar as várias formas individuais dos sintomas, a afetação do humor, o conteúdo específico dos delírios e alucinações etc. Muitos pesquisadores já tentaram resolver esses enigmas.

33   Stransky[58] trabalhou a questão da *dementia praecox*, partindo do lado clínico. Baseado no conceito de "embotamento emocional" de Kraepelin, observa que este conceito deve ser entendido de duas maneiras: "Primeiramente pobreza e superficialidade das reações emocionais e em segundo lugar sua incongruência em relação ao conteúdo da representação que, no momento, predomina na psique"[59].

---

56. Kraepelin também defende o ponto de vista de que a apreensão não é muito prejudicada; existe meramente "a tendência crescente de produção arbitrária de ideias que se apresentam" [Psychiatrie. *Ein Lehrbuch für Studierende und Ärzte* II, p. 177].

57. Op. cit.

58. *Zur Kenntnis gewisser erworbener Blödsinnsformen*, p. 1s.

59. Op. cit., p. 28. Id.: *Zur Lehre von der Dementia praecox*; ainda *Zur Auffassung gewisser Symptome der Dementia praecox* e *Über die Dementia praecox*.

Com isso, Stransky diferencia o conteúdo do conceito de Kraepelin, evidenciando que clinicamente o "embotamento emocional" não é a única coisa com a qual nos deparamos. A frequente não correspondência entre ideia e afeto que, diariamente, pode ser observada nos dementes precoces, é um sintoma bem mais comum do período de desenvolvimento da doença do que o embotamento emocional. A *incongruência* entre a ideia e tonalidade afetiva levou, necessariamente, Stransky a pressupor dois fatores psíquicos específicos: a *noopsique* e a *timopsique*. A primeira abrange todos os processos intelectuais e a segunda, os processos afetivos. Ambos os conceitos correspondem à psicologia de Schopenhauer – intelecto e vontade. Na psique sadia, essas funções se processam naturalmente, numa interação extraordinariamente bem coordenada. A incongruência que ocorra corresponde analogicamente à *ataxia*, e então nos vemos diante de um retrato de *dementia praecox* com seus afetos desproporcionais e incompreensíveis. Nesta dimensão, a divisão das funções psíquicas em noopsique e timopsique corresponde à realidade. No entanto, devemos nos perguntar se um conteúdo banal que aparece no doente com afetos violentos é incongruente não apenas para nós, que conhecemos insuficientemente sua psique, mas também para o sentimento subjetivo do doente.

Vamos esclarecer a questão com um exemplo. Visito um senhor no seu escritório. Subitamente ele avança furioso em direção ao escrivão, destratando-o violentamente por ter colocado um jornal sobre o lado direito da mesa ao invés do esquerdo. Fico espantado e reflito sobre seu nervosismo. Depois descubro, através de outro empregado, que o escrivão já havia cometido o mesmo erro inúmeras vezes, sendo assim bem compreensível a sua raiva.

Se não houvesse recebido este esclarecimento, teria elaborado um quadro incorreto acerca da psicologia deste senhor. Nós médicos experimentamos, com frequência, esta situação ao se tratar da *dementia praecox*: atentando simplesmente para as irrupções específicas dos doentes, penetramos muito pouco em sua psique, fato que qualquer psiquiatra confirmaria. Assim, é possível pensar que, geralmente, as excitações permanecem incompreensíveis para nós, já que não percebemos suas causas associativas. Isso se passa inclusive conosco: ficamos durante certo tempo mal-humorados e, até, inconvenientes e não temos consciência da causa. Damos as respostas mais simples num tom ríspido e fora do normal etc. Se a própria pessoa normal nem sempre é capaz de elucidar a causa de seu mau humor, muito menos nós conseguiremos isso em relação à psique de um demente precoce! Em virtude da flagrante insuficiência de nossos diagnósticos psicológicos, devemos ser bastante cautelosos ao presumirmos uma incongruência real, no sentido de Stransky. Embora no quadro clínico a incongruência seja um dado bastante frequente, ela não ocorre apenas na *dementia praecox*. Na histeria, a incongruência é, do mesmo modo, algo corriqueiro; pode ser observada no fato banal dos chamados "exageros" histéricos. A contrapartida é a conhecida *belle indifférence* do histérico. Também encontramos violentas irritações por um nada, talvez por alguma coisa que nada tem a ver com as irritações. A psicanálise, no entanto, descobre os motivos e agora começamos a compreender por que os doentes assim reagem. No momento, ainda não conseguimos penetrar na *dementia praecox*, as relações permanecem desconhecidas e pressupomos uma "ataxia" entre a noopsique e a timopsique. Contudo, graças à análise, sabemos que não existe "ataxia" na histeria, mas simplesmente uma hipersensibilidade que se torna imediatamente clara e compreensível quando conhecemos o complexo patogênico das ideias[60]. Sabendo que a incongruência também aparece na histeria, será necessário pressupor um mecanismo totalmente novo na *dementia praecox*? Em geral, sabemos bem pouco sobre a psicologia das pessoas normais e dos histéricos[61] para pressupormos, numa doença tão obscura como a *dementia praecox*, mecanismos novos e desconhecidos das demais psicologias. *Devemos ter bastante reserva com novos princípios elucidativos;* por isso recuso a hipótese, em si clara e engenhosa, de Stransky.

---

60. Uma senhora histérica, por exemplo, caiu, certa vez, numa profunda e duradoura depressão, "porque o tempo está tão sombrio e chuvoso". A análise mostrou que a depressão teve início num dia do ano em que ocorreu um episódio doloroso para a vida da paciente.

61. Binet, em *Les altérations de la personnalité*, p. 79, diz corretamente: "Les hystériques ne sont pour nous que des sujets d'élection, agrandissant des phénomènes qu'on doit nécessairement retrouver à quelque degré chez une foule d'autres personnes qui ne sont ni atteintes ni même effleurées par la névrose hystérique" [Os histéricos são para nós apenas sujeitos eleitos, aumentando os fenômenos que reencontramos necessariamente em certo grau num grande número de pessoas que não foram atingidas, nem mesmo de leve, pela neurose histérica].

Em compensação, dispomos de um belo trabalho experimental de Stransky[62] que nos oferece um fundamento para a compreensão do sintoma importante da *confusão da fala*.

A confusão da fala é causada por um distúrbio psicológico fundamental. (Stransky o denomina "ataxia intrapsíquica".) Se a vida emocional e de ideação é perturbada em suas relações como na *dementia praecox* e a orientação do pensamento normal mediante um princípio diretor (Liepmann) falha, então se desenvolve um processo de ideias semelhante a uma fuga de ideias. (Como mostrou Pelletier, as leis de associação são mais fortes do que a influência do princípio diretor.) Tratando-se de um processo verbal, surge um aumento dos *elementos superficiais de ligação* (associações verbomotoras e reações sonoras), como mostramos em nossas experiências de associação no desvio de atenção. Daí decorre, concomitantemente, a diminuição das combinações com sentido. Além destes, evidenciam-se outros distúrbios: aumento do número de *associações mediatas,* das reações absurdas, repetições de palavras-estímulo (em geral, muitas vezes). Na distração, as perseverações revelam um comportamento contraditório. Em nossas investigações percebemos que elas aumentam nas mulheres e diminuem nos homens. Quanto à origem da perseveração, podemos, em muitos casos, provar a preexistência de uma forte tonalidade afetiva: a ideia com forte tonalidade afetiva indica, fundamentalmente, tendência à perseveração. Isso se confirma na experiência cotidiana. Na distração, cria-se um certo *vazio da consciência*[63], no qual as ideias podem persistir mais facilmente do que numa atenção total.

Stransky examina como se comportam séries de associações verbais progressivas sob a influência da atenção descontraída. Os sujeitos da experiência deviam falar "sobre qualquer coisa", assim como lhes viesse à mente, durante um minuto diante de um fonógrafo. Para tanto, não deveriam prestar atenção no que era dito. Como ponto de partida lhes era dada uma palavra-estímulo. (Na maior parte das experiências provocava-se uma distração externa.)

Essas experiências forneceram resultados bem interessantes: *as sequências de frases e palavras lembraram imediatamente o discurso*

---

62. *Über Sprachverwirrtheit.* [As citações se encontram nas páginas 37s., 62, 63, 73 e 74s.]
63. *Diagnostische Assoziationsstudien,* cap. I, B: Durchnittsberechnungen, seção III.

(e também os textos escritos) na dementia praecox! Uma determinada direção do discurso se definia pela maneira de se conduzir o experimento; a palavra-estímulo funcionava por um breve tempo como um "tema" mais ou menos indeterminado. Predominavam elementos superficiais de conexão (refletindo a destruição dos encadeamentos lógicos), maciças perseverações (repetições das palavras precedentes, o que corresponde, mais ou menos, à repetição das palavras-estímulo em nossas experiências), muitas *contaminações*[64] estreitamente relacionadas a *neologismos* e formação de novas palavras.

Vamos citar a título de ilustração alguns exemplos do imenso material de Stransky:

"Apoiadas numa só perna as cegonhas têm mulheres, filhos; são elas que trazem as crianças, as crianças que elas levam para casa, essa casa, uma ideia que as pessoas têm das cegonhas, da atividade das cegonhas, as cegonhas são grandes aves – com um bico grande e vivem de rãs, rãs [*Fröschen*], ramos [*Frischen*], ramas [*Fröschen*], as ramas [*Fröschen*] são romãs [*Fruschen*] pela manhã [*Früh*][64a]; de manhã estão no café da manhã, café, e com o café bebem também conhaque, no conhaque bebem também vinho, e com vinho bebem tudo que é possível; as rãs são animais grandes, que as cegonhas – hm – devoram; as cegonhas as devoram, e os pássaros devoram os animais; os animais são grandes, os animais são pequenos, os animais são homens, os animais não são homens..." etc.

"Essas ovelhas são... foram, ovelhas de Merino, das quais se cortou gordura aos quilos, se cortou a gordura com o *Shylock*, cortou o quilo..." etc.

"K... era um K... com um nariz grande, com um nariz de carneiro [*Ramm*], com um nariz de pilão [*Rampf*], com um nariz para cravar [*zum Rammen*], um crivo [*Ramm*] venenoso, um homem que cravou [*welcher gerammt hat*]... que é cravado [*welcher gerammt ist*]..." etc.[64b]

---

64. Cf. MERINGER & MAYER. *Versprechen und Verlesen. Eine psychologisch-linguistische Studie*. Contaminação é a condensação de várias frases ou palavras *numa* frase ou *numa* palavra, por ex.: "Despreparado como me sinto" é uma condensação de: 1. Despreparado como estou; 2. Preparado como me sinto.
64a. [A tradução foi feita pela aliteração e não pelo sentido.]
64b. [A tradução foi feita mais pelo sentido do que pela aliteração.]

A partir desses exemplos de Stransky, podemos ver de imediato 41
quais as leis de associação seguidas pelo fluxo do pensamento: são,
fundamentalmente, as de semelhança, coexistência, combinações
verbomotoras e consonâncias. Além disso, as perseverações e repetições (Sommer: estereotipias) são muito evidentes. Se compararmos
esse material com os experimentos de associação na *dementia praecox*,
citados anteriormente do trabalho de Pelletier, encontraremos uma semelhança visível[65]; em ambos os casos, as mesmas leis de *ressemblance*
[semelhança], *contiguïté* [contiguidade] e *assonance* [assonância]. Na
análise de Pelletier, faltam apenas as perseverações e estereotipias[66],
embora pressupostas no material apresentado. Stransky também
comprova essa semelhança evidente com vários e belos exemplos fornecidos pelos dementes precoces.

Um fato particularmente relevante nas investigações de Stransky 42
em pessoas normais é o aparecimento de inúmeros conglomerados
de palavras e frases que podem ser chamados de contaminações.

Exemplo: "[...] em geral, uma carne da qual não podemos nos livrar [*losbringen*], os pensamentos dos quais não podemos nos livrar
[losbringen], especialmente quando devemos perseverar, perseverar,
perseverar, severar, verar..." etc.

Segundo Stransky, nesse conglomerado foram condensadas as 43
seguintes séries de ideias:

a) a carne de carneiro é bastante consumida na Inglaterra;

b) não consigo me livrar dessa ideia;

c) isso é perseveração;

d) *devo* dizer qualquer coisa que me vier à mente.

A contaminação significa, portanto, uma condensação de diferentes séries de ideias. Por isso deve ser compreendida, essencialmente, como *associação indireta*[67]. Esse caráter da contaminação pode 44

---

65. Deve-se, entretanto, observar que nos experimentos de linguagem feitos por Stransky existe um caráter de *precipitação* que falta em geral nos discursos da *dementia praecox*. O que provoca essa impressão de precipitação é difícil de ser formulado.

66. Como mostramos antes (§ 9s.), Sommer comprovou as associações sonoras e estereotipias nas reações verbais simples.

67. Cf. a análise das associações indiretas em: *Diagnostische Assoziationsstudien*, cap. I: Spezielle Einteilung.

ser claramente demonstrado pelos exemplos patológicos fornecidos por Stransky:

Exemplo:

"Pergunta: O que é um mamífero?

Resposta [paciente]: Uma vaca, por exemplo, uma parteira".

45 "Parteira" é uma associação mediata com vaca que revela a provável sequência de pensamento: vaca – parindo uma cria – do mesmo modo o ser humano – a parteira[68].

"Pergunta: O que você pensa ao ouvir o nome da 'Santíssima Virgem'?

Resposta: A mudança de uma jovem".

46 Como Stransky observa corretamente, o pensamento deve ter percorrido a seguinte sequência: "imaculada conceição – *virgo intacta* – mudança para uma vida mais honesta".

"Pergunta: O que é um quadrilátero?

Resposta: Um quadrado anguloso".

A condensação é a seguinte:

a) O quadrilátero é um quadrado.

b) O quadrilátero tem quatro ângulos.

47 A partir desses exemplos, podemos ver que as combinações abundantes que ocorrem com a atenção distraída são semelhantes às associações mediatas que ocorrem na distração em reações verbais simples. Nossas experiências provaram estatisticamente o aumento das associações mediatas na distração.

48 Esse encontro de três experimentadores: Stransky, eu e a *dementia praecox*, não é de modo algum casual; é a prova de que nossa compreensão é correta e, portanto, de uma confirmação a mais da fraqueza aperceptiva que transparece em todos os sintomas degenerativos da *dementia praecox*.

---

68. Segundo o ponto de vista do Prof. Bleuler, é mais provável a seguinte composição:

Stransky ressalta que a contaminação provoca, com frequência, formações curiosas de palavras (por exemplo, "conselho primordial"), tão excêntricas que lembram, inevitavelmente, os *neologismos* da *dementia praecox*. Estou convencido de que uma grande parte dos neologismos se forma de fato deste modo. Uma demente precoce, na tentativa de me convencer de que gozava de boa saúde, disse: "É *claro-sol* que estou com saúde". Ela repetiu enfaticamente este neologismo inúmeras vezes. Como se pode facilmente observar, a construção se decompõe em:

a) Está claro.

b) Claro como a luz do sol.

Em 1898, Neisser[69], baseado em estudos clínicos, observou que as novas formações de palavras, assim como os étimos, não são nem verbos nem substantivos. Também não são palavras, mas frases, que servem para a *ilustração de todo um processo*. Nesta expressão de Neisser, encontra-se implícito o conceito de *condensação*. Neisser, no entanto, vai ainda mais longe, ao falar diretamente de *ilustração de todo um processo*. Nesse momento, gostaria de lembrar que Freud, em seu livro *A interpretação dos sonhos*, mostrou com grande estilo que um sonho é uma condensação[70]. Infelizmente não é possível aprofundar o valioso e extenso material psicológico deste investigador, ainda tão pouco reconhecido; isso nos levaria muito longe. Devo simplesmente pressupor o conhecimento desta obra fundamental. Que eu saiba, nenhuma refutação real contra Freud foi feita:

---

69. *Über die Sprachneubildungen Geisteskranker*, p. 443s.

70. Em seu trabalho *Über Sprachstörungen im Traume*, Kraepelin trata essa questão baseado num vasto material empírico. No que concerne à gênese psicológica dos fenômenos em questão, Kraepelin emite algumas opiniões que não estão distantes do ponto de vista aqui desenvolvido. Assim diz ele na p. 10: "O aparecimento de distúrbios verbais nos sonhos depende intimamente do obscurecimento da consciência e da consequente redução na clareza das ideias". Aquilo que Paul, Meringer e Mayer entre outros entendem como contaminação e que Freud denomina de condensação, Kraepelin chama de elipse ("mistura de diferentes séries de ideias"). Aproveito esta oportunidade para lembrar que Forel, já nos anos de 1980, usou a expressão "elipse" para condensações e novas formações de palavras nos paranoicos. Escapou a Kraepelin que, já em 1900, Freud havia penetrado na questão da condensação nos sonhos. – Freud entende por "condensação" a fusão de situações, imagens e elementos da linguagem. A expressão científica de contaminação aplica-se apenas às fusões verbais, sendo, portanto, um conceito específico subordinado ao conceito alemão de condensação. É aconselhável reservar a palavra "contaminação" para as condensações verbais.

assim, limito-me apenas a constatar que os sonhos apresentam inúmeras analogias com os distúrbios de associação na *dementia praecox* e mostram também condensações verbais típicas, que consistem em contaminação de frases inteiras e situações. Kraepelin percebeu igualmente a semelhança entre a linguagem do sonho e a da *dementia praecox*[71]. Dentre os inúmeros exemplos que observei em meus sonhos e nos de outras pessoas, gostaria de mencionar um bem simples que apresenta, simultaneamente, condensação e neologismo:

Querendo exprimir algo elogioso de uma certa situação, num sonho, alguém diz: "Isso é fimoso".

Contaminação entre:

a) fino

b) famoso

51 De todo modo, o sonho é uma fraqueza "aperceptiva", por excelência, o que é evidente em sua reconhecida tendência ao símbolo[72].

52 Por fim, ainda nos resta uma pergunta que, na verdade, deveria ser a primeira a ser respondida: o estado de consciência nas experiências de Stransky efetuadas sob condições normais corresponde realmente ao estado de consciência na atenção perturbada? É preciso observar que as experiências de Stransky na distração não apresentam qualquer mudança radical com respeito às experiências com pessoas normais; em ambos os estados, a associação não foi muito diferente e, consequentemente, nem a atenção. No entanto, como explicar o distúrbio nas experiências com os normais?

53 Parece-me que a razão principal deve ser buscada no caráter "forçado" das experiências. Os sujeitos das experiências foram instruídos a falarem sem parar. O fato de que reproduziram em média 100 a 250 palavras por minuto, enquanto que na fala normal a média é de 130 a

---

71. *Bericht der XIX. Wanderversammlung*, p. 595. Cf. tb., *Über Sprachstörungen im Traume*. Kraepelin diz aqui (p. 79): "Apenas, deve-se pensar que a linguagem peculiar dos doentes (*dementia praecox*) não é simplesmente um *non-sense*, e muito menos o produto deliberado de capricho e petulância, mas sim a expressão de um distúrbio que descobre palavras, muito próxima da linguagem dos sonhos". Kraepelin opina que "na confusão do discurso, além dos distúrbios que descobrem palavras e do controle verbal do pensamento, existem distúrbios no processo de pensamento que lembram, em parte, os sonhos" (p. 83).

72. Cf. anteriormente (§ 25) a justa observação de Pelletier, op. cit., sobre o símbolo.

140 palavras, prova que eles o fizeram, em parte, com grande aceleração[73]. Se alguém fala e talvez pense mais rápido do que está habituado, coisas indiferentes, não pode prestar atenção suficiente às associações. Um segundo ponto bem relevante é que para a maioria dos sujeitos da experiência a situação é inusitada, influenciando, assim, o estado emocional. É o mesmo caso de um orador irritado que cai num estado de "estupidez emocional"[74]. Nessa circunstância, encontrei um número extraordinariamente alto de perseverações e repetições. A estupidez emocional também consiste num forte distúrbio da atenção. Por isso, podemos supor com segurança que, nas experiências de Stransky com pessoas normais, a atenção encontrava-se efetivamente perturbada, embora o estado da consciência não fosse idêntico.

Devemos a Heilbronner[75] uma importante observação. Ele constatou, numa experiência de associação com um hebefrênico, que numa ocasião 41% das palavras de reação e noutra ocasião 23% relacionavam-se com o meio ambiente. Heilbronner vê nisso uma prova de que a fixação se origina no "vácuo", isto é, se deve à falta de novas ideias. Posso confirmar esta observação a partir de minha própria experiência. Seria interessante saber teoricamente qual a relação entre esse fenômeno e o sintoma de "nomear e apalpar" de Sommer-Leupoldt.

54

Otto Gross[76] tem observações novas e próprias acerca da psicologia da *dementia praecox*. Sugere para a doença o nome de *dementia sejunctiva:* a razão desse nome é a *cisão da consciência* no demente precoce, a *sejunção* da consciência. Naturalmente, Gross toma o conceito de sejunção de Wernicke; ele poderia ter usado igualmente o conceito de *dissociação* (Binet, Janet), que é mais antigo e sinônimo. Dissociação da consciência significa fundamentalmente o mesmo que "cisão da consciência" em Gross. Com este último conceito, ganhou-se apenas mais uma palavra, o que a psiquiatria já possui em

55

---

73. STRANSKY. *Über Sprachverwirrtheit,* p. 14.

74. Cf. JUNG. *Über Simulation* von Geistesstörung, p. 191 [OC, 1, p. 198] e WEHRLIN. *Diagnostische Assoziationsstudien,* cap. II.

75. Op. cit.

76. *Über Bewusstseinszerfall,* p. 45s.; e também *Beitrag zur Pathologie des Negatinismus; Zur Nomenklatur "Dementia sejunctiva"* e *Zur Differentialdiagnostik negativistischer Phänomene.*

abundância. A escola francesa entende por dissociação um enfraquecimento da consciência em que se separa uma ou mais séries de ideias; estas se libertam da hierarquia da consciência e passam a ter uma existência relativamente autônoma[77]. Sobre este fundamento é que se desenvolveu, por exemplo, a doutrina sobre a histeria de Breuer e Freud. Segundo formulações mais recentes, a dissociação é consequência do *abaissement du niveau mental* que, ao destruir a hierarquia, favorece ou atua diretamente no surgimento de automatismos[78]. Breuer e Freud[79] comprovaram, da melhor maneira, quais os automatismos então liberados. Nova e importante por seus princípios é a atualização desta doutrina feita por Gross em relação à *dementia praecox*. Sobre sua ideia básica, o autor diz o seguinte:

"Cisão da consciência significa, no sentido por mim utilizado, o fluxo simultâneo de séries de associação funcionalmente separadas [...] Para mim, o mais importante está na compreensão de que a atividade consciente do momento deve ser observada como resultante de vários processos psicofísicos sincrônicos"[80].

Essas duas citações bastam para ilustrar a concepção do autor. Talvez possamos concordar com a concepção de que a consciência (ou melhor, o conteúdo da consciência) seja resultante de inúmeros processos psicofísicos conscientes (ou inconscientes). Essa perspectiva traz para a psiquiatria um progresso renovador diante da psicologia corrente da consciência, para a qual logo após o epifenômeno "consciência" têm início os processos de nutrição das células cerebrais. Parece que Gross entende o *conteúdo psíquico* (não o conteúdo da consciência!) como séries de associações isoladas que fluem sincronicamente. Considero essa comparação um tanto equívoca; parece-me mais correto supor complexos de ideias que se tornam sucessivamente conscientes e se constelam através de complexos anteriormente associados. A argamassa desses complexos é um determinado afeto[81].

---

77. Cf. o trabalho fundamental de Janet, *L'automatisme psychologique*.

78. *Les obsessions*.

79. *Studien über Hysterie*.

80. *Zur Nomenklatur*, p. 1146.

81. As leis de associação desempenham um papel pouco importante ante a poderosa constelação emocional. Do mesmo modo que na vida real, onde a lógica do pensamento nada significa perto da lógica das emoções.

Se, na doença, o conjunto das séries sincrônicas de Gross se dissolve, então surge a cisão da consciência. Na linguagem da escola francesa, isso significa: se uma ou mais séries de ideias se separam, temos dissociação, que provoca um enfraquecimento da consciência. Não vamos discutir por causa de palavras; de qualquer modo, Gross retoma aqui o problema do distúrbio aperceptivo; contudo, ele aprofunda o exame do problema a partir de um lado novo e interessante, o lado do *inconsciente*. Gross tenta descobrir as raízes dos inúmeros fenômenos de automatismo que, nos dementes precoces, irrompem furiosa e estranhamente na consciência. Todos os psiquiatras deveriam conhecer os sinais dos fenômenos de automatismo na vida consciente dos dementes precoces: são ideias "autóctones", impulsos repentinos, alucinações, influência do pensamento, séries obsessivas de ideias estranhas, paralisação e desaparecimento de pensamento (que uma de minhas pacientes chama apropriadamente de "privação de pensamento"), inspirações (ideias patológicas) etc.

Gross afirma que os fenômenos catatônicos são "alterações da própria vontade por um agente que é sentido como externo à continuidade do eu e por conseguinte percebido como uma força estranha". São "uma substituição momentânea da vontade de continuidade do eu pela intrusão de outras séries da consciência". "Devemos pensar que muitas (séries de associação) podem ocorrer simultaneamente no órgão da consciência sem que uma influencie a outra. Dessas séries conscientes uma deve ser portadora da continuidade da consciência. – As demais séries de associação são assim subconscientes, ou melhor, inconscientes. Agora é sempre possível que, a qualquer hora, nelas cresça, digamos assim, a energia nervosa e atinja um tal estado que a atenção subitamente é dirigida para um de *seus* membros terminais. Isto então significa que um membro da série de associação inconsciente pode subitamente se introduzir na continuidade da série até então dominante. Satisfeitas estas premissas, o processo subjetivo coexistente pode ser apenas aquele em que toda manifestação psíquica irrompe na consciência de modo súbito, sendo experimentada como algo totalmente estranho à continuidade da consciência. Parece quase inevitável que a ideia esclarecedora resultante seja a de que essa manifestação psíquica particular não tem origem no próprio órgão da consciência, mas é aí introduzida de fora"[82].

---

82. *Zur Differentialdiagnostik.*

58   Como já mencionei, esta hipótese não agrada por causa da suposição de séries de associação sincrônicas e independentes. A psicologia das pessoas normais não nos fornece aqui qualquer suporte. Na histeria, onde melhor podemos investigar as séries de ideias separadas, vemos se confirmar justamente o contrário: mesmo em se tratando de séries, na aparência, totalmente distintas, é possível encontrar, em algum lugar escondido, a ponte que nos conduz de uma série a outra[83]. Na psique, tudo se relaciona com alguma coisa: a psique existente é a resultante de milhares de constelações.

59   Apesar deste pequeno defeito, acho que a hipótese de Gross deve ser considerada uma hipótese feliz. Ela nos diz, em resumo, que as *raízes de todos os fenômenos de automatismo residem nas ligações associativas inconscientes*. "Desintegrando-se" a consciência (*abaissement du niveau mental*, enfraquecimento aperceptivo), os complexos nela coexistentes libertam-se simultaneamente de toda inibição, podendo assim irromper na consciência do eu. Essa concepção é eminentemente psicológica e está claramente de acordo com as doutrinas da escola francesa, com as experiências de hipnose e a análise da histeria. Se provocamos, por sugestão, a despotenciação da consciência e assim um complexo dissociado de ideias, como por exemplo no comando pós-hipnótico, este complexo irrompe na consciência com uma força inexplicável. Na psicologia dos sonâmbulos estáticos, encontramos as mesmas irrupções típicas de ideias dissociadas[84].

60   Infelizmente, Gross deixa uma questão aberta: o que são essas séries de ideias dissociadas, qual a natureza de seu conteúdo?

61   Já bem antes de Gross, Freud deu esplêndida resposta a essa questão. Por volta de 1893, Freud[85] mostrou como o delírio alucinatório provém de um afeto intolerável para a consciência, como esse delírio é a compensação de um desejo não satisfeito e como o indivíduo de certo modo foge para a psicose a fim de encontrar, no delírio-sonho da doença, aquilo que a realidade lhe recusou. Em 1896,

---

83. Mostrei precisamente este ponto (baseado em Flournoy) num caso de sonambulismo (*Zur Psychologie und Pathologie* – OC, 1).

84. Comparar com os brilhantes exemplos de escrita automática de Helene Smith (FLOURNOY. *Des Indes à la planeie Mars*).

85. BREUER & FREUD. *Über den psychischen Mechanismus hysterischer Phänomene*.

Freud analisou uma crise paranoide que, segundo a classificação de Kraepelin, pertence a uma das formas paranoides da *dementia praecox*, mostrando de que maneira os sintomas seguiam o esquema dos mecanismos de transformação da histeria. Freud disse então que *a paranoia ou os grupos de casos que pertencem à paranoia também são uma neuropsicose de defesa, ou seja, que, como a histeria e as ideias obsessivas, surgem da repressão de lembranças dolorosas e que a forma de seus sintomas é determinada pelo conteúdo da repressão*[86].

Considerando o longo alcance do significado desta hipótese, vale a pena nos aprofundarmos nesta análise clássica de Freud:

É o caso de uma mulher de trinta anos que manifesta os seguintes sintomas: imagina que o meio ambiente se transforma, ninguém lhe dá atenção, é insultada, observada, seus pensamentos são conhecidos. Mais tarde surge-lhe a ideia de que é *observada enquanto se troca no final da tarde;* depois experimenta no abdômen sensações que ela acredita serem causadas *por um pensamento indecente por parte da empregada.* Aparecem então visões que mostram órgãos genitais masculinos e femininos nus. Ao se encontrar sozinha com mulheres, tem alucinações referentes às partes genitais femininas e, ao mesmo tempo, a impressão de que *as outras mulheres também veem suas partes genitais.*

Freud analisou este caso. Ele constatou que a paciente se comportava do mesmo modo que uma histérica (isto é, mostrava as mesmas resistências etc.). Era estranho que os pensamentos reprimidos não apareciam sob a forma de ideias pouco coerentes como na histeria, mas *sob a forma de alucinações interiores; por isso ela as comparava às suas vozes.* (Posteriormente terei a oportunidade de apresentar uma prova experimental desta observação.) As referidas alucinações tiveram início quando a paciente viu no banheiro comum do hospital algumas pacientes nuas. "Era de se pressupor que essas impressões só se repetiam porque lhe despertaram grande interesse." Ela declarou que, naquele momento, sentiu vergonha pelas mulheres. Essa vergonha, um tanto compulsiva e altruísta, era surpreendente e indicava alguma coisa reprimida. A paciente reproduziu, em seguida, "uma série de ce-

---

86. *Weitere Bemerkungen über Abwehr-Neuropsychosen*, p. 124s.

nas ocorridas entre oito e dezessete anos de idade, nas quais se envergonhara de sua nudez na presença da mãe durante o banho, da irmã e do médico da família; as séries terminaram, porém, numa cena aos seis anos, em que no quarto, ao se despir para dormir, não sentira vergonha da presença do irmão". Finalmente evidenciou-se "que o irmão e a irmã, durante anos, tinham o hábito de ficar nus um diante do outro, antes de irem para a cama". Aí ela não se envergonhava. "Agora ela recuperava a vergonha que não sentira enquanto criança."

"A depressão teve início com uma discussão entre seu marido e seu irmão, em virtude da qual o irmão passou a não mais frequentar a casa dela. Ela sempre amou muito esse irmão... Mais tarde ela se referiu a um certo período da doença quando, pela primeira vez, tudo lhe 'ficou claro'. Era a época em que se convenceu da verdade da suspeita de que todos a rejeitavam. Chegou a esta certeza durante a visita de sua cunhada que, durante a conversa, deixou escapar as seguintes palavras: 'Se algo assim acontecesse comigo, eu nem ligaria'. De início, Frau P. recebeu a observação com indiferença; mas depois que a visita foi embora, ocorreu-lhe que essas palavras continham uma reprovação, como se ela costumasse fazer pouco das coisas sérias e, a partir desse instante, teve certeza de ser vítima de uma difamação geral." Na verdade, ela acreditava que o que a tinha convencido disso havia sido o *tom* usado pela cunhada. No entanto, ficou evidente que, antes dessa frase, a cunhada havia falado de outra coisa. Contou para a paciente que "na casa paterna, havia dificuldades de todo tipo entre os irmãos, acrescentando a seguinte observação: 'Em toda família ocorrem coisas que frequentemente são encobertas, mas se algo assim me ocorresse eu nem ligaria'. Frau P. teve de admitir que sua depressão se relacionava com as declarações anteriores à última observação. Por haver reprimido as duas últimas declarações que podem ter despertado uma lembrança de sua relação com o irmão, retendo na memória apenas a última frase insignificante, ela precisou relacionar a sensação de que a cunhada lhe fazia uma reprovação com a última frase; uma vez que seu conteúdo não oferecia qualquer suporte para essa interpretação, ela passou do conteúdo para o *tom* com que as palavras foram ditas".

Após esse esclarecimento, Freud passou para a análise das vozes. "Aqui era necessário esclarecer de que modo um conteúdo tão indiferente como 'Lá vai a Senhora P.' – 'Ela está procurando uma casa' etc., poderia ser tão doloroso para ela." Ela ouviu vozes pela primeira vez depois de ter lido o conto *Die Heiterethei* de O. Ludwig. Após a leitura, deu uma volta por um caminho campestre e quando passava por uma casinha de camponês, as vozes lhe disseram: "É assim que se parecia a casa de Heiterethei! Aqui está a fonte e lá o arbusto! Como ela era feliz apesar de toda 'sua pobreza'! Então, as vozes repetiram passagens inteiras que ela havia acabado de ler", embora, em termos de conteúdo, não tivessem muita importância.

"A análise mostrou que ela divagou durante a leitura, excitando-se com passagens bastante diversas do livro. Contra esse material – analogias entre o casal do conto e ela e seu marido, lembranças de intimidades de sua vida de casada e segredos de família – contra tudo isso, emergiu uma resistência repressora, pois essas reminiscências estavam ligadas por linhas de pensamento facilmente comprováveis à sua vergonha sexual e, em última instância, ao despertar de antigas vivências da infância. Em consequência da censura exercida pela repressão, essas passagens inocentes e idílicas, relacionadas às demais por contraste e vizinhança, fortificavam-se na consciência, permitindo-lhe que falasse delas. A primeira das ideias reprimidas relacionava-se com os mexericos dos vizinhos a que a heroína estava exposta por viver sozinha. A analogia com sua própria pessoa foi facilmente encontrada. Ela também morava num lugar pequeno, não mantinha contato com ninguém e se sentia desprezada pelos vizinhos. A razão dessa desconfiança dos vizinhos advinha do fato de que, no começo, teve que se contentar com uma casa pequena, em que *a parede do quarto de dormir, onde a cama do jovem casal se encontrava,* dava para o quarto dos vizinhos. No início de seu casamento, surgiu uma enorme vergonha sexual – certamente pelo despertar inconsciente de suas relações de infância quando brincava de marido e mulher com o irmão; ela tinha a preocupação constante de que os vizinhos pudessem ouvir palavras e gemidos através da parede, e essa vergonha se transformou em suspeita dos vizinhos."

Na análise de outras vozes, Freud constatou, com frequência, um "caráter de indefinição diplomática; a alusão perturbadora permanecia, geralmente, oculta; a conexão entre as frases era disfarçada com expressões estranhas, formas de discurso inusitadas etc. – características comuns às alucinações auditivas dos paranoicos, nas quais percebo um vestígio de distorção de compromisso".

69   Intencionalmente dei a palavra ao autor na análise da paranoia tão importante para a psicopatologia: não saberia como resumir o brilhante argumento de Freud.

70   Mas voltemos à questão da natureza das ideias dissociadas! Agora percebemos que significado Freud atribui às séries dissociadas supostas por Gross: elas nada mais são do que complexos reprimidos tais como encontramos nos *histéricos*[87] e – *last not least* – também nos *normais*[88]. O mistério das séries de ideias reprimidas se revela como um mecanismo psicológico de significação geral que ocorre com frequência. Freud lança uma nova luz sobre a questão da *incongruência entre conteúdo da consciência e tonalidade afetiva,* discutida por Stransky. Mostra como ideias indiferentes e até bastante triviais podem estar marcadas de intensa tonalidade afetiva que, no entanto, foi extraída de uma ideia reprimida. Freud abre aqui um novo caminho para a compreensão da tonalidade afetiva inadequada na *dementia praecox*. Não preciso discutir sobre a importância deste assunto.

71   Podemos resumir o resultado das investigações de Freud do seguinte modo: *Em sua forma e conteúdo, os sintomas desta dementia praecox paranoide exprimem pensamentos que, em consequência da tonalidade afetiva penosa, tornam-se insuportáveis para a consciência do eu, sendo então reprimidos; essas repressões determinam o tipo de delírio e alucinação como também o comportamento geral do paciente. Então, quando aparece uma paralisia da apercepção, o automatismo resultante contém os complexos de ideias dissociadas – todo o exército de pensamentos banidos é desencadeado* – assim, podemos certamente generalizar as conclusões da análise de Freud.

72   Sem sofrer influência de Freud, Tiling[89] chegou a conclusões bem semelhantes, baseado na experiência clínica. Ele também procurou atribuir ao individual um significado quase ilimitado quanto à origem e à forma específica da psicose. Sem dúvida, a moderna psiquiatria su-

---

87. Cf. *Diagnostische Assoziationsstudien*, caps. V, VI, VII e VIII.
88. *Diagnostische Assoziationsstudien*, cap. IV.
89. *Individuelle Geistesartung und Geistesstörung*; ainda *Zur Ätiologie der Geistesstörungen*, p. 561s.

bestima a importância do fator individual, sobretudo da psicologia do indivíduo, o que talvez aconteça mais pelo desamparo do psicólogo clínico do que por razões teóricas. Com Tiling podemos avançar bastante, até mais do que Neisser[90] achava possível. Mas temos que nos deter na questão da etiologia, isto é, no núcleo da questão. A psicologia do indivíduo não consegue esclarecer a origem das psicoses nem segundo Freud nem segundo Tiling. Isso se vê mais claramente na análise de Freud, acima citada: os mecanismos "histéricos" por ele descobertos são suficientes para esclarecer a origem de uma *histeria*. Mas por que surge uma *dementia praecox*? Somos capazes de entender por que o conteúdo dos delírios e alucinações é este e não aquele; mas não sabemos por que os delírios *não histéricos* e as alucinações *não histéricas* vêm à tona. Deve haver uma causa física subjacente que extrapole todas as psicologias. Vamos supor ainda mais além, juntamente com Freud, que cada forma paranoide de *dementia praecox* segue o mecanismo da histeria –, mas por que então a paranoia é algo extraordinariamente estável e capaz de resistência, enquanto a histeria é caracterizada por uma enorme mobilidade dos sintomas?

Aqui nos deparamos com um novo fator da doença. A mobilidade dos sintomas histéricos encontra sua base na mobilidade dos afetos, enquanto que a *paranoia* se caracteriza pela *fixação dos afetos*, segundo Neisser[91]. Essa ideia, extremamente importante para a teoria da *dementia praecox*, é formulada por Neisser[92] do seguinte modo: "Apenas uma leve assimilação pode ocorrer de fora. O paciente é cada vez menos capaz de exercer influência própria sobre o fluxo de suas ideias e, desta maneira, numa proporção maior do que nas pessoas normais, surge um grande número de grupos de complexos ideoafetivos, separados entre si, cujos conteúdos estão ligados apenas pela relação pessoal; fora disso, eles não se fundem de modo algum e, dependendo da constelação do momento, às vezes um, às vezes outro desses complexos, determinará a direção da elaboração e

---

90. *Individualität und Psychose*.
91. Op. cit., p. 29.
92. Note-se que Neisser o faz apenas na paranoia, não incluindo neste sentido a paranoia primária (Kraepelin). Sua descrição aplica-se fundamentalmente aos estados paranoides [Citação na p. 28s.].

associação psíquica. Inicia-se um decaimento gradual da personalidade que se torna, de certo modo, observadora passiva das impressões que afloram de diferentes fontes estimuladoras, um joguete sem vida das excitações por elas geradas. Os afetos que, em geral, são entendidos como reguladores de nossas relações com o meio ambiente e como instrumentos de nossa adaptação, como meios de proteção do organismo e força motriz de autopreservação, alienam-se de seu objetivo natural. A forte tonalidade afetiva determinada organicamente nos pensamentos delirantes faz com que estes e *apenas estes* sejam reproduzidos sempre de novo, qualquer que seja a excitação emocional. Esta *fixação dos afetos* anula a capacidade de o indivíduo se alegrar e se compadecer, conduzindo o paciente a um isolamento emocional que corre paralelamente à sua alienação intelectual".

74 Neisser descreve aqui o quadro familiar do *embotamento aperceptivo:* falta de novas ideias, paralisação de todo progresso intencional adaptado à realidade, decaimento da personalidade, autonomia dos complexos. A estes ele acrescenta a "fixação dos afetos", isto é, a fixação dos complexos ideoafetivos. (Pois os afetos possuem, via de regra, um conteúdo intelectual que, na verdade, nem sempre precisam ser conscientes.) Isso explica o empobrecimento emocional. (Masselon encontrou para este fato a justa expressão "coagulação".) "Fixação dos afetos" significa, portanto, nos termos de Freud, *que os complexos reprimidos (portadores do afeto) não mais podem ser eliminados do processo da consciência; continuam agindo, impedindo assim o desenvolvimento posterior da personalidade.*

75 Para evitar mal-entendidos, devo acrescentar que a predominância contínua de um forte complexo na vida psíquica normal pode levar à histeria. Mas os sintomas produzidos pelo afeto histerogênico são, no entanto, diferentes dos sintomas da *dementia praecox*. Devemos supor, portanto, uma disposição para o surgimento da *dementia praecox* bem diversa da disposição para a histeria. Se for permitida uma conjetura meramente teórica, poder-se-ia pensar da seguinte maneira: o complexo histerogênico produz sintomas reparáveis, enquanto que na *dementia praecox* o afeto favorece o aparecimento de anomalias no metabolismo (toxina?) que danificam o cérebro, de modo mais ou menos irreparável, a ponto de paralisarem as funções psíquicas mais elevadas. Em vista disso, a aquisição de novos comple-

xos diminui ou cessa completamente; o complexo patogênico (ou melhor, o complexo solto e acelerado) permanece ele só, e todo desenvolvimento ulterior da personalidade é estancado definitivamente. Apesar de uma cadeia causal aparentemente ininterrupta de acontecimentos psicológicos que vão do normal ao patológico, não se deve abandonar a possibilidade de que as modificações metabólicas (no sentido de Kraepelin) podem ser, em muitos casos, primárias; no entanto o complexo que chega a ser o último a aparecer "coagula", determinando o conteúdo dos sintomas. Nossa experiência não é suficientemente grande para excluir esta possibilidade.

Resumo do primeiro capítulo

Esta antologia feita com base na bibliografia especializada evidencia, em minha opinião, como as concepções e pesquisas que aparentemente não possuem qualquer relação entre si convergem, no entanto, para um mesmo objetivo; as observações e sugestões oriundas de vários campos da *dementia praecox* ressaltam, sobretudo, a ideia de uma perturbação bem central, designada por vários nomes: embotamento aperceptivo (Weygandt); dissociação, *abaissement du niveau mental* (Janet, Masselon); cisão da consciência (Gross); desintegração da personalidade (Neisser e outros). Depois é enfatizada a tendência à fixação (Masselon, Neisser); Neisser deriva daí o empobrecimento emocional; Freud e Gross tocam no fato importante da existência de séries de ideias dissociadas; Freud possui o mérito de ter comprovado pela primeira vez, num caso de *dementia praecox* paranoide, o "princípio de conversão" (repressão e ressurgimento indireto de complexos). Os mecanismos de Freud são, no entanto, insuficientes para explicar por que surge uma *dementia praecox* e não uma histeria. Devemos postular, no caso da *dementia praecox*, uma manifestação específica do afeto (toxina?) que aciona definitivamente a fixação do complexo, comprometendo o conjunto das funções psíquicas. Não podemos abandonar a possibilidade de que essa "intoxicação" seja devida sobretudo a causas "somáticas", chegando ela a apropriar-se do complexo, que por acaso é o último, e transformá-lo.

II

O complexo de tonalidade afetiva e seus efeitos gerais sobre a psique

77 No primeiro capítulo, abordando as pressuposições teóricas para a compreensão dos dementes precoces, quase esgotamos o assunto. Fundamentalmente, Freud já disse o essencial em seus trabalhos sobre a histeria, a neurose obsessiva e o sonho. Embora os conceitos aí expostos, nascidos de bases experimentais, não coincidam, em alguns pontos, com os de Freud, o conceito de *complexo de tonalidade afetiva* talvez ultrapasse de algum modo as perspectivas freudianas.

78 A base essencial de nossa personalidade é a afetividade[93]. Pensar e agir são, por assim dizer, meros sintomas da *afetividade*[94]. Os elementos da vida psíquica, sentimentos, ideias e sensações apresen-

---

93. Bleuler propõe, em vez de sensação, sentimento, afeto, sensibilidade, a expressão "afetividade", "que designa não apenas os afetos no sentido próprio como também as leves sensações e as tonalidades afetivas de prazer e desprazer em todas as vivências possíveis" (*Affektivität, Suggestibilität, Paranoia*, p. 6).

94. Bleuler diz (op. cit., p. 17): "A afetividade, portanto, mais do que uma reflexão, é o elemento que pulsa em todas as nossas ações e omissões. Provavelmente, *apenas* agimos sob a influência de sensações de prazer e desprazer; as reflexões lógicas adquirem força apenas pelos afetos a ela relacionados [...] *A afetividade é o conceito mais geral, em que o querer e a ambição significam apenas um aspecto*". – Godfernaux diz o seguinte: "L'état affectif est le fait dominateur, les idées n'en sont que les sujettes. – La logique des raisonnements n'est que la cause apparente de ces volte-faces de la pensée. – Au-dessous des lois froides et rationnelles de l'association des idées, il y en a d'autres bien plus conformes aux nécessités profondes de l'existence. C'est là la logique du sentiment". [O estado afetivo é o fato dominante e as ideias lhe estão sujeitas. – A lógica dos raciocínios é somente a causa aparente dessas súbitas viradas do pensamento. – Sob as leis frias e racionais da associação de ideias, existem outras mais adequadas às profundas necessidades da existência. Esta é a lógica do sentimento.] – [*Le sentiment et la pensée et leurs principaux aspects physiologiques*, p. 83s.]

tam-se à consciência sob a forma de certas unidades que, numa analogia com a química, poderiam ser comparadas às *moléculas*.

Por exemplo: *encontro na rua um velho amigo;* em meu cérebro, surge uma imagem, uma *unidade funcional*: a imagem de meu amigo X. Distinguimos nesta unidade ("molécula") três componentes ("radicais"): *percepção sensorial, os componentes intelectuais* (representação, imagens de memória, juízos etc.), *tonalidade afetiva*[95]. Esses três elementos encontram-se firmemente unidos de maneira que, ao emergir a imagem de memória de X, em geral, todos os elementos a ela associados também vêm à tona. (A percepção sensorial é representada através de uma excitação centrífuga da esfera sensorial correspondente.) Assim justifica-se o fato de falarmos aqui de *unidade funcional*.

Certa vez, esse amigo X, por causa de um comentário impensado, envolveu-me numa estória desagradável cujas consequências tive que pagar por muito tempo. A estória compreende um grande número de associações (podendo ser comparada a um corpo constituído por inúmeras moléculas). Várias pessoas, coisas e acontecimentos aí estão incluídos. A unidade funcional, "meu amigo", constitui uma figura dentre muitas. A massa total de lembranças possui uma *determinada tonalidade afetiva*, uma sensação viva de *irritação*. Cada molécula ocupa um lugar nesta tonalidade afetiva e, geralmente, mesmo que apareça individualmente ou em composição com as demais, traz sempre de modo explícito esta tonalidade afetiva, sobretudo quando deixa transparecer sua relação com a totalidade das associações[96].

Certa vez, fui testemunha do seguinte caso: estava passeando com um senhor bastante sensível e histérico. Numa aldeia, tocavam

---

[95]. Cf. Bleuler, op. cit., p. 5: "Do mesmo modo que distinguimos, inclusive na mais simples percepção da luz, entre qualidade [...], intensidade e saturação, devemos falar de processos de conhecimento [...], de sensação, de volição, embora saibamos que *não existe nenhum processo psíquico* em que as três qualidades não estejam presentes, mesmo na predominância de uma ou de outra" [grifo de Jung]. Bleuler divide assim a "estrutura psíquica" em "*preponderantemente* intelectual, *preponderantemente* afetiva e *preponderantemente* voluntária" [Op. cit., p. 5].

[96]. Esse comportamento pode ser diretamente comparado à musica de *Wagner*. O *leitmotiv*, uma espécie de tonalidade afetiva, denota um complexo de representações (Walhalla, um pacto etc.) essenciais para a construção do drama. Cada vez que uma ação ou uma fala provoca um dos complexos, soa o *leitmotiv* a ele relacionado com alguma variação. Isso acontece igualmente na vida psicológica normal: os *leitmotive* são tonalidades afetivas de nossos complexos e nossos atos e humores derivações desses *leitmotive*.

os sinos (tonalidade diferente, muito bonita, harmoniosa e afinada). Meu acompanhante, que aliás possuía grande sensibilidade musical, começou, subitamente, a disparar insultos: dizia não suportar aquela irritante tonalidade maior, que soava horrível, que a igreja era feia e a aldeia nada simpática. (A aldeia é famosa por se encontrar num sítio encantador.) Este afeto estranho e inadequado me interessou e levei adiante minhas investigações. Meu acompanhante começou então a insultar o pároco local, criticando sua barba horrorosa e as péssimas poesias que escrevia. Meu acompanhante também tinha talento poético. O afeto residia, portanto, numa concorrência poética.

O exemplo nos mostra de que maneira a molécula (a tonalidade etc.) ocupa um lugar na tonalidade afetiva da massa total de representações[97] (a concorrência poética), que designamos com a expressão *complexo de tonalidade afetiva*. Neste sentido, o *complexo é uma unidade psíquica mais elevada*. Se examinarmos o material psíquico (disponível, por exemplo, nas experiências de associação), descobriremos que *toda a assim chamada associação pertence a um ou outro complexo*[98]. Embora na prática seja difícil provar, percebemos que quanto mais cuidadosos formos na análise, mais claramente poderemos perceber a pertença das associações isoladas aos complexos. Sem dúvida, *uma* pertença é evidente: *a pertença ao complexo do eu*. Em pessoas normais, a instância psíquica mais importante é o complexo do eu: é a massa de representações do eu que, em nossa opinião, vem acompanhada pela tonalidade afetiva, poderosa e sempre presente, do próprio corpo.

A tonalidade afetiva é um estado afetivo acompanhado de inervações corporais. *O eu constitui a expressão psicológica de uma combinação firmemente associada entre todas as sensações corporais.* Deste modo, a personalidade é o complexo mais sólido e mais forte. Ela se firma (desde que haja saúde), apesar de todas as perturbações psicológicas. Por isso, as ideias que se referem à nossa própria pessoa são sempre as mais estáveis e interessantes. Em outras palavras: pos-

---

97. As ideias isoladas relacionam-se entre si pelas diferentes leis de associação (semelhança, coexistência, etc.), embora sejam selecionados e agrupadas em combinações mais amplas pelos afetos.

98. Remeto à minha contribuição em *Diagnostische Assoziationsstudien*, cap. IV.

suem a *tonalidade de atenção* mais forte (a atenção, no sentido de Bleuler, é um estado afetivo)[99].

Efeitos agudos do complexo

A realidade dispõe as coisas de tal modo que o ciclo pacífico das ideias egocêntricas seja constantemente interrompido por ideias de forte tonalidade afetiva, os chamados *afetos*. Uma *situação de ameaça e perigo* põe à parte o jogo calmo das ideias substituindo-o por um complexo de outras ideias com tonalidade afetiva mais forte. O novo complexo desloca tudo mais para um segundo plano, e aparece, momentaneamente, como o *mais evidente*, porque inibe completamente qualquer outra ideia; das ideias diretamente egocêntricas, apenas permite *substituir aquelas que dizem respeito à sua situação*, podendo inclusive, sob determinadas condições, recalcar as ideias contrárias mais fortes até um estado de completa (mas temporária) inconsciência. Ele possui agora a *tonalidade de atenção* mais forte. (Portanto, não devemos dizer: prestamos atenção em alguma coisa, mas: o estado de atenção penetra essa ideia)[100].

De onde provém a força de inibição ou de estímulo de um complexo de ideias?

Já vimos que o complexo do eu, devido à sua ligação direta com as sensações corporais, é o mais estável e rico em associações. A percepção da situação de ameaça e perigo gera *medo:* este é um afeto e por conseguinte é seguido de estados corporais, de uma complexa harmonia de tensões musculares e excitações do sistema nervoso simpático. Desse modo, a percepção encontra o caminho para a inervação corporal, permitindo que o complexo de associações se torne logo evidente. Devido ao medo, inúmeras sensações corporais se alteram, fazendo com que a maioria das sensações que fundamentam o eu normal também se alterem. Assim sendo, o eu normal perde a to-

---

99. Bleuler (*Affektivität*, p. 31) diz: "A atenção, portanto, nada mais é do que um caso específico do efeito de um afeto"; p. 30: "Da mesma maneira que nossas ações, a atenção se dirige para um afeto, ou melhor dizendo: *a atenção é um aspecto da afetividade que com isso nada mais faz do que aquilo que já conhecemos, isto é, produzir certas associações e inibir outras*".
100. Cf. *Diagnostische Assoziationsstudien*. Cap. I, seção B.

nalidade de atenção (evidência ou influência que inibe ou estimula novas associações, ou quaisquer outros sinônimos). O eu normal deve ceder às sensações mais fortes do novo complexo, embora, em geral, sem se sujeitar a elas totalmente, permanecendo num segundo plano como um *afeto do eu*[101]. Isso ocorre porque mesmo os afetos muito fortes não são capazes de alterar todas as sensações que fundamentam o eu. Como a experiência cotidiana nos mostra, o "afeto do eu" é um complexo fraco que possui uma *força de constelação* bem inferior ao complexo afetivo.

Suponhamos que a situação de ameaça e perigo passe rapidamente: o complexo logo perde sua tonalidade de atenção e o conjunto de sensações gradualmente readquire seu caráter habitual. No entanto, o complexo continua a vibrar em seus componentes corporais e consequentemente também nos psíquicos durante certo tempo; "os joelhos continuam a tremer", o coração ainda bate sobressaltado, o rosto permanece vermelho ou pálido, a sensação é de que a pessoa "quase não se refaz do medo". De tempos em tempos, no início, em curtos espaços de tempo e depois em intervalos maiores, a imagem do medo volta e se apresenta carregada de novas associações, provocando ondas de afeto. *Juntamente com a forte carga emocional, essa perseveração do afeto* constitui uma razão para o aumento proporcional da riqueza das associações relacionadas ao afeto. Assim, podemos dizer que uma forte tonalidade sempre acompanha os complexos de grande envergadura e vice-versa, os afetos fortes sempre escondem um complexo de grande envergadura. Isso é facilmente explicável pelo fato de que, por um lado, os complexos de grande envergadura compreendem em si inúmeras inervações corporais e, por outro, os afetos fortes constelam um grande número de associações, graças ao estímulo poderoso e persistente que provocam no corpo. Normalmente, os afetos podem durar por tempo indeterminado (distúrbios gástricos e cardíacos, insônia,

---

101. Por "afeto do eu" designo a modificação do complexo do eu, resultante do aparecimento de um complexo de forte tonalidade afetiva. No caso de afetos dolorosos, a modificação consiste, via de regra, numa restrição e refreamento de várias partes do eu normal. Ante o novo complexo, os desejos, interesses e afetos que se lhe contrapõem perdem a força. No afeto, o eu se reduz ao estritamente necessário; pensemos, por exemplo, nas cenas de um incêndio no teatro ou no naufrágio de um navio onde, num só instante, desaparece todo e qualquer gesto civilizado, restando apenas uma brutalidade primitiva [Afeto pode ter o sentido de "afetado por" ou de "afetividade"].

tremedeiras etc.). Mas vão morrendo aos poucos, desaparecendo da consciência as ideias do complexo, que passarão a se manifestar, de vez em quando, nos sonhos através de alusões disfarçadas. Nas associações, continuam a se manifestar durante muito tempo através dos distúrbios característicos do complexo. Contudo, sua gradual extinção abriga uma peculiaridade psicológica de ordem geral: permanecem sempre prontos a reaparecer, com força menor, a partir de estímulos semelhantes. Durante bastante tempo, continua predominando um estado que eu chamaria de *sensibilidade do complexo*. Uma criança que foi mordida por um cachorro grita com medo e pânico cada vez que vê um cachorro mesmo de longe. Pessoas que já receberam más notícias pelo correio recebem cada carta com apreensão etc. Esses efeitos do complexo, capazes de durar um longo período, nos conduziram à observação dos *efeitos crônicos do complexo*.

Neles devemos distinguir duas modalidades: 88

1. Existe um tipo de efeito do complexo que dura um longo período e pode, muitas vezes, ter sido provocado por um afeto ocorrido apenas uma vez.

2. Existem porém, em especial, efeitos crônicos do complexo que permanecem, na medida em que o afeto é constantemente estimulado.

A melhor ilustração para o primeiro grupo é a lenda de Raimundo Lulo, aventureiro galante que cortejou, durante muito tempo, uma dama. Finalmente chegou um dia o tão esperado bilhete que o convidava para um encontro noturno. Lulo correu para o lugar marcado, cheio de esperanças. Ao se aproximar, a dama despiu-se subitamente, desnudando o peito desfigurado por um câncer de seio. Este episódio marcou de tal forma Lulo que ele, a partir de então, se consagrou a um piedoso ascetismo. 89

Existem acontecimentos que marcam a vida. São conhecidos os efeitos duradouros e poderosos provocados por impressões religiosas ou experiências muito comoventes. Os efeitos na juventude são especialmente fortes. No fundo, a educação tem por fim implantar complexos duradouros na criança. A durabilidade do complexo é garantida pela existência de uma *tonalidade afetiva vigorosa*. Desaparecendo a tonalidade afetiva, desaparece também o complexo. A per- 90 sistência de um complexo de tonalidade afetiva produz naturalmente os mesmos efeitos de constelação sobre o restante da atividade psíquica que um afeto agudo. O que diz respeito ao afeto é assimilado e tudo mais excluído ou, ao menos, inibido. Os melhores exemplos podem ser observados nas crenças religiosas. Não existe um só argumento, por mais inconsistente, que não seja aduzido como prova em favor de alguma convicção, enquanto que os mais plausíveis e consistentes argumentos contra não causam a menor impressão; *eles simplesmente caem por terra,* pois as inibições emocionais são mais fortes do que qualquer lógica. Podemos observar algumas vezes, mesmo em pessoas muito inteligentes, que tiveram uma formação e experiência consideráveis, uma absoluta cegueira, uma insensibilidade sistemática quando, por exemplo, alguém tenta convencê-los da teoria determinista. E como é também frequente uma simples impressão desagradável produzir em certas pessoas um julgamento falso que nenhuma lógica, por mais férrea que seja, pode desfazer!

91   Os efeitos do complexo não são extensivos apenas ao pensamento, mas também à ação que se vê continuamente impelida para determinada direção. Quantas pessoas participam, sem refletir, de ritos religiosos e outras práticas sem fundamento, embora intelectualmente já estejam muito além delas!

92   O segundo grupo de efeitos crônicos do complexo, no qual a tonalidade afetiva se mantém devido a estímulos constantemente atualizados, oferece os melhores exemplos de constelações de complexos. Os efeitos mais fortes e persistentes encontram-se nos complexos sexuais, onde a tonalidade afetiva se mantém, por exemplo, através da contínua não satisfação sexual. Um exame das lendas dos santos ou, por exemplo, de *Lourdes* ou *Le rêve* de Zola, nos fornece ricos exemplos. Evidentemente, as constelações não são tão nítidas e óbvias. São mais sutis, carregadas de simbolismo, influenciando, de maneira velada, o pensamento e a ação. A este respeito, remeto o leitor aos ricos e instrutivos exemplos fornecidos por Freud, que entende o conceito de "ação sintomática" como uma instância especial da constelação. (Na verdade, deveríamos falar de "pensamento sintomático" e "ação sintomática".) Em *Psicopatologia da vida cotidiana,* Freud observa como os distúrbios aparentemente acidentais da ação (lapsos na fala, na leitura, esquecimento etc.) são consequências de

complexos de pensamentos constelados. Na *Interpretação dos sonhos*, ele ressalta a mesma influência sobre nossos *sonhos*. Em nossos trabalhos, comprovamos experimentalmente que os complexos também perturbam as experiências de associação de modo característico e regular. (Formas peculiares de reação, perseveração, prolongamento do tempo de reação, eventual quebra na reação, esquecimento posterior das reações críticas ou pós-críticas[102] etc.).

Essas observações nos fornecem indicações importantes para a teoria dos complexos. Na escolha das palavras-estímulo, sempre tentei utilizar o maior número possível de palavras correntes na linguagem coloquial, de modo a evitar dificuldades de intelecção. Assim seria de se esperar que uma pessoa instruída reagisse sem dificuldade ao teste. Contudo, esse não é o caso. Nas palavras mais simples surgem hesitações ou outros distúrbios que podem apenas ser explicados pelo fato de que um complexo foi acionado com a palavra-estímulo. Mas por que uma ideia associada ao complexo só pode ser reproduzida com dificuldade? Como primeira razão devemos lembrar a ideia de *inibição emocional*. A maioria dos complexos se encontra em estado de *repressão*, pois, geralmente, dizem respeito a segredos íntimos, delicadamente escondidos, que a pessoa não *quer* ou não *pode* revelar. Muitas vezes a repressão pode ser suficientemente grande, a ponto de provocar uma *amnésia histérica* do complexo, em meio à qual se pode perceber que uma ideia ou conjunto significativo está emergindo, mas uma hesitação indeterminada retém a reprodução. A sensação é de que se quer dizer alguma coisa que rapidamente escapa. *O que escapa é o ideocomplexo* [complexo de pensamentos]. Ocasionalmente, surge uma reação que contém, de modo inconsciente, o ideocomplexo; no entanto, a própria pessoa fica *cega* para isso, ca-

93

---

102. Cf. JUNG. *Experimentelle Beobachtungen über das Erinnerungsvermögen*, p. 653s. Aliás, Freud diz o seguinte (*Wie Traumdeutung*, p. 301s.): "Quando a narrativa de um sonho parece, à primeira vista, muito difícil de ser compreendida, peço ao narrador para repeti-la. Raramente ele o faz com as mesmas palavras. Os lugares, porém, em que modifica a expressão me são reveladores, pois consistem no ponto fraco do disfarce do sonho [...] Ao pedir para repetir o sonho, a fim de elucidá-lo, o narrador percebe que proponho uma tarefa dolorosa; sob pressão da resistência, protege os pontos fracos do disfarce do sonho, substituindo uma expressão capaz de traí-lo por outras menos reveladoras".

bendo ao experimentador conduzi-la a um dos caminhos corretos. A resistência regressiva produz ainda um efeito surpreendente nos testes de reprodução. A amnésia atinge principalmente as reações críticas e pós-críticas. Esses fatos indicam que o complexo ocupa um lugar excepcional em relação ao material psíquico mais indiferente. Reações indiferentes fluem sem dificuldade e possuem, geralmente, um tempo curto: *estão sempre disponíveis ao complexo do eu*. Isso já não acontece com as reações do complexo! Estas surgem apenas de maneira conflitual, escapam ao complexo do eu, possuem formas singulares, constituindo, em geral, produtos estranhos que o próprio complexo do eu não sabe de onde vêm; com frequência, são rapidamente atingidas por amnésia, ao contrário das reações indiferentes que possuem grande estabilidade e podem ser reproduzidas meses e anos depois. *As associações do complexo encontram-se bem menos à disposição do complexo do eu do que as associações indiferentes.* Daí podemos concluir que o complexo adquire uma *posição relativamente autônoma* diante do complexo do eu; é um vassalo que não se curva de maneira incondicional ao complexo do eu. A experiência nos ensina que quanto mais forte a tonalidade afetiva de um complexo, maior a ocorrência de distúrbios nos experimentos. Assim, uma pessoa que possui um complexo de forte tonalidade afetiva é menos capaz de reagir sem dificuldade (não apenas ao teste de associação como também a todos os estímulos da vida cotidiana!), sendo continuamente perturbada e impedida, devido à influência incontrolável do complexo. O *autocontrole* (de suas tendências, pensamentos, palavras e ações) sofre danos proporcionalmente à intensidade do complexo. A *intencionalidade da ação* é cada vez mais substituída por erros não intencionais, disparates e lapsos que, em geral, não se consegue explicar. Desse modo, uma pessoa com forte complexo sofre intensos distúrbios nos testes de associação, onde muitas palavras-estímulo, aparentemente inócuas, acionam o complexo. Introduzirei aqui dois exemplos a fim de esclarecer o que acabo de dizer:

1. A palavra-estímulo "branco" possui inúmeras associações bem conhecidas. Um dos sujeitos do teste, no entanto, apenas reagiu à palavra "preto" de modo hesitante. A série de associações com "branco" foi a seguinte: "branco é a neve, a toalha de linho, o rosto de um

morto". *O sujeito do teste perdeu, quando jovem, um parente querido.* A palavra de contraste tão comum como "preto", no campo simbólico, significa eventualmente o mesmo que *luto*.

2. "Pintar" provoca a reação hesitante: "as paisagens". Essa reação se explica pela seguinte série de associações: "Pode-se pintar paisagens, fisionomias e *também o rosto, quando alguém tem rugas*". O sujeito do teste, uma senhora solteira, sofre profundamente o abandono do seu namorado e dedica extrema atenção ao próprio corpo (ação sintomática), acreditando que, através da *maquiagem* ficará mais atraente. "Quando alguém é ator pinta o rosto; eu também já representei". Devemos esclarecer que, na verdade, ela havia atuado no teatro, no tempo *em que ainda estava com esse namorado*.

Exemplos desse tipo são muito comuns nas associações de pessoas que possuem forte complexo. No entanto, o teste de associação é somente um simulacro da vida psicológica diária. *A sensibilidade do complexo* também é demonstrável nas demais reações psíquicas.

1. Uma jovem senhora não suporta que batam em seu sobretudo para sacudir a poeira. Essa estranha reação se deve à sua tendência masoquista, surgida na infância, quando seu pai constantemente a castigava, batendo-lhe nas nádegas e provocando-lhe excitações sexuais. Assim, ela reagia com uma raiva cerimoniosa a tudo que, mesmo de longe, lembrasse um castigo que, rapidamente, se transformava em excitação e masturbação. Quando, certa vez, lhe disse casualmente: "Bem, você tem que obedecer", ela entrou num forte estado de excitação sexual.

2. Um senhor Y apaixona-se sem sucesso por uma mulher, que logo em seguida se casa com um senhor X. Embora o senhor Y conheça há muito tempo o senhor X e se relacione com ele por motivo de negócios, sempre esquece o nome dele, a ponto de, a cada vez que precisava lhe escrever, ter de perguntar o nome dele a outras pessoas.

3. Uma jovem histérica, certa vez, é subitamente violentada pelo namorado e tomada de pânico diante do membro ereto do sedutor. Desde então ela tem um *braço enrijecido*.

4. Uma jovem senhora conta-me ingenuamente um sonho. Durante o relato, estranhamente *esconde o rosto atrás da cortina, sem*

qualquer razão aparente. A análise do sonho evidencia um *desejo sexual* que explica claramente a reação de vergonha[103].

101   5. Muitas pessoas cometem atos extremamente complexos que, no fundo, nada mais são do que símbolos do complexo. Conheço uma jovem que, em seus passeios, sempre leva consigo um carrinho de bebê a fim de parecer uma jovem casada, como ela mesmo me narrou envergonhada. Senhoras solteiras cuidam de cachorros e gatos como símbolos do complexo.

102   Como se pode ver a partir dos exemplos, o pensamento e a ação, tanto em adultos como em jovens, são constantemente perturbados e curiosamente distorcidos por um forte complexo, de maneira que o complexo do eu deixa, por assim dizer, de constituir a totalidade da pessoa. Subsiste-lhe uma segunda essência que sobrevive a seu modo, impedindo e perturbando o desenvolvimento e o progresso do complexo do eu, já que as ações sintomáticas exigem, muitas vezes, tempo e esforço que o complexo do eu vem a perder. Deste modo percebemos como a psique é influenciada por um complexo que adquiriu maior intensidade. Os exemplos mais claros são os complexos sexuais; tomemos, a título de ilustração, o estado clássico da *paixão amorosa. O apaixonado é possuído pelo seu complexo:* todo seu interesse volta-se para o complexo e as coisas que lhe dizem respeito. Cada palavra, cada objeto evoca o amado (igualmente nos experimentos, onde palavras-estímulo aparentemente indiferentes acionam o complexo). As coisas mais insignificantes que, de algum modo, estejam relacionadas ao complexo são guardadas como joias preciosas; todo o meio ambiente é observado sob o aspecto do amor. O que não diz respeito ao complexo é excluído e os demais interesses desaparecem no nada; surge uma atrofia temporária e um esvaziamento da personalidade. Somente o que se encontra associado ao complexo provoca afetos e é assimilado pela psique. O pensamento e a ação vão em direção ao complexo e tudo que não pode ser desviado para essa direção é desprezado ou feito com total superficialidade, indiferença ou descaso. No trato com as coisas mais indiferentes surgem os mais estranhos efeitos do compromisso assumido; a correspondência comercial re-

---

103. Outros exemplos de ações sintomáticas encontram-se no cap. VI de *Diagnostische Assoziationsstudien*, de minha autoria.

vela deslizes ocasionados pelo complexo amoroso e as palavras proferidas contêm lapsos suspeitosos. A sequência de pensamentos objetivos vê-se constantemente interrompida por *fragmentos do complexo*, provocando longas *pausas de pensamento* que são preenchidas por episódios do complexo.

Esse paradigma tão conhecido mostra nitidamente a influência de um complexo forte sobre a psique normal. Percebemos então como todas as energias psíquicas se dirigem para o complexo em detrimento dos demais materiais psíquicos, que permanecem inutilizados. *Aparece um embotamento aperceptivo parcial acompanhado de um empobrecimento emocional de todos os estímulos que não estejam relacionados ao complexo.* A própria *tonalidade afetiva* se torna inadequada: coisas insignificantes como fitinhas, flores secas, retratos, bilhetes, cabelos etc., são objetos de maior atenção e cuidado, enquanto as questões vitais e importantes, conforme as circunstâncias, são desprezadas com um sorriso ou total indiferença. A mais leve observação que, de algum modo, pareça contrária ao complexo provoca imediatamente um profundo sofrimento e uma violenta cólera, podendo adquirir dimensões inesperadas. (Como se poderia registrar sobre um caso de *dementia praecox*: "Ao se perguntar se era casado, o paciente começou a gargalhar desequilibradamente", ou "o paciente irrompeu num pranto, comportando-se de maneira totalmente negativista" ou "o paciente teve um bloqueio" etc.) Se não nos fosse possível sentir o que uma pessoa apaixonada sente, certamente seu comportamento nos pareceria semelhante ao de um histérico ou catatônico. Por outro lado, falta-nos a possibilidade de sentir a histeria e nela penetrar; é aí que a sensibilidade do complexo alcança um grau bem mais elevado do que no caso de pessoas normais. Por isso devemos aprender lentamente a intuir o significado dos afetos histéricos, o que é quase impossível na catatonia, talvez porque saibamos muito pouco justamente sobre a histeria.

103

O estado psicológico da paixão pode ser descrito como uma *obsessão do complexo*. Além dessa forma específica do complexo sexual que, por razões didáticas, escolhi como paradigma da obsessão do complexo (é a forma mais comum e mais conhecida), existem naturalmente várias outras espécies de complexos sexuais que podem provocar igualmente fortes efeitos. Nas mulheres, são bastante fre-

104

quentes os complexos relacionados ao amor não correspondido ou sem esperança. Nesses casos, podemos observar uma *sensibilidade do complexo* excessivamente forte. A mais leve insinuação por parte do sexo oposto é assimilada e elaborada no sentido do complexo, com absoluta cegueira diante dos argumentos contrários, ainda os mais importantes. Uma observação insignificante emitida pelo amado é recebida como forte prova subjetiva de seu sentimento. Os interesses secundários e acidentais do homem desejado se tornam o ponto de partida para interesses semelhantes na mulher apaixonada – uma ação sintomática que rapidamente desaparece se o casamento, por fim, realiza-se ou se o objeto de adoração é substituído. A sensibilidade do complexo também se exprime através de uma extraordinária sensibilidade para estímulos sexuais, o que se evidencia particularmente nos casos de *puritanismo*. Os indivíduos possuídos pelo complexo, em certa fase da juventude, vivem ostensivamente como se tudo girasse em torno da sexualidade – é a chamada "inocência" das filhas casadeiras. Embora seu comportamento exterior dê a impressão de que não possuem qualquer ideia sobre as coisas do sexo, na verdade, sabem de tudo com detalhes. Se, por razões médicas, alguém for levado a inquirir sobre o caso, a primeira impressão é de que se encontra num campo virgem. Contudo, logo fica evidente que os conhecimentos necessários aí se encontram implícitos, embora os examinados não saibam onde os adquiriram[104]. A psicanálise geralmente descobre que, por detrás das inúmeras resistências, existe um rol completo de observações refinadas e deduções astutas. Com a idade, o puritanismo muitas vezes se torna insuportável e suas vítimas passam a mostrar um interesse ingênuo por todos os tipos de situações naturais, alegando que "a pessoa que já passou da idade deve interessar-se por estes assuntos...", e assim por diante. Os objetos desses interesses sintomáticos são noivos, gravidez, nascimentos, escândalos, etc. O faro das senhoras mais idosas, sobretudo em se tratando de escândalos, se tornou proverbial. Para elas tudo isso são "interesses objetivos, puramente humanos".

---

104. Freud também observou esse fato. Cf. tb. o caso relatado no cap. VIII de *Diagnostische Assoziationsstudien*.

Encontramo-nos assim diante de um *deslocamento: o complexo deve sobreviver, afirmando-se em todas as circunstâncias*. Uma vez que em muitas circunstâncias o complexo não consegue se afirmar, ele busca *outros caminhos*. Na puberdade, por exemplo, pode adquirir a forma de fantasias sexuais relativamente anormais, muitas vezes alternadas com fases de entusiasmo religioso (deslocamentos). Nos homens, a sexualidade (não sendo diretamente vivida) é deslocada para a febre de uma atividade profissional ou extravagâncias (esportes perigosos etc.) ou ainda para paixões especiais, *hobbies* (mania de coleção etc.). E, nas mulheres, para atividades altruístas que podem ser determinadas pela forma específica do complexo (dedicam-se à enfermagem nos hospitais onde se encontram jovens médicos assistentes etc.). Ou então para certas excentricidades, um "comportamento peculiar, curioso" que deve exprimir distinção e orgulhosa resignação. Naturezas artísticas desenvolvem-se a partir desses tipos de deslocamentos[105]. Existe um deslocamento muito frequente que é o disfarce do complexo através da *sobreposição de um humor contrastante*. Isso é muito comum em pessoas que precisam se livrar de uma preocupação crônica. Entre elas encontramos geralmente os melhores contadores de piada, os humoristas mais refinados, cujos chistes, no entanto, são marcados com um travo de amargura. Outras escondem sua dor com uma alegria forçada e convulsiva que incomoda as pessoas por causa de sua artificialidade (ausência de afeto) e tom excessivamente hilariante. As mulheres se traem através de uma alegria agressiva e gritante e os homens com súbitos excessos de bebidas alcoólicas e outros desmandos e fugas! Esses deslocamentos e disfarces podem produzir, muitas vezes, verdadeiras personalidades duplas como aquelas que inspiraram os escritores dedicados à compreensão da alma humana (cf. o problema das "duas almas" em Goethe e dentre os modernos, em Hermann Bahr, Gorki e outros). "Natureza dupla" não é simplesmente uma expressão literária mas um fato científico que sempre despertou interesse na psicologia e na psiquiatria quando aparece sob a forma de *consciência dupla* ou cisão da perso-

---

105. Freud chama esse deslocamento de "sublimação" (*Drei Abhandlungen zur Sexual-theorie*, p. 76).

nalidade. Os *complexos dissociados sempre se distinguem pelo seu caráter e humor peculiar,* como observei num caso semelhante[106].

Não raro o deslocamento gradualmente se estabiliza e substitui, ao menos superficialmente, o caráter original. Todos nós conhecemos pessoas que, à primeira vista, parecem muito engraçadas e divertidas. Porém, em determinadas circunstâncias, na intimidade, na vida privada, podem mostrar-se soturnas e macambúzias, mantendo aberta uma velha ferida. Algumas vezes, a verdadeira natureza rompe a casca artificial: subitamente desaparece a alegria e surge uma outra pessoa. Uma só palavra, um só gesto pode atingir a ferida e evidenciar o complexo residente no fundo da alma. Assim, antes de tentarmos penetrar nas psiques complexas dos doentes com nossos grosseiros métodos experimentais, devemos considerar justamente esses dados imponderáveis da vida emocional. Nos testes de associação com doentes que sofrem em alto grau a sensibilidade do complexo (na histeria, na *dementia praecox*) nos deparamos com exageros desses mecanismos normais e, por isso, sua descrição e discussão significam mais do que uma exposição psicológica sumária.

---

106. *Zur Psychologie und Pathologie* (OC, 1). – Cf. tb. PAULHAN. *Les mensonges du caractère.*

III

A influência do complexo de tonalidade afetiva sobre a valência da associação

A maneira como o complexo vem à tona no teste de associação já foi amplamente discutida; por isso basta simplesmente que façamos referência às publicações anteriores. No entanto, ainda devemos retornar a um ponto de valor teórico. Frequentemente encontramos reações de complexo com a seguinte estrutura:

1. beijar – amar   3,0"
   fogo – foguete   1,8"
2. desprezar – alguém 5,2"
   dente – dentes   2,4"
3. amigável – amável 4,8"
   feixe – peixe   1,6"

A primeira de cada uma das reações referidas nos exemplos contém o complexo (nos números 1 e 3 dizem respeito a relações eróticas, no número 2 a uma ofensa). As reações que aparecem em segundo lugar recaem sobre a tonalidade afetiva perseverante da reação anterior, o que pode ser observado através do tempo de reação mais prolongado e de sua *superficialidade*. Como discutimos na primeira contribuição de *Diagnostische Assoziationsstudien*, as associações do tipo dente – dentes pertencem às combinações verbomotoras, as do tipo fogo – foguete às de completar palavras e feixe – peixe, às rimas. De acordo com os resultados das investigações, as combinações verbomotoras e as reações sonoras certamente aumentam quando ocorre um desvio da atenção. Desde que haja redução da atenção, aumenta a *superficialidade* das associações, *diminuindo, portanto, sua valência*. Quando, na experiência de associação, aparecem associações surpreendentemente superficiais, sem que para isso se tenha feito uso de distração artificial, podemos presumir que ocorreu uma diminuição momentânea da atenção. A causa fundamental deve ser buscada num *desvio interior*. O sujeito da experiência é bem instruído, no sentido de concentrar sua atenção na experiência; se, no entanto, a atenção diminui, ou seja, se ocorre um afastamento do significado da palavra-estímulo sem que uma causa exterior possa ser apontada, é porque deve existir uma causa interior para o desvio: na maioria das vezes, ela pode ser identificada na reação precedente ou até na mesma. Na verdade, surgiu *um pensamento de forte tonalidade afetiva*, um complexo que, devido à sua forte tonalidade afetiva, alcança um alto grau de nitidez na consciência ou, se reprimido, provoca uma inibição na consciência, diminuindo ou suprimindo, temporariamente, a influência da ideia-guia (atenção à palavra-estímulo). Na análise, essa pressuposição é facilmente demonstrada[107].

Na prática, o fenômeno descrito é muito valioso como *indicador do complexo*. Teoricamente é importante o fato de que o complexo não precisa, necessariamente, tornar-se consciente. Pela repressão, ele também pode provocar uma inibição na consciência capaz de perturbar a atenção; ou, com outras palavras, estancar o desempenho intelectual da consciência (tempo de reação prolongado!), impossibilitá-lo (erros!) ou diminuir sua valência (reações sonoras!). A experiência de associação mostra apenas efeitos em pormenor, enquanto a observação clínica e psicológica mostra os mesmos fenômenos em grande escala. Um complexo forte, por exemplo, uma preocupação torturante impede a concentração; sentimo-nos incapazes de romper o seu círculo e dirigir nossa atividade e interesse para outro campo. Ou ainda, se tentamos fazê-lo (por exemplo, "para esquecer as preocupações"!), conseguimos apenas durante pouco tempo e o fazemos sem empenho total, sem saber momentaneamente que o complexo impede a plena dedicação a essa tarefa. Sucumbimos a todas as inibições possíveis; fragmentos do complexo surgem nas pausas do pensa-

---

107. A respeito da técnica de análise, cf. *Diagnostische Assoziationsstudien*, caps. VI e VII, e JUNG. *Die psychologische Diagnose des Tatbestandes* [OC, 2].

mento ("privação de pensamento" na *dementia praecox*), gerando distúrbios característicos no desempenho intelectual (como na experiência de associação); cometemos lapsos na escrita segundo as regras de Meringer e Mayer[108], fazemos condensações, perseverações, antecipações etc., e, em particular, os erros observados por Freud, cujo conteúdo revela o complexo determinante. *Os lapsos na fala* aparecem em lugares críticos, ou seja, onde pronunciamos as palavras que possuem um significado para o complexo. *Cometemos lapsos na leitura* nos lugares do texto em que acreditamos ler palavras do complexo; geralmente, as palavras do complexo aparecem no campo de visão[109] periférico (Bleuler). Em meio a nossas ocupações, muitas vezes, nos flagramos cantando ou assobiando distraidamente uma melodia. Em geral, a letra dificilmente lembrada é uma constelação do complexo; ou quando balbuciamos um termo técnico ou uma palavra estrangeira, que se refere ao complexo. Muitas vezes nos vemos obsessivamente perseguidos por uma melodia ou uma palavra que constantemente nos foge; tudo isso traduz uma constelação do complexo[110]. Ou então rabiscamos no papel ou numa mesa sinais facilmente relacionados ao complexo. Sempre que os distúrbios do complexo se exprimem em palavras, podemos perceber deslocamentos por similaridade sonora ou combinações fraseológicas. Indico aqui particularmente os exemplos dados por Freud[111].

Gostaria de mencionar, dentre as minhas observações, a associação das mulheres grávidas: ossos [*Knochen*] – cama [*Bett*], onde ela queria dizer leito de parto [*Wochenbett*][112] e o automatismo verbal "Bunau-Varilla", a partir da livre associação com a seguinte série: "Varinas – Manila – cigarro – charutos Havana". Na verdade, eu me havia esquecido dos fósforos e por isso deixei um charuto aceso para depois

110

---

108. Op. cit., p. 151s.
109. A maior clareza se encontra no ponto de visão onde a atenção também é maior. Por isso a atenção diminui no campo periférico da visão e a inibição dos elementos inconvenientes é menor do que no ponto de visão; isso faz com que os fragmentos reprimidos do complexo possam facilmente emergir no campo periférico.
110. Exemplos no cap. IV de *Diagnostische Assoziationsstudien*. Cf. tb. a "associação indireta" no capítulo I, seção D *a*.
111. *Zur Psychopathologie des Alltagslebens* e *Die Traumdeutung*.
112. Cap. IV de *Diagnostische Assoziationsstudien*, p. 208 e 210.

acender um bom charuto Havana. A palavra "Bunau-Varilla"[113] surgiu justamente no momento em que o charuto estava a ponto de se apagar; mais adiante: a associação de *Morgenrock* com *Taganrog* [robe], palavra que aparecia obsessivamente no discurso de uma senhora a quem o marido recusara um novo robe[114].

111 Esses exemplos nada mais são do que uma ilustração daquilo que Freud mostra minuciosamente na *Interpretação dos sonhos*: o pensamento reprimido se reveste de semelhanças verbais (sonoras) ou das imagens visuais. Os melhores exemplos de deslocamento encontramos nos sonhos.

112 Como podemos perceber na análise freudiana, os *automatismos melódicos* escondem um rico material de substituição. Certa vez, durante uma conversa alegre e divertida, alguém afirmou que, para o casamento, deve-se escolher uma mulher *orgulhosa*. Outro participante, um senhor que tinha recentemente se casado com uma mulher conhecida por seu orgulho, assobiou baixinho uma famosa melodia popular. Como eu o conhecia bem, perguntei rapidamente qual a letra dessa melodia. Ele me respondeu do seguinte modo: "O que acabo de assobiar? Não sei. Ouvi essa melodia várias vezes na rua, mas não sei a letra". Eu conhecia muito bem aquela letra e insisti para que ele se lembrasse. Mas isso lhe foi impossível; ele afirmava jamais ter ouvido a letra. A letra dizia o seguinte:

Minha mãe disse:

"Jamais escolha uma camponesa".

113 Numa excursão, uma senhora que se encontrava ao lado de um senhor de quem esperava uma proposta cantava baixinho a marcha nupcial de *Lohengrin*.

114 Um jovem colega, ao concluir sua dissertação, assobiou durante um dia inteiro a ária de Haendel: "Vede, ele vem coroado de glória".

115 Um conhecido que se alegrava com sua posição importante e lucrativa traía seus sentimentos cantando obsessivamente a seguinte melodia: "Não nascemos para a glória?"

---

113. Cap. I de *Diagnostische Assoziationsstudien*, p. 129.
114. Cap. IV de *Diagnostische Assoziationsstudien*, p. 215.

Um outro, durante certa visita, encontrou-se com uma enfermeira que diziam estar grávida. Logo a seguir surpreendeu-se ele assobiando a melodia: "Era uma vez dois príncipes que muito se amavam".

Não pretendo aumentar desnecessariamente esse elenco de automatismos melódicos; todos nós podemos observá-los diariamente. O que neles vemos é o disfarce de pensamentos reprimidos. Sabemos que cantar e assobiar geralmente acompanham atividades que não exigem um total "investimento da atenção" (Freud). Consequentemente, a atenção residual pode chegar a um movimento de devaneio nos pensamentos do complexo. No entanto, a possibilidade de o complexo vir a se explicitar é inibida pela atividade objetivante da consciência. O complexo, portanto, apenas se fará notar de maneira obscura como acontece nos automatismos melódicos que, em geral, trazem os pensamentos do complexo de forma metafórica. A semelhança reside na situação, no humor ("Vede, ele vem coroado...", marcha nupcial, "Era uma vez dois príncipes... etc.). Nesses casos, o pensamento do complexo não chegou explicitamente à consciência, apresentando-se de maneira mais ou menos *simbólica*. A extensão dessas constelações simbólicas se observa no belo exemplo dado por Freud em *Psicopatologia da vida cotidiana* (*Exoriar' aliquis nostris ex ossibus ultor* [Que algum vingador nasça de nossas cinzas][114a] – no qual Freud relaciona o esquecimento de aliquis [a-liquis-líquido-fluidez-milagre do sangue de S. Gennaro] ao período restante da menstruação de sua amada). Gostaria de mencionar um exemplo semelhante por mim observado, a fim de fortalecer os mecanismos analisados por Freud.

Um senhor queria recitar um famoso poema: "Um pinheiro ergue-se solitário" [*Ein Fichtenbaum steht einsam*]. No verso "ele está sonolento", atrapalhou-se completamente esquecendo as palavras "com lençol branco" [*mit weisser Decke*]. O esquecimento de um verso tão conhecido me surpreendeu e lhe pedi então que reproduzisse todas as associações que lhe ocorressem a partir da expressão "com um lençol branco". Surgiu a seguinte série: "Lençol branco evoca uma mortalha – linho com que se envolve um morto – (pausa) – lembrei-me agora de um amigo muito próximo – não faz muito tempo que seu irmão morreu repentinamente – acho que morreu de um

---

114a. Imprecação de Dido moribunda, apud VIRGÍLIO. *Eneida* VI, 625.

ataque cardíaco – ele *também* era bastante corpulento – meu amigo *também é* corpulento e já pensei que o mesmo podia acontecer com ele – talvez ele faça pouco exercício – quando ouvi o que tinha acontecido, senti um medo súbito de que *também* acontecesse comigo, já que existe em nossa família uma tendência para engordar e meu avô *também* morreu de um ataque cardíaco; *também* me acho corpulento e comecei, há pouco tempo, um regime de emagrecimento".

119 A partir desse exemplo, podemos observar como a repressão pode recolher semelhanças bem simbólicas da consciência ("inibir") e amarrá-las ao complexo. Aquele senhor *logo se identificou inconscientemente com o pinheiro envolto numa mortalha.*

120 Podemos então pressupor *que ele queria recitar o poema como uma ação sintomática,* de maneira a descarregar a excitação provocada pelo complexo. Outra esfera predileta para as constelações do complexo é a piada-trocadilho. Existem pessoas que possuem um talento especial neste ramo. Conheço algumas delas com complexos muito fortes a reprimir. Gostaria de exemplificar o que acabo de dizer com um caso simples, mas representativo.

121 Numa festa havia um senhor que fazia muitos trocadilhos, alguns bons, outros ruins. No momento em que serviram laranjas [*Orangen*], ele disse: "*O-rangierbahnhof*" [estação de manobra]. Um outro senhor, que discutia com obstinação a teoria da constelação do complexo, falou: "Doutor, veja só, o senhor bem poderia supor que o senhor X pensa em viajar!" O senhor X disse então espantado: "Mas é justamente isso; ultimamente venho pensando em viajar, mas ainda não pude!" Ele pensava em viajar especialmente para a *Itália;* por isso a constelação a partir de *laranja,* pois havia recebido recentemente uma caixa de laranjas que um amigo lhe enviara da Itália. Certamente o significado do trocadilho não era, de forma alguma, consciente, no momento em que ele o fez. Aliás, a constelação do complexo *é obscura e deve ser obscura.*

122 Os sonhos também se estruturam segundo os modos de expressão simbólica do complexo reprimido, tal como vimos nesses exemplos. Na verdade, encontramos os mais belos exemplos de expressão por *semelhança de imagens*[115] nos sonhos. Freud reconhecidamente abriu

---

115. Cf. as provas no cap. VII dos *Diagnostische Assoziationsstudien.*

um novo horizonte para a análise dos sonhos. Espero que a psicologia logo venha a perceber esta verdade que lhe traria enormes benefícios. Nessa perspectiva, a *Interpretação dos sonhos* de Freud é fundamental no que concerne *ao conceito de expressão por semelhança de imagens*, tão importante na psicologia da *dementia praecox*. Devido à importância da expressão simbólica para a psicologia da *dementia praecox*, não seria supérfluo acrescentar algumas análises de sonhos, descritas no capítulo VIII de *Diagnostische Assoziationsstudien*.

Um amigo[116] narrou-me este sonho: "Vi cavalos serem içados com grossas cordas a uma certa altura. Um deles, forte e castanho, estava sendo estrangulado pelas cordas e içado como um fardo. Este chamou-me particularmente a atenção, quando, de repente, a corda arrebentou e o cavalo espatifou-se na rua. Ele deveria estar morto. No entanto, logo se pôs de pé, galopando para longe. Nesse momento, percebi que o cavalo arrastava um pesado tronco de árvore e me admirei de ele, não obstante, avançar com tamanha velocidade. Evidentemente estava assustado e poderia, por isso, provocar um desastre. Eis então que apareceu um homem montado num cavalo pequeno cavalgando lentamente à frente do cavalo assustado que, assim, moderou o passo. Continuei temendo que o cavalo pudesse esmagar o cavaleiro, quando surgiu um coche que, no mesmo passo, seguia à frente do cavalo, diminuindo mais a velocidade do cavalo assustado. Pensei então: agora está tudo bem, o perigo já passou". 123

Escolhi com meu amigo alguns pontos isolados do sonho e lhe pedi para dizer o que lhe ocorria: o *içamento do cavalo*. Ele disse que tinha impressão de que os cavalos eram içados para um arranha-céu como que empacotados, fazendo lembrar os cavalos que descem para as minas, a fim de serem usados no trabalho. Recentemente, X tinha visto na revista *Woche* o retrato de um arranha-céu em construção; o trabalho era feito a uma altura vertiginosa e pensou como deveria ser penoso esse trabalho que ele não gostaria de fazer. Tentei analisar essa estranha imagem de um cavalo içado para um arranha-céu. Ele declarou que o cavalo estava sendo estrangulado pelas cordas como parece acontecer com os que são utilizados no trabalho das minas. A foto da revista lhe chamou especialmente atenção para o modo como 124

---

116. Conheço bem as relações pessoais e familiares desse senhor.

se *trabalha* numa altura vertiginosa. E assim que os cavalos devem trabalhar nas minas. Talvez a expressão *trabalho nas minas* provenha da condensação de dois pensamentos do sonho: "montanha", exprimindo altura, e "mina", exprimindo trabalho. Perguntei-lhe então quais as ideias que lhe ocorriam com a palavra "montanha". X logo se confessou um alpinista apaixonado e que, justamente na época do sonho, sentiu um grande prazer numa escalada e em viajar, de maneira geral. Sua esposa, no entanto, teve muito medo e não quis deixá-lo ir sozinho; ela não podia acompanhá-lo porque estava grávida. Por esta razão, ele teve de abdicar de uma viagem planejada para a América (arranha-céu) e, nessa circunstância, eles perceberam que a presença de *crianças* tornava muito mais difícil qualquer viagem e eles não mais conseguiriam ir a parte alguma. (Antes, os dois gostavam muito de viajar e viajavam bastante.) Ter de abdicar da viagem para a América significou para X algo muito desagradável, pois como ele mantinha relações comerciais com aquele país, sempre esperou poder estabelecer novos e importantes negócios através de uma viagem pessoal. Nessa esperança, ele fez planos ambiciosos e lisonjeiros para o futuro, embora bastante vagos.

125   Façamos um rápido resumo do que foi dito até aqui: "montanha" pode ser interpretado como *altura; escalar montanhas* = chegar às alturas; *mina* = trabalho. Tudo isso poderia ter o seguinte sentido: "Pelo trabalho chega-se às alturas". No sonho, a altura é ressaltada de maneira especialmente plástica pela vertigem do *arranha-céu,* localizado predominantemente na América, lugar onde se encontrava o alvo de certas expectativas de meu amigo. A imagem do cavalo que, evidentemente, se associa ao conceito de trabalho, parece uma expressão simbólica para "trabalho pesado", pois o trabalho num arranha-céu, para onde o cavalo é içado, deve ser muito pesado, tão pesado quanto o trabalho realizado pelos cavalos que descem às minas. Além disso, a expressão "trabalhar como um cavalo" é de uso comum.

126   A descoberta dessas associações nos forneceu uma visão do significado da primeira parte do sonho; encontramos um caminho que, seguramente, nos conduz aos desejos e expectativas mais íntimos do sujeito do sonho. Se admitimos que o sentido desse fragmento do sonho está resumido na expressão "Pelo trabalho chega-se às alturas", podemos facilmente entender as imagens do sonho como expressões simbólicas deste pensamento.

As frases iniciais do sonho são as seguintes: *"Vi cavalos serem içados com grossas cordas a uma certa altura. Um deles, forte e castanho, estava sendo estrangulado pelas cordas e içado como um fardo"*. Isso parecia contradizer a análise feita de que "pelo trabalho chega-se às alturas", pois também se pode chegar às alturas sendo içado. X lembrou-se então que sempre desprezou os turistas que escalavam as montanhas, deixando-se içar como "sacos de farinha". Ele jamais precisou de ajuda. Os vários cavalos do sonho são, portanto, as outras pessoas *que não chegam ao alto por sua própria força*. A expressão "como um fardo" também parece indicar o que é desprezível. No entanto, em que lugar do sonho o sujeito está representado? Segundo Freud, ele certamente está representado; na verdade, ele é sempre o ator principal. Aqui, ele é sem dúvida "o cavalo forte e castanho". Um cavalo forte possui a semelhança de também *trabalhar muito* e a cor castanha significa uma "cor avermelhada, saudável" como a cor dos alpinistas. O cavalo castanho deve ser, portanto, o sujeito do sonho. Mas ele é alçado como os outros – o conteúdo das primeiras frases do sonho parecem ter-se esgotado até esta última passagem. No entanto, este içar o sujeito do sonho não ficou claro, pois contradiz o sentido inferido de que *pelo trabalho chega-se às alturas.*

127

Pareceu-me muito importante tentar confirmar se minha suspeita de que o cavalo castanho representava o sujeito do sonho era realmente verdadeira. Por essa razão lhe pedi que atentasse à passagem: "Nesse momento, percebi que o cavalo arrastava um pesado tronco de árvore". Imediatamente lhe ocorreu que antigamente ele tinha o apelido de "árvore" pelo seu aspecto forte e troncudo. Minha suspeita estava portanto correta, pois o cavalo arrastava consigo seu próprio nome. Pelo peso, o tronco impedia ou deveria impedir o cavalo de prosseguir, mas admirava-se de o cavalo *"avançar com tamanha velocidade"*. "Avançar" é sinônimo de "chegar às alturas". Apesar da carga ou do impedimento, X avançava e, na verdade, com tamanha velocidade, que parecia que o *cavalo espantado poderia ainda provocar um desastre*. Quando lhe perguntei a esse respeito, ele me respondeu que o cavalo poderia ser massacrado pelo tronco caso ele caísse ou então que a força dessa massa móvel pudesse fazer com que o cavalo se chocasse com alguma coisa.

128

129   As ideias súbitas relacionadas a esse episódio esgotaram-se nestas associações. Reiniciei a análise a partir de um outro ponto, ou seja, no lugar do sonho em que a corda se rompe etc. – A expressão "na rua" me intrigou. X me disse que a rua se parecia com a rua em que ficava seu trabalho e onde ele alimentava a esperança de fazer fortuna. Tratava-se da expectativa em torno de uma determinada carreira. Isso não ocorreu e se tivesse ocorrido teria sido bem mais por considerações pessoais do que por mérito seu. Desse modo a frase se tornou subitamente clara: *"a corda arrebentou e o cavalo espatifou-se"*. Com isso a decepção encontrou sua expressão simbólica. Ele não fez a experiência que tantas pessoas fazem de serem içadas sem esforço. Os outros que foram "preferidos" e chegaram ao alto não podem começar nada de maneira correta; pois: "O que os cavalos podem fazer lá em cima?" *Eles se encontram num lugar em que nada podem fazer.* A desilusão com o seu fracasso foi tão intensa, disse ele, que durante um certo período ele duvidou absolutamente de sua carreira. No sonho ele achou que "o cavalo deveria estar morto". Porém, logo constatou com satisfação que o cavalo pôs-se de pé, galopando para longe. Ele não se deixou derrotar.

130   Se a interpretação desta parte anterior estiver correta, tem agora início um novo trecho do sonho que corresponde, provavelmente, a um novo período da vida de meu amigo. Deixei então que X prestasse atenção no cavalo que, em seguida, galopou. Ele acrescentou que viu, em certo momento do sonho, um segundo cavalo, bastante indistinto, que seguia ao lado do cavalo castanho e também arrastava o tronco, conseguindo galopar, do mesmo modo que o castanho. Ele rapidamente desapareceu e era muito indistinto, o que (como mostra a reprodução ulterior) indica que ele se encontrava sob uma *influência reprimida* especial e, portanto, *muito importante*. X arrastava o tronco com alguém. Esta outra pessoa deveria ser sua esposa com quem vive em tensão sob o "jugo do casamento". Eles arrastam juntos o tronco. Apesar da carga que, facilmente, poderia impedi-lo de prosseguir, ele *galopa, o* que mais uma vez exprime o pensamento: ele não se deixa derrotar. Na continuação, X associou o cavalo que galopava a um quadro de Welti, chamado "Uma noite de luar", onde os cavalos a galope estão representados numa cornija. Um deles, no cio, levantava-se sobre as patas traseiras. O mesmo quadro represen-

tava um casal no leito. A imagem do cavalo galopante (que de início galopava a dois) evoca o quadro de Welti, quadro que oferece amplas possibilidades de relações. Aqui, onde até agora tínhamos visto apenas o complexo da ambição e da carreira, descortina-se, inesperadamente, uma nuança sexual do sonho. O símbolo do cavalo, que até então havia mostrado somente o lado do animal que trabalha arduamente, adquire um significado sexual, afirmado sobretudo na cena do cavalo sobre a cornija. Nesse contexto, o cavalo é o símbolo da força turbulenta e impetuosa que se identifica simplesmente com o impulso sexual. Como as ideias súbitas acima mencionadas mostram, o sujeito do sonho temia que o cavalo caísse ou se chocasse com alguma coisa, devido ao peso do tronco. Essa *vis a tergo* [força de cobertura] pode ser percebida sem dificuldade, como o próprio temperamento impetuoso de X, capaz de levá-lo a cometer atos impensados.

O sonho continua: "Eis que apareceu um homem montado num pequeno cavalo, cavalgando lentamente à frente do cavalo assustado que, assim, moderou o passo". Seu ímpeto sexual foi, portanto, freado. X descreveu o cavaleiro como sendo parecido, nas roupas e aparência, com o seu superior. Isso combina com a primeira interpretação do sonho: o superior modera a velocidade do cavalo, o que significa, com outras palavras, que impede o avanço excessivamente acelerado do sujeito do sonho, enquanto se mantém à sua frente. Precisamos investigar se o pensamento sexual, anteriormente descoberto, ainda é desenvolvido mais adiante. Talvez a expressão intrigante "um pequeno cavalo" esconda alguma coisa. X disse que o cavalo era pequeno e gracioso como um *potrinho* e com isso se lembrou de sua juventude. Quando era rapaz, viu uma *mulher em estado avançado de gravidez,* usando umas anquinhas[116a] que eram moda naquele tempo. Essa cômica visão parecia necessitar de uma explicação e ele perguntou a sua mãe se a mulher estava usando um pequeno cavalo sob as roupas. (Ele havia pensado num cavalinho como se vê geralmente no carnaval ou no circo e que se costuma afivelar em volta do corpo.) Desde então, cada vez que via uma mulher grávida, costumava se lembrar da hipóte-

131

116a. Jung usa a palavra francesa *tournure* (= anquinhas), estofamento bufante que as mulheres colocavam outrora por baixo da saia, dando a impressão de uma cintura fina e ancas amplas.

se infantil. Como vimos anteriormente, sua mulher estava grávida. A gravidez constituía um impedimento para a viagem. O ímpeto que entendemos como ímpeto sexual é, portanto, freado; assim, este trecho do sonho significa: *a gravidez da mulher impõe restrições ao marido*. Esse pensamento que agora nos aparece de modo tão claro encontra-se fortemente reprimido e sutilmente escondido na teia do sonho que, num primeiro momento, parece ser inteiramente composta pelos símbolos de ascensão impetuosa de sua vida profissional. No entanto, a gravidez não constitui razão suficiente para uma restrição, já que o sujeito do sonho teme que o *cavalo esmague o cavaleiro*. Surge então "um coche que, no mesmo passo, segue à frente", reduzindo a marcha do cavalo. Quando perguntei a X quem estava sentado no coche, ele se lembrou de que eram crianças. No entanto, as crianças estavam sob certa repressão, pois o sujeito do sonho pôde apenas lembrá-las quando lhe perguntei a esse respeito. Era uma "carroça cheia de crianças", como ele disse numa expressão coloquial. A carroça cheia de crianças inibe sua impetuosidade. O sentido do sonho é agora totalmente claro e exprime resumidamente o seguinte:

132 A gravidez da mulher e o problema de muitas crianças impõem restrições ao marido. Este sonho satisfaz um desejo, pois apresenta a restrição como já realizada. Exteriormente, o sonho, como qualquer sonho, parece não ter sentido. Contudo, em sua camada mais superficial, ele já indica claramente a expectativa e decepção relacionadas a uma carreira promissora que, no íntimo, porém, esconde uma questão pessoal fundamental, acompanhada, provavelmente, de sentimentos bastante dolorosos.

133 Durante a análise e interpretação dessa tessitura do sonho, omiti a presença constante de ricas combinações: inúmeras combinações analógicas, semelhanças de imagens, representações simbólicas das frases etc. Um exame minucioso das observações feitas deve necessariamente indicar essas *características do pensamento mitológico*. Gostaria somente de enfatizar que *a multiplicidade de sentidos das imagens isoladas do sonho* (em Freud, a "sobredeterminação") é um sinal da *obscuridade e indefinição do pensamento do sonho*. As imagens do sonho pertencem aos dois complexos da vida consciente, embora no estado de vigília eles permaneçam absolutamente separados. Devido à *deficiência de sensibilidade para as diferenças,* presente no sonho de modo predominante, ambos os conteúdos do complexo podem se interpenetrar, ao menos simbolicamente.

Talvez não compreendamos este fenômeno à primeira vista, mas podemos deduzi-lo com bastante evidência a partir de nossas premissas anteriores[117]. As experiências com a distração fundamentam a suposição de que o pensamento flui através de combinações superficiais quando ocorre redução da atenção. A condição de atenção reduzida exprime-se numa *diminuição da clareza das ideias*. Se as ideias não são claras, *a diferença entre elas também não é clara*: desaparece a sensibilidade para a diferença entre as ideias, uma vez que a diferença é função unicamente da atenção ou da clareza (sinônimos!).

Desse modo, nada impede a confusão entre ideias diferentes (separadas) ("moléculas psíquicas"). Na experiência, uma expressão deste fato é o *aumento de associações indiretas produzidas pela distração*[118]. É sabido que as associações indiretas nas experiências de associação (sobretudo em condições de distração), via de regra, nada mais são do que deslocamentos verbais através de combinações comuns de frases ou sons[119]. Na distração, a psique se sente insegura na escolha da expressão, possibilitando, assim, a ocorrência de todos os tipos de erro do sistema verbal ou acústico, de modo semelhante àqueles que sofrem de parafasia[120]. Em nossos experimentos, pode-

---

117. A fusão de complexos simultaneamente existentes pode ser explicada, por exemplo, pelo fato, não desconhecido na psicologia (que Charles S. Féré menciona, por exemplo, vagamente em sua obra *La pathologie des émotions*), de que dois estímulos simultaneamente existentes em diferentes esferas sensoriais fortalecem e influenciam um ao outro. A partir das investigações que desenvolvo atualmente, também é possível demonstrar que uma atividade motora voluntária pode ser influenciada por uma atividade automática simultaneamente existente (respiração). Pelo que sabemos, os complexos são estímulos automáticos e duradouros de atividades; do mesmo modo que influenciam nossa atividade consciente de pensar, um complexo também pode agir formativamente sobre um outro, de modo a que cada elemento possa conter o outro. Esse fato pode ser psicologicamente denominado de fusão. Freud, partindo de outra perspectiva, denominou-o de "sobredeterminação".

118. Cf. cap. I, seção B de *Diagnostische Assoziationsstudien*.

119. Exemplos no Cap. I, seção D *a*, de *Diagnostische Assoziationsstudien*

120. Kraepelin (*Über Sprachstörungen im Traume*) é de opinião que "a formulação adequada de um pensamento é frustrada pelo surgimento de ideias subsidiárias desviantes" (p. 45); na p. 48 ele diz o seguinte: "A característica comum a todas essas observações [parafasia do sonho] é o deslocamento do pensamento subjacente através do surgimento de uma associação subsidiária que possui algum elo essencial no fluxo das ideias". O "descarrilamento" do discurso ou do pensamento por uma associação subsidiária, na minha opinião, se deve à falta de possibilidade de diferenciação entre as ideias.

mos facilmente conceber a distração exterior como um complexo que, ao lado do complexo do eu, desdobra sua ação autônoma. Já fizemos anteriormente referência aos fenômenos de associação então recorrentes. Se o complexo for estimulado, ocorrerá um distúrbio na associação consciente e, superficialmente, a atenção se desviará (e respectivamente se inibirá) para o complexo que se encontra à *parte*. Na atividade normal do complexo do eu, os demais complexos devem ser inibidos, pois, do contrário, a função consciente capaz de dirigir a associação seria impossível. Assim podemos perceber que o complexo apenas se torna indiretamente visível pelas associações sintomáticas (e ações sintomáticas) obscuras, que possuem um caráter mais ou menos *simbólico*[121] (cf. todos os exemplos acima mencionados!). Em geral, os efeitos decorrentes do complexo são fracos e obscuros porque lhes falta domínio total da atenção. Este é sempre conseguido através do complexo do eu. Consequentemente, o complexo do eu e o complexo autônomo, nos experimentos de distração, podem ser comparados às duas atividades psíquicas. Do mesmo modo que nos experimentos, a maior parte da atenção se concentra no trabalho de escrever as associações e não tanto nas associações. A parte principal da atenção concentra-se na atividade do complexo do eu, e o complexo autônomo recebe apenas uma fração (desde que não ocorra um estímulo anormal). Por esta razão, o complexo autônomo pode apenas pensar de maneira superficial, obscura, ou seja, simbóli-

---

Kraepelin constata mais adiante que "a ideia subsidiária capaz de deslocar o pensamento era evidentemente *mais rica em conteúdos, mais decisiva* e por isso reprime a ideia mais geral e obscura". Kraepelin denomina esse tipo simbólico de "descarrilamento" de "paralogia metafórica" por oposição à paralogia provocada pelo simples deslocamento ou descarrilamento. A maioria das "associações subsidiárias" é constituída de associações por semelhança – ao menos frequentemente dizem respeito a elas – e por isso é fácil compreender por que a paralogia possui um caráter metafórico. Muitas vezes, essas metáforas dão a impressão de uma distorção quase intencional do pensamento. Nesse sentido, Kraepelin não se encontra muito distante das ideias de Freud.

121. Stadelmann (*Geisteskrankheit und Schicksal*, p. 41s.) diz, em seu modo infelizmente tão afetado, que o psicótico equipa "os sentimentos, parcial ou totalmente perturbados, do eu com um símbolo; mas ele não compara esse sentimento com outros processos ou objetos como uma pessoa normal costuma fazer; ele se deixa levar, inversamente, a ponto de *a imagem da comparação se tornar realidade*, sua realidade subjetiva que para os outros é julgada como loucura. – O gênio possui formas na sua vida interior que projeta, necessariamente, para fora. Enquanto que no psicótico a associação simbólica se apresenta como loucura, no gênio, ela se oferece apenas como uma vivência elevada que se manifesta" [grifos de Jung].

ca, e os resultados finais (automatismos, constelações) filtrados através da atividade do complexo do eu, da consciência, constituem-se analogamente.

Gostaria de discutir aqui brevemente a questão do *simbólico*. Empregamos o termo *simbólico* em oposição a *alegórico*. A alegoria é uma interpretação intencional do pensamento intensificada por imagens, enquanto que os *símbolos* são apenas associações subsidiárias obscuras de um pensamento que vela bem mais do que revela. Pelltier[122] diz: "O símbolo é uma forma muito inferior do pensamento. Poderíamos definir o símbolo como a percepção falsa de uma relação de identidade ou de analogia muito grande entre dois objetos que na realidade só apresentam uma vaga analogia[122a]. Pelltier também atribui o aparecimento de associações simbólicas à *falta de sensibilidade para a diferença*. Apliquemos então agora essas considerações ao sonho.

Quando iniciamos o sono, vemo-nos sempre diante de um imperativo: "Você quer dormir, não quer ser perturbado por nada"[123]. Esta força sugestiva é uma ordem categórica para o complexo do eu que controla todas as suas associações. No entanto, os complexos autônomos não estão inteiramente sob o controle direto do complexo do eu, como já vimos. Eles só são reduzidos e dominados em certa medida, jamais adormecendo completamente. Constituem, na verdade, pequenas psiques secundárias que possuem raízes afetivas próprias no corpo, através das quais esses complexos autônomos se mantêm

136

137

---

122. *L'association des idées dans la manie aiguë.*

122a. "Le symbole est une forme très inférieure de la pensée. On pourrait définir le symbole la perception fausse d'un rapport d'identité ou d'analogie très grande entre deux objets qui ne présentent en réalité qu'une analogie vague."

123. Isso consiste somente numa expressão figurada para dizer o *imperativo do sono, o instinto do sono* (cf. CLAPARÈDE. *Esquisse d'une théorie biologique du sommeil*). Teoricamente, estou de acordo com o ponto de vista formulado por Janet: "Par un côté le sommeil est un acte, il demande une certaine énergie pour être décidé au moment opportun et pour être accompli correctement" (*Les obsessions* I, p. 408). [Por um lado o sono é um ato, ele exige certa energia para ser decidido no momento oportuno e realizado corretamente.] – Como todo processo psíquico, o sono também possui um quimismo celular próprio (Weygandt). O que isso significa, nós não sabemos. Observando-se do ponto de vista psicológico, ele se apresenta como um fenômeno autossugestivo (Forel e outros são de opinião semelhante). Assim podemos compreender que existem todas as gradações desde o sono sugestivo ao imperativo orgânico do sono, que dá a impressão de um envenenamento por toxinas metabólicas.

em estado de vigília. Contudo, durante o sono eles são inibidos, talvez do mesmo modo que na vigília, pois o imperativo de ter que dormir[124] inibe todo e qualquer pensamento subsidiário. De vez em quando, porém, os complexos conseguem, quase como na agitação do dia a dia, introduzir suas associações subsidiárias e aparentemente sem sentido no eu adormecido. Os pensamentos do complexo em si mesmos não podem emergir, pois contra eles se dirige, fundamentalmente, a inibição pela sugestão do sono. Se os pensamentos do complexo conseguirem quebrar a sugestão que exige um domínio total da atenção, então o sono é naturalmente interrompido. Esse fato pode ser constantemente observado na hipnose de histéricos. Os pacientes dormem pouco, repentinamente acordam assustados com um pensamento relacionado ao complexo. Em muitos casos, a insônia se deve a complexos incontroláveis, contra os quais a energia do automatismo do sono não é mais eficaz. Se, através de meios apropriados, a energia dessas pessoas for intensificada, elas poderão voltar a dormir, na medida em que conseguirão reprimir os complexos. Repressão do complexo nada mais é do que a subtração do domínio da atenção, ou seja, da clareza. Assim, os complexos mantêm somente uma pequena fração de clareza, possibilitando apenas um movimento através de expressões vagas e simbólicas e que, também por isso, podem se contaminar, por lhes faltar a possibilidade de diferenciação. Não é preciso pressupor uma *censura* propriamente dita do pensamento do sonho, no sentido de Freud. A inibição decorrente da sugestão do sono já é suficientemente esclarecedora.

Para finalizar, devemos ainda analisar um efeito característico do complexo, que é a tendência para *associações de contraste*. Como Bleuler mostrou[125], cada atividade psíquica que se esforça por alcançar um objetivo é acompanhada de contrastes. Isso é absolutamente necessário para a coordenação adequada e o controle. A experiência prova que, em cada decisão, os contrastes constituem as associações

---

124. A inibição instintiva do sono se exprime psicologicamente como *"désintérêt pour la situation présente"* [desinteresse pela situação presente] (Bergson, Claparède). O efeito do *désintérêt* sobre a atividade de associação é o *"abaissement de la tension psychologique"* [redução da tensão psicológica] (Janet), que se exprime nas associações características do sonho acima descritas.

125. Cf. BLEULER. *Die negative Suggestibilität*, e capítulo I, § 27 deste volume.

mais próximas. Normalmente, os contrastes jamais impedem a reflexão, ao contrário, as estimulam e ajudam a ação. Contudo, se, por algum motivo, a energia do indivíduo for prejudicada, este pode facilmente se tornar vítima de um jogo entre positivo e negativo, pois a tonalidade afetiva da decisão se revela insuficiente para vencer e reprimir os contrastes. Frequentemente este fenômeno pode ser observado quando um forte complexo absorve a força ativa do indivíduo; sua energia diminui, tornando superficial a atenção para o que não pertence propriamente ao complexo. A associação, consequentemente, fica sem direção definida, surgindo, de um lado, um tipo vago de associação e, de outro, o contraste que não consegue mais ser reprimido. A histeria nos oferece muitos exemplos desta ordem, nos quais aparecem contrastes puramente emocionais (cf. o trabalho de Bleuler), enquanto que na *dementia praecox* surgem não só contrastes emocionais como também verbais (cf. o trabalho de Pelletier). Stransky percebeu experimentalmente os contrastes verbais no "discurso forçado".

139 Agora restam-nos apenas algumas observações de ordem geral, referentes aos capítulos II e III, no que diz respeito às espécies de complexos e sua marcha.

140 *Todo acontecimento afetivo se torna um complexo.* Se o acontecimento não estiver relacionado a um complexo já existente, possuindo assim um significado momentâneo, ele submerge gradualmente, com a diminuição da tonalidade afetiva, na massa latente da memória, aí permanecendo até o momento em que uma impressão semelhante a reproduza novamente. Mas se um acontecimento afetivo encontrar um complexo já existente, ele o reforçará, ajudando-o a recuperar, por certo tempo, o primeiro plano. Os exemplos mais claros dessa espécie observamos na histeria, onde coisas aparentemente insignificantes podem provocar as irrupções mais surpreendentes do afeto. Nesses casos, a impressão despertou, direta ou simbolicamente, o complexo que estava reprimido de modo insuficiente, produzindo uma tempestade do complexo que, se considerarmos a pouca importância do acontecimento, geralmente parece desproporcional. Por isso não estranha que a maior parte dos complexos seja de *natureza erótico-sexual* (como também a maior parte dos sonhos e histerias). Sobretudo nas mulheres, onde a sexualidade se encontra no centro da vida psíquica, praticamente não existe um só complexo

que não esteja relacionado com a sexualidade. É neste sentido que a significação do trauma sexual, considerada por Freud como universal, deve ser analisada na histeria. De todo modo, a psicanálise deve sempre considerar a sexualidade, o que não significa dizer que toda histeria seja *exclusivamente* atribuída à sexualidade. Qualquer outro complexo forte pode ser evocado naqueles que costumam revelar sintomas histéricos. Ao menos assim parece. Não mencionarei aqui as demais espécies de complexo, pois tentei esboçar as espécies mais frequentes em outros escritos[126].

141 A todo indivíduo normal interessa *libertar-se de um complexo obsessivo que impede o desenvolvimento adequado da personalidade* (a adaptação ao meio ambiente). Geralmente o tempo se encarrega disso. No entanto, muitas vezes, o indivíduo precisa buscar uma ajuda artificial para se libertar. Sabemos que o *deslocamento* constitui uma grande ajuda. Busca-se algo novo capaz de *contrastar fortemente com o complexo* (masturbação/mística). Uma histeria pode ser curada caso se consiga introduzir um novo complexo obsessivo[127]. (Sokolowski diz algo semelhante)[128].

Caso se consiga reprimir o complexo, persiste ainda por muito tempo uma forte *sensibilidade do complexo,* ou seja, uma acentuada possibilidade de o complexo reaparecer. Se a repressão for apenas possível por formações de compromissos, ocorre uma inferioridade duradoura, uma histeria que só permite uma adaptação limitada ao meio ambiente. *Se o complexo não se modifica de forma alguma, o que naturalmente só é possível em grave detrimento do complexo do eu e de suas funções, então devemos falar de uma dementia praecox*[129]. Gostaria de frisar que falo aqui apenas *do ponto de vista psicológico,* constatando assim o que encontramos na psique dos dementes precoces. Esse ponto de vista não exclui, de modo algum, a possibilidade de que a perseveração insuperável do complexo tenha sido

---

126. *Die psychopathologische Bedeutung des Assoziationsexperimentes.*
127. A histeria faz uso de todas as espécies de artifício para se proteger do complexo: conversão em sintomas corporais, desdobramento da consciência etc.
128. *Hysterie und hysterisches Irresein.*
129. Stadelmann exprimiu uma ideia semelhante (?) que, no entanto, devido a seu estilo exagerado, fica sufocada (op. cit.).

provocada por um envenenamento interior, cuja origem talvez se encontre no afeto. Esta hipótese me parece provável, pois concorda com o fato de que, na maioria dos dementes precoces, o complexo se encontra em primeiro plano, ao passo que nos demais envenenamentos (álcool, intoxicações urêmicas, drogas etc.) os complexos desempenham um papel apenas secundário. Outro fato em favor desta minha hipótese é que muitos casos de *dementia praecox* iniciam-se com sintomas excepcionalmente histeroides que somente "degeneram" durante a doença, ou seja, tornam-se caracteristicamente estereotipados ou sem sentido; por isso, a antiga psiquiatria fala diretamente de *psicoses histéricas degenerativas*.

Poderíamos então formular a proposição acima da seguinte maneira: observando *de fora*, percebemos os sinais objetivos de um afeto. Os sinais se fortalecem e se desfiguram gradualmente (ou então muito rapidamente), de maneira que, mesmo para um observador superficial, torna-se impossível pressupor um conteúdo psíquico normal. Fala-se então de uma *dementia praecox*. Quem sabe, futuramente, uma química ou anatomia mais perfeitas comprovarão as anomalias metabólicas objetivas ou os efeitos tóxicos a ela associados. Observando-se de dentro (o que é possível apenas por complexas inferências analógicas), percebemos que o sujeito não consegue mais se libertar psicologicamente do complexo, associando tudo a ele e deixando que todas as suas ações sejam por ele controladas. *O resultado inevitável é a degeneração da personalidade.* Ainda não somos capazes de saber qual a amplitude da influência psicológica do complexo; podemos somente pressupor que *os efeitos tóxicos desempenham um importante papel na degeneração progressiva.*

142

IV

Dementia praecox e histeria: um paralelo

143   Uma comparação precisa entre a *dementia praecox* e a histeria apenas poderia ser feita se conhecêssemos mais profundamente os distúrbios da atividade associativa em ambas as doenças e, sobretudo, os distúrbios afetivos em pessoas normais. Por enquanto, esse não é de modo algum o nosso caso. Meu propósito aqui é, portanto, apenas relembrar as semelhanças psicológicas, a partir das discussões precedentes. Na apresentação que faremos posteriormente das experiências de associação com dementes precoces, ficará ainda mais evidente a necessidade de uma comparação entre a *dementia praecox* e a histeria de maneira a possibilitar uma compreensão maior dos fenômenos de associação catatônica.

A. Os distúrbios emocionais

144   Os estudos mais recentes sobre a *dementia praecox* (Kraepelin, Stransky e outros) situam os distúrbios emocionais como ponto central do quadro da doença. Por um lado, falam de *embotamento emocional* e, por outro, de *incongruência entre o conteúdo das ideias e o afeto* (Stransky).

145   Por ora, excluiremos os casos em que ocorre um embotamento dos sentidos nos estágios terminais da *dementia praecox*, pois esses dificilmente serviriam para uma comparação com a histeria. (Trata-se de duas doenças absolutamente distintas!) Aqui nos limitaremos aos estados de apatia durante o estágio agudo da doença. A indiferen-

ça emocional, que nos surpreende em vários dementes precoces, possui uma certa analogia com a *belle indifférence* dos histéricos que são capazes de descrever seus sofrimentos com um sorriso tranquilo, causando-nos uma impressão inadequada, ou que falam com equanimidade sobre coisas que, certamente, os atingem muito profundamente. Nos capítulos VI e VIII dos *Diagnostische Assoziationsstudien*, tentei indicar de que maneira os doentes falam sem muita emoção a respeito de coisas que possuem o significado mais íntimo e profundo. Isso é especialmente surpreendente na análise, onde invariavelmente se revela a razão do comportamento inadequado: na medida em que a totalidade do complexo não chega à consciência por se encontrar sob determinada inibição, os doentes podem falar sobre o complexo com tranquilidade, inclusive com uma leveza quase intencional, "fugindo do assunto". Esse falar que "foge do assunto" pode também alcançar um grau de "fuga do próprio sentimento", através de um deslocamento contrastante de humor.

Observei uma histérica durante longo período. Ao ser atormentada por pensamentos obscuros, costumava se exprimir com um humor alegre, reprimindo desta maneira o complexo. Quando contava algum episódio muito triste, que a tocava profundamente, reagia com risos estridentes. Em outras ocasiões, falava de seus complexos com absoluta indiferença (no entanto lhe traía sua expressão deliberada), como se eles não lhe dissessem respeito. A razão psicológica desta incongruência entre o conteúdo das ideias e o afeto parece residir no fato de que o complexo é autônomo e, consequentemente, só se reproduz quando *quer*. Podemos perceber que a *belle indifférence* dos histéricos não dura muito tempo. Ela é subitamente interrompida, seja por uma irrupção incontrolável do afeto, por um ataque de choro ou por outra coisa semelhante. Na apatia eufórica dos dementes precoces, pode-se observar algo semelhante, onde, de tempos em tempos, também se manifesta um humor aparentemente imprevisível, uma ação violenta ou um gesto brusco, que não condiz com a indiferença anterior. Professor Bleuler e eu vimos com frequência em nossas investigações que, tão logo a análise consegue encontrar o complexo, cai o disfarce da apatia ou da euforia: surge então o afeto adequado, em geral turbulento. Isso ocorre igualmente na histeria quando se toca no ponto nevrálgico. No entanto, existem casos em que o bloqueio defensivo do com-

146

plexo não consegue ser penetrado por nenhum meio. Os doentes apenas conseguem apresentar respostas descabidas, que nada dizem, ou simplesmente se recusam a responder as perguntas que lhes são feitas. E quanto mais direta a relação das perguntas com o complexo, tanto menos desejam responder a elas.

147   É bastante comum observarmos nos dementes precoces aparentemente apáticos que após a estimulação, intencional ou não, do complexo, tem lugar uma excitação diretamente relacionada ao estímulo. O estímulo entra em ação depois de uma certa incubação. Pude notar com frequência que, durante a conversa, os doentes histéricos falavam dos pontos críticos com uma indiferença e superficialidade aparentemente intencionais, e esse pseudoautocontrole muito me impressionava. Algumas horas depois, era chamado à enfermaria porque a paciente com quem havia conversado teve um surto, revelando assim que o conteúdo da conversa a havia posteriormente afetado. O mesmo pode ser visto na gênese de delírios paranoides (Bleuler). Janet[130] observou que, muitas vezes, os doentes permaneciam calmos durante um acontecimento que, em princípio, deveria excitá-los. Contudo, após um período de latência, algumas horas ou até mesmo dias depois, o afeto correspondente emergia. Posso confirmar essa observação de Janet. Baetz[131], por ocasião de um terremoto, pôde observar em si mesmo o fenômeno que denominou de "paralisia emocional".

148   *Os estados de afeto destituídos de conteúdo de ideias adequadas,* tão comuns nos dementes precoces, também encontram uma analogia com a histeria. Basta lembrar, por exemplo, *os estados de ansiedade nas neuroses obsessivas!* Via de regra, as ideias desses estados são de tal modo inadequadas, que os próprios doentes reconhecem sua falta de lógica, tachando-as de absurdas, embora *pareçam* constituir a fonte da ansiedade. Freud mostrou que isto não é verdade, e com tais argumentos que até agora ninguém o refutou, merecendo todo apoio de nossa parte. Gostaria de lembrar a paciente citada no capítulo VI de *Diagnostische Assoziationsstudien,* que tinha a ideia obsessiva de que havia contaminado o pároco e o médico com suas ideias obsessi-

---

130. Se menciono rapidamente os doentes que Janet identifica com os histéricos em *Les obsessions*, é porque não consigo diferenciar os "*obsédés*" de Janet dos histéricos.
131. *Über Emotionslähmung.*

vas. Embora constantemente afirmasse que essas ideias eram infundadas e absurdas, era atormentada por elas com a maior ansiedade. Na histeria, a grande maioria dos doentes refere as depressões contínuas a causas que podem ser qualificadas de "causas escusas". Trata-se, na verdade, de reflexões e pensamentos normais, porém reprimidos. Uma jovem histérica sofria de uma depressão tão forte que, a cada resposta, irrompia num pranto, sem que para isso houvesse um motivo especial. Ela atribuía, insistente e exclusivamente, a depressão a dores no braço que sentia, por vezes, no trabalho. Por fim, evidenciou-se um relacionamento amoroso com um homem que não quis se casar com ela, o que constituía a fonte de sua aflição permanente. Desse modo, antes de afirmarmos que o demente precoce se encontra deprimido sem uma razão adequada, devemos ter presente o fato de que todo ser humano possui determinados mecanismos que trabalham no sentido de reprimir e esconder, o mais profundamente possível, o que o incomoda e aflige.

As *excitações explosivas* nos dementes precoces podem irromper através dos mesmos mecanismos que os afetos explosivos dos histéricos. Quem quer que trate de histéricos conhece as irrupções abruptas de afeto e as exacerbações agudas dos sintomas, deparando-se, em muitos casos, com um enigma psicológico; em geral, as pessoas se contentam com observar que: "O paciente está novamente excitado". Contudo, uma análise cuidadosa sempre encontra uma causa precisa: a expressão impensada de alguém, uma carta perturbadora, o aniversário de um acontecimento crítico etc. Muitas vezes, apenas um detalhe, um mero símbolo, é suficiente para liberar o complexo[132]. Analogamente nos dementes precoces, é possível encontrar, através de uma análise cuidadosa, o fio psicológico que reconduz à causa da excitação. Evidentemente isso não é possível em todos os casos, pois a doença é

---

132. Riklin cita o seguinte exemplo, bastante instrutivo: Uma histérica vomitava periodicamente o leite que bebia. A análise da hipnose demonstrou que a paciente, durante o período em que residia com um parente, foi por ele agredida sexualmente no estábulo, onde havia entrado para pegar leite. "Ibi homo puellam coagere conatus est, ut sêmen quod masturbatione effluebat, ore reciperet" [Aí o homem tentou obrigar a jovem a engolir o sêmen que ejaculava por masturbação]. Uma semana depois da hipnose, a paciente vomitava todo o leite que bebia, embora tivesse tido amnésia absoluta da hipnose (*Analytische Untersuchungen der Symptome und Assoziationen eines Falles von Hysterie*).

bastante nebulosa. Mas também não temos nenhuma razão para pressupor a inexistência de uma conexão suficiente.

150   Nas raras vezes em que nos permitimos uma visão inteiramente catamnésica da doença, pudemos observar que, provavelmente, os afetos na *dementia praecox* não desaparecem, mas apenas se deslocam de maneira singular, sofrendo algum tipo de bloqueio[133]. Os afetos e humores sem sentido podem ser subjetivamente explicados como alucinações e ideias patológicas súbitas que dificilmente, ou quase nunca, se reproduzem no clímax da doença, porque pertencem ao complexo. Se um catatônico é constantemente envolvido por cenas alucinatórias que penetram a consciência com força incontrolada e uma tonalidade afetiva bem mais forte do que a realidade exterior, então podemos compreender, de imediato, por que ele não é capaz de reagir adequadamente às perguntas do médico. Ou se o doente, como por exemplo Schreber, sente as pessoas que o cercam como "homens fugitivos improvisados", compreendemos que ele não foi capaz de responder adequadamente aos estímulos da realidade, embora reaja adequadamente a *seu modo*.

151   *A ausência de autocontrole ou o descontrole dos afetos* é uma característica típica da *dementia praecox*. Sempre que se trate de uma emotividade patologicamente intensificada encontramos esta falha, sobretudo na histeria, na epilepsia etc. O sintoma apenas indica que um grave distúrbio na síntese do eu está ocorrendo, ou seja, que existem complexos autônomos superpoderosos que não mais se ajustam à hierarquia do complexo do eu.

152   A característica falta de *adequação emocional* na *dementia praecox* pode às vezes ser observada nos histéricos, quando não conseguimos captar a personalidade e penetrar em seu complexo. Na verdade, isso acontece nos histéricos apenas temporariamente, pois a intensidade do complexo é variável. Na *dementia praecox*, onde o complexo é bastante estável, é possível estabelecer um *rapport* emocional apenas por instantes ao se tentar penetrar no complexo. Na histeria, conseguimos penetrar de alguma maneira, o que já não ocorre na *dementia praecox*, onde, imediatamente após uma tentativa, nos vemos outra

---

133. Cf. FOREL. *Selbstbiographie eines Falles von Mania acuta*. • SCHREBER. *Denkwürdlgkeiten eines Nervenkranken*.

vez diante da personalidade fria e estranha do demente precoce. Sob determinadas circunstâncias, na análise por exemplo, os sintomas podem chegar a aflorar. Já na histeria é possível um certo avanço. Aquele que por meio da análise chegou a penetrar a psique de um histérico sabe que, com isso, assegura um poder moral sobre o paciente. (O que aliás acontece nas confissões em geral.) No entanto, os dementes precoces, mesmo após uma análise bastante penetrante, permanecem como antes. Os doentes não conseguem sintonizar seus sentimentos com a psique do médico, prosseguem com suas afirmações delirantes, atribuindo motivos hostis à análise. Numa palavra, eles são e permanecem refratários a qualquer influência.

B. Anormalidades de caráter

Os distúrbios do caráter ocupam uma posição importante na sintomatologia da *dementia praecox*, embora não se possa falar propriamente de um caráter "de demência precoce". Sem dúvida, poder-se-ia falar no sentido em que se fala de um "caráter histérico", no qual se vem aninhar sorrateiramente, como se sabe, todo tipo de preconceito, como por exemplo, inferioridade moral e coisas do gênero. A histeria não produz um caráter especial, ela simplesmente exagera as características já existentes. Por isso encontramos toda espécie de temperamento nos histéricos: existem personalidades egoístas e outras altruístas, criminosos e santos, naturezas sexuais ardentes e outras frias etc. O que caracteriza a histeria é a existência de um complexo superpoderoso, incompatível com o complexo do eu.

Podemos indicar, como um dos distúrbios caracterológicos da *dementia praecox*, a *afetação* (maneirismos, excentricidade, mania de originalidade etc.). Encontramos esse sintoma de maneira abundante na histeria, o que ocorre, sobretudo, nos casos em que os pacientes se sentem *deslocados em sua posição social*. Uma forma muito comum de afetação é o comportamento pretensioso e artificial de muitas camareiras, costureiras, enfermeiras, empregadas que, apesar de sua baixa condição social, têm muito contato com camadas superiores; isso também pode ser observado nos homens descontentes com sua posição social, que tentam, ao menos, aparentar uma boa educação ou uma posição mais imponente. Esses complexos, muitas vezes, estão estreitamente ligados a posturas aristocráticas, a paixões literárias ou filosóficas, a concepções e opiniões extravagantes e "originais", evidenciando-se nos trejeitos exagerados e principalmente na escolha de uma linguagem repleta de expressões bombásticas, de termos técnicos, rodeios e afetação no discurso e frases altissonantes. Essas características se mostram na *dementia praecox*, especialmente nos casos que, de algum modo, encobrem um "delírio de ascensão social" (cf. Krafft-Ebing).

155 Nesse caso, a doença estiliza mecanismos das pessoas normais, ou melhor, a caricatura de pessoas normais, como a histeria, embora a afetação em si nada contenha de específico da *dementia praecox*. Esses tipos de caso possuem uma tendência especial para *neologismos,* que na maior parte se reduzem à aplicação de termos técnicos que dão a impressão de erudição e distinção. Uma de minhas pacientes, por exemplo, chamava os neologismos de "palavras de poder" e mostrava uma inclinação especial para enunciados os mais inusitados que lhe pareciam manifestamente expressivos. As "palavras de poder" servem para enfatizar e ornamentar a personalidade da maneira mais imponente possível, onde seu tom enfático acentua o valor da personalidade ante a desconfiança e a hostilidade, sendo por isso muitas vezes utilizadas como fórmulas de defesa e exorcismo pelos dementes precoces. Um demente precoce que se encontrava sob minha observação ameaçava os médicos quando esses lhe recusavam alguma coisa, com as seguintes palavras: "Eu, Grão-Príncipe Mefisto, tratar-te-ei com vingança de morte por representares o Orangotango". Outros, como Schreber, usavam as "palavras-força" para exorcizar vozes[134].

156 A afetação também se exprime nos gestos e maneiras de escrever. A escrita é ornamentada, como sabemos, com todo tipo de floreio. Encontramos analogias com pessoas normais, por exemplo, nas jovens que, por capricho, escrevem de maneira afetada e com originalidade excêntrica. Os dementes precoces se caracterizam em geral por um modo de escrever bem típico: as indiscutíveis tendências contraditórias de sua psique se exprimem até certo ponto no fato de a escrita ser ora oblíqua, ora fluente, ora longa, ora curta e abrupta. O mesmo pode ser observado nos histéricos temperamentais nos quais é fácil comprovar se a modificação na escrita ocorre ou não no lugar em

---

134. Comparável às *"conjurations"* de Janet (*Les obsessions* I) e também, por exemplo, Schreber, op. cit.

que o complexo incide. Também podemos ver, em pessoas normais, distúrbios frequentes nas localizações do complexo.

Evidentemente a afetação não constitui a única fonte de neologismos. Uma grande parte provém dos sonhos e em especial das alucinações. Também são bastante comuns as condensações verbais e associações sonoras que podem ser analisadas, quanto à sua proveniência, a partir dos princípios expostos no capítulo precedente. (Exemplos dessa ordem encontram-se no caso Schreber.) O aparecimento da "salada de palavras" também pode ser compreendido pelo conceito de *abaissement du niveau mental* de Janet. Vários dementes precoces negativistas, que se recusam a responder às perguntas, mostram uma grande tendência para "etimologias", evitando assim as respostas. Eles dissecam as perguntas, eventualmente as adornam com associações sonoras, o que significa deslocamento e encobrimento do complexo; não querem responder à pergunta e por isso desviam a atenção para seus aspectos fonéticos[135]. Existem ainda vários indícios de que os elementos sonoros da linguagem impressionam mais aos dementes precoces do que a outros doentes; frequentemente eles se ocupam com análise e interpretação de palavras[136]. O inconsciente revela em geral semelhantes tendências para a criação de neologismos. Compare as "linguagens celestes" dos sonâmbulos clássicos e, em particular, as interessantes criações de Hélène Smith[137].

157

---

135. Análogo à impenetrabilidade da palavra-estímulo, cf. capítulo VIII de *Diagnostische Assoziationsstudien*.

136. O doente de Forel precisava fazer interpretações desse tipo: assim, ele interpretava, por exemplo, o nome *Vaterlaus* por *"pater laus tibi"* [louvor a ti, pai]. Um doente sob minha observação se queixava das insinuações que lhe faziam durante a refeição. Ele tinha descoberto na comida um pedaço de linha [*Leinenfaser*]. Isso foi suficiente para lhe sugerir que uma certa Fräulein (uma conhecida sua de muitos anos), com quem certamente não teve qualquer relação mais íntima, significava Feuerlein [linha de fogo]. Certo dia, o mesmo doente me disse que não entendia por que uma "forma verde" tinha a ver com ele. Ele teve essa ideia quando achou que tinham posto "clorofórmio" em sua comida (*chloros*, forma).

137. Nas experiências de escrita inconsciente (psicografia) pode-se observar claramente como o inconsciente joga com as ideias. Com frequência, as palavras são escritas numa série invertida de letras ou então em conglomerados de palavras que, se não fosse isso, seriam claras. No ambiente das sessões espíritas, não é raro ouvir as pessoas inventar novas línguas. A médium mais capaz de inventar línguas que se conhece é Hélène Smith (cf. PLOURNOY. *Des Indes à la planète Mars*) [Relato fenômenos semelhantes em meu texto *Zur Psychologie und Pathologie. OC, 1*].

158   A *falta de consideração, inteligência obtusa* e *incapacidade de persuasão*, encontram-se em pessoas normais e nos casos patológicos, principalmente quando estão em jogo causas afetivas. Uma forte convicção religiosa, por exemplo, ou outra qualquer é suficiente para que uma pessoa, em determinadas circunstâncias, se torne grosseira, cruel e obtusa. Não é preciso supor um embotamento afetivo como condição necessária. Devido à extraordinária sensibilidade que possuem, os histéricos se tornam egoístas e grosseiros, atormentando não só a si próprios como as pessoas que os cercam. Aqui também não se trata de um embotamento, mas de uma cegueira provocada pelo afeto. Em todo caso, é importante lembrar que a relação entre histeria e *dementia praecox* significa apenas uma *semelhança* e não uma *identidade*. Esses mecanismos são ainda mais profundos na *dementia praecox*, talvez porque sejam complicados por efeitos tóxicos.

159   O *comportamento idiota* dos hebefrênicos possui uma analogia com o *estado de moria*[138] dos histéricos. Observei durante longo período uma histérica, extremamente inteligente, que sofria de estados de excitação contínuos, nos quais ela assumia um comportamento bizarro, infantil e abobalhado. Isso ocorria de maneira regular quando tinha de reprimir pensamentos tristes relacionados ao complexo. Janet observou esse comportamento que, naturalmente, aparece em graus diversos: "Estas pessoas representam uma espécie de comédia, fazendo-se pequeninas, ingênuas, ternas, fingem uma total ignorância e gostam de parecer 'aparvalhadas'"[139].

C. Distúrbios intelectuais

160   Na *dementia praecox*, a consciência apresenta certas anomalias já diversas vezes comparadas às da histeria e hipnose. Com frequência, aparecem sinais de *estreitamento da consciência,* de limitação da clareza em relação a uma ideia, com um aumento anormal da falta de distinção entre as associações subsidiárias. Na opinião de muitos autores, esse fato explicaria a aceitação cega de uma ideia, sem qual-

---

138. FÜRSTNER. *Die Zurechnungsfähigkeit der Hysterischen.*

139. *Les obsessions* I, p. 391. "Ces personnes jouent une sorte de comédie, ils se font petits, naïfs, câlins, ils jouent l'ignorance complète et aiment à passer 'pour un peu bébêtes'".

quer reação ou correção, fenômeno análogo à sugestão. Outros tentam explicar a *sugestibilidade* característica dos catatônicos (ecossintomas), com base nessas mesmas razões. Contra essa ideia, poder-se-ia apenas aventar que existe uma diferença significativa entre a sugestibilidade normal e a catatônica. Em pessoas normais, os sujeitos da experiência se atêm à sugestibilidade da forma mais precisa possível, de maneira a realizá-la. Já nos histéricos, dependendo do grau e tipo da doença, ocorrem acréscimos surpreendentes: por exemplo, a sugestão do sono com facilidade se transforma numa hipnose histérica (histero-hipnose), num estado crepuscular de histeria, ou então as sugestões são executadas apenas parcialmente, com o acréscimo de ações suplementares não intencionais[140]. Por esta razão, a hipnose nas histerias graves é bem mais difícil de ser controlada do que em pessoas normais. Na catatonia, o fator acaso nos fenômenos de sugestão é ainda maior. Muitas vezes a sugestibilidade se limita inteiramente à esfera motora, acontecendo simplesmente como ecocinesia ou ecolalia. Na *dementia praecox*, dificilmente uma sugestão verbal é executada, e se isso ocorre, os efeitos são em geral incontroláveis e inesperados. Muitos elementos estranhos à sugestibilidade normal aparecem nos dementes precoces. Contudo não existe razão alguma que impeça a suposição de que a sugestibilidade catatônica, ao menos em seus vestígios normais, possa ser reduzida aos mesmos mecanismos psicológicos dos histéricos. Sabemos que os efeitos incontroláveis da sugestão devem ser investigados na relação com o complexo autônomo. Nada impede que esse também possa ser o caso na *dementia praecox*. Um comportamento caprichoso, semelhante ao da sugestão, também pode ser visto na *dementia praecox* em relação a outras medidas terapêuticas, como por exemplo, a transferên-

---

140. Durante algum tempo, tratei de uma histérica que sofria profundas depressões, dores de cabeça e total incapacidade de trabalho. Quando lhe sugeria que tivesse mais prazer em trabalhar e um humor mais alegre, ela ficava no dia seguinte num estado anormal de alegria, rindo sem parar, adquirindo uma verdadeira compulsão para trabalhar, a ponto de fazê-lo até de madrugada. No terceiro dia ela estava profundamente esgotada. O humor hilariante que lhe vinha sem motivação exterior era para ela muito desagradável porque lhe vinham à mente todo tipo de idiotice, piadas tolas, juntamente com uma compulsão desnatural para o riso. Um exemplo de histero-hipnose encontra-se em meu trabalho *Ein Fali von hysterischem Stupor bei einer Untersuchungsgefangenen* [OC, 1].

cia, a alta[141], a educação pelo exemplo etc. As análises detalhadas e extremamente valiosas de Riklin[142] mostram como a melhora de antigos catatônicos, transferidos para outras instituições, depende de fatores psicológicos.

161   Na *dementia praecox*, a *lucidez de consciência* se encontra sujeita a múltiplas formas de obscurecimento; pode passar de uma clareza transparente à confusão mais profunda. Desde Janet, as oscilações de lucidez na histeria tomaram-se quase proverbiais. Distinguimos na histeria distúrbios *momentâneos* e distúrbios *duradouros*. O momentâneo pode constituir um simples *"engourdissement"* (entorpecimento) de curta duração ou uma irrupção alucinatória temporária e extática, também de curta duração. Na *dementia praecox*, observamos bloqueios abruptos como as chamadas "privações de pensamento" e também a irrupção alucinatória súbita de impulsos excêntricos. Verificamos na histeria distúrbios duradouros de lucidez, como também nos estados alucinatórios de sonambulismo, ou então nos estados "letárgicos" (Löwenfeld) ou catalépticos. Na *dementia praecox* tais distúrbios se manifestam nas fases alucinatórias duradouras com maior ou menor confusão, ou nos estados de estupor.

162   Na *dementia praecox*, o distúrbio da *atenção* é praticamente constante. Os distúrbios de atenção também desempenham um papel importante na histeria. Janet, por exemplo, diz o seguinte acerca dos *troubles d'attention*: "Pode-se dizer que este é o principal distúrbio, que consiste não numa supressão das faculdades intelectuais, mas numa dificuldade de fixar a atenção. Eles estão sempre distraídos por alguma preocupação vaga e jamais se entregam inteiramente ao objeto proposto"[143]. Como pudemos ver nas considerações do primeiro capítulo, as palavras de Janet também poderiam se aplicar aos dementes precoces. O que perturba a concentração dos doentes é o complexo autônomo que paralisa as demais atividades psíquicas. Curiosamente esse fato escapou a Janet. É interessante observar que na histeria (ou em

---

141. Cf. BLEULER. *Frühe Entlassungen*.
142. RIKLIN. *Über Versetzungsbesserungen*.
143. *Les obsessions* I, p. 383. "On peut dire que c'est là le trouble principal qui consiste non dans une suppression des facultés intellectuelles, mais dans une difficulté de fixer l'attention. Ils ont toujours l'esprit distrait par quelque préoccupation vague et ne se donnent jamais entièrement à l'objet qu'on leur propose".

qualquer outro estado afetivo) os doentes sempre voltam à sua "história" (como por exemplo na histeria traumática!), de tal maneira que seus pensamentos e ações só são consteladas pelo complexo. Observa-se uma limitação semelhante, com frequência porém com intensidade mais elevada, na *dementia praecox*, sobretudo em suas formas paranoides. Seria desnecessário aduzir exemplos a esse respeito.

A *orientação* se altera caprichosamente em ambas as doenças, de maneira semelhante. Na *dementia praecox*, quando não se trata dos casos de fortes excitações e confusões profundas, tem-se a impressão de que os doentes, embora perturbados por ilusões, no fundo, estão corretamente orientados. Já na histeria esta impressão não é tão frequente, embora seja possível se convencer de que a orientação está correta com a hipnose do doente. A hipnose reprime o complexo histérico e leva à reprodução do complexo do eu. Da mesma maneira que na histeria a desorientação se justifica pelo fato de um complexo patogênico impedir a reprodução do complexo do eu – o que pode acontecer apenas momentaneamente –, na *dementia praecox* também pode ocorrer que respostas bastante claras sejam substituídas em seguida pelas afirmações mais insólitas[144]. Especialmente comum é o comprometimento da lucidez de consciência no estágio agudo, onde os doentes vivem num verdadeiro sonho[145], isto é, num "delírio do complexo"[146].

163

---

144. Um belo exemplo de mutação momentânea na histeria encontra-se no trabalho de RIKLIN. *Zur Psychologie hysterischer Dämmerzustände und des Ganser'schen Symptoms*. Neste trabalho, Riklin demonstra que o doente apresentará uma orientação correta ou delirante, dependendo do tipo da pergunta. O mesmo pode acontecer espontaneamente se, por algum estímulo, o complexo for afetado. Riklin relata um caso semelhante ao narrado no capítulo VII de *Diagnostische Assoziationsstudien*, onde uma palavra-estímulo de crítica provoca um estado sombrio capaz de durar muito tempo. As ideias súbitas patológicas, por exemplo, e a interpolação automática na linguagem e escrita dos sonâmbulos são, em princípio, a mesma coisa (cf. FLOURNOY. *Des Indes à la planète Mars*).

145. Cf. MEYER. Op. cit.

146. Lembro que o sonho normal é sempre um delírio do complexo, ou seja, que seu conteúdo é determinado por um ou mais complexos que, no momento, são atuais. Freud demonstrou isso muito bem. Quando alguém analisa seus sonhos pelo método de Freud, vê-se claramente a justificativa para a expressão "delírio do complexo". Muitos sonhos são satisfações de desejos. Os sonhos endógenos dizem respeito exclusivamente aos complexos, e os exógenos, isto é, os sonhos influenciados ou gerados por estímulos corporais que se dão durante o sono são, tanto quanto pude observar até hoje, fusões de constelações do complexo com elaborações mais ou menos simbólicas da sensação corporal.

164 Como já vimos, é possível estabelecer um paralelo entre as *fases alucinatório-delirantes* e as histéricas (desde que guardemos em mente que se trata de duas doenças distintas). Aplicando o método de análise de Freud, podemos facilmente perceber que o conteúdo do delírio histérico é sempre um *delírio* que evidencia o *complexo,* ou seja, a emergência de um complexo patogênico autônomo elaborado geralmente sob a forma de *satisfação do desejo*[147].

165 Nas fases agudas correspondentes da *dementia praecox* podemos sem dificuldade encontrar algo semelhante. Todo psiquiatra conhece os delírios de mulheres solteironas que exprimem os temas de noivado, casamento, coito, gravidez e nascimento. Por ora, farei essa referência apenas de passagem, retornando depois a essa questão de vital importância para a determinação dos sintomas[148].

---

147. A síndrome de Ganser e os delírios dos sonâmbulos nos fornecem bons exemplos (cf. RIKLIN. *Zur Psychologie hysterischer Dämmerzustände* e também JUNG. *Ein Fall von hysterischen Stupor* e *über Simulation von Geistesstörungen*). Weiskorn apresenta um ótimo exemplo de delírio do complexo com uma interpretação subjetiva de paciente. Uma primípara de vinte e um anos dá a sua versão das dores de parto que enfrenta da seguinte maneira: toca o corpo e pergunta: "Quem está me apertando aqui?" A abertura provocada pela cabeça do bebê ao nascer é interpretada por ela como uma evacuação difícil (*Transitorische Geistesstörungen beim Geburtsakt*). Delírios claros trazem KRAFFT-EBING. *Lehrbuch,* e MAYER. *Sechzehn Fälle von Halbtraumzustand*. Delírios de complexo bem claros são os relatados por PICK. *Über pathologische Träumerei und ihre Beziehung zur Hysterie,* relativos a histéricos, como também os romances de Hélène Smith descritos por Flournoy e os sonâmbulos por mim observados. Um caso bem evidente e extenso encontra-se no trabalho de BOHN. *Ein Fall von doppeltem Beumsstsein*.

148. Riklin trouxe importantes contribuições a essa questão em seu trabalho *Über Versetzungsbesserungen*. Cito um de seus casos como exemplo: a senhorita M.S., de vinte e seis anos, culta e inteligente, há seis anos caiu doente por breve tempo, restabelecendo-se tão bem que recebeu alta. Não foi diagnosticada *dementia praecox*. Antes da doença apaixonara-se por um compositor com quem tinha aulas de canto. Tendo cantado um solo num concerto, o compositor a cobriu de elogios e admiração. O amor rapidamente alcançou um grau muito intenso de paixão com períodos de excitação patológica. Ela foi levada ao hospital Burghölzli. De início, via sua internação e tudo o mais que lhe havia acontecido como uma "descida ao Hades". Inspirava-lhe esse estado mental a última composição do referido músico, a peça "Caronte" (*Charon*). Depois desta passagem purificadora no submundo, ela interpretava o que havia acontecido no sentido das dificuldades e lutas que teve de enfrentar para se unir ao amado. Passou a achar que uma das pacientes era o seu amado e, durante algumas noites, ia para a cama dela. Depois achou que estava grávida, ouvia os gêmeos no corpo, uma menina igual a ela e um menino parecido com o pai. Em seguida, acreditava ter dado à luz e tinha alucinações que uma criança estava a seu lado na cama. Com isso a psicose acabou. A paciente descobriu uma substituição salutar para a realidade. Foi rapidamente se acalmando, ficando mais livre no comportamento e no andar. Prontamente dava informações catamnésicas sobre a doença e seus relatos podiam muito bem ser comparados aos relatórios da história clínica.

Assim entramos no campo dos delírios e alucinações. Esses dois sintomas sempre aparecem em praticamente todas as doenças mentais, inclusive na histeria. Consequentemente, eles devem significar mecanismos que, de maneira geral, já se encontram formados e são acionados por vários tipos de agentes tóxicos. Contudo, o que nos interessa é somente o conteúdo dos delírios e alucinações, entre os quais também incluímos as *ideias patológicas súbitas*. Mais uma vez a histeria pode nos ajudar como a perturbação mental mais transparente. Podemos estabelecer um certo paralelo entre os delírios e as *ideias obsessivas*, mesmo as que não passam de preconceitos tolos calcados num afeto e, por fim, também as dores e fadigas corporais significativas e persistentes. Não poderia repetir aqui a gênese das *afirmações delirantes* dos histéricos e por isso pressuponho um conhecimento do leitor sobre as investigações de Freud. As *afirmações delirantes* em histéricos são deslocamentos: os afetos que as acompanham não pertencem a elas e sim a um complexo reprimido, encoberto justamente por esta manobra. Uma *ideia obsessiva* invencível é sinal de que algum complexo (via de regra sexual) está recalcado; isso também vale para outros sintomas histéricos que se afirmam insistentemente. Temos agora a suspeita justificada (apoio-me em dezenas de análises!) de que o processo em que ocorrem as ideias delirantes na *dementia praecox* possui um princípio similar[149].

Gostaria de ilustrar esta ideia com um simples exemplo: uma empregada de trinta e dois anos extraiu os dentes para colocar uma dentadura completa. Na noite seguinte à operação, ela entrou num forte estado de ansiedade. A paciente se sentia para sempre condenada e perdida, pois julgava ter cometido um pecado enorme: ela não devia ter permitido que lhe extraíssem os dentes. As pessoas, portanto, deveriam rezar por ela para que Deus lhe perdoasse. Dias depois ela se acalmou e voltou ao trabalho. Nas noites seguintes, porém, os

---

149. Godfernaux em sua analise psicológica do *"délire chronique a évolution systématique"* [delírio crônico com evolução sistemática] de Magnan encontrou em sua base um distúrbio afetivo: "En réalité la pensée du malade est passive; il oriente sans s'en rendre compte toutes ses conceptions dans la direction prescrite par son état affectif" (*Le sentiment et la pensée*, p. 84). [Na realidade, o pensamento do doente é passivo; sem se dar conta ele orienta todas as suas concepções na direção prescrita pelo seu estado afetivo.]

estados de ansiedade aumentaram. Investiguei a respeito de sua vida particular com seu patrão, para quem trabalhava há muitos anos. No entanto, nenhum indício se encontrou e a paciente negava ter tido qualquer emoção forte em sua vida anterior, afirmando com veemência que a causa da doença era a extração dos dentes. A doença piorou rapidamente e a paciente teve de ser internada com todos os sintomas de uma catatonia. Nesse momento, descobriu-se que a paciente tinha, há muitos anos, dado à luz uma criança ilegítima, cuja existência jamais foi revelada à família. Havia pouco mais de um ano, a paciente conhecera alguém com quem queria se casar, embora não conseguisse tomar a decisão, pois vivia atormentada pelo medo de que o noivo, ao saber de sua vida pregressa, a abandonaria. Era esta a fonte de sua ansiedade, o que também deixa claro que o afeto relacionado com a extração dos dentes era desproporcionado.

168 O mecanismo de deslocamento nos abre um caminho para compreendermos o aparecimento de uma afirmação delirante. Este caminho, no entanto, é atravessado por inúmeros obstáculos. A bem conhecida estranheza das ideias delirantes na *dementia praecox* praticamente não permite qualquer analogia. No entanto, a psicologia das pessoas normais e dos histéricos nos fornece alguns pontos de apoio, ao menos para possibilitar uma compreensão melhor das formas de delírio mais frequentes.

169 Bleuler[150] analisou e explicou os *delírios de referência*. As sensações de referência se dão onde existe um complexo muito acentuado. Uma das características dos complexos fortes é a assimilação de tudo que puderem; por isso, durante um afeto forte, é muito comum a impressão, por vezes momentânea, de que as "pessoas estão notando". O afeto agudo possibilita assimilações de acontecimentos os mais indiferentes do meio ambiente e com isso os maiores erros de julgamento. Se acontece algum mal, logo acreditamos que alguém quis *intencionalmente* prejudicar-nos ou magoar-nos. Nos histéricos, dependendo da intensidade e duração do afeto, semelhantes juízos preconcebidos podem consolidar-se por muito tempo, surgindo facilmente os delírios de referência. Destes para a suposição delirante de

---

150. *Affektivität, Suggestibiliät, Paranoia.* Cf. tb. NEISSER. *Paranoia und Schwachsinn.*

maquinações estranhas é apenas um passo. Esse caminho leva à paranoia[151]. As ideias delirantes grotescas e inacreditáveis da *dementia praecox*, porém, dificilmente podem ser reduzidas a delírios de referência. Se, por exemplo, um demente precoce acha que tudo que se passa com ele e fora dele não é natural, mas "tramado", é mais provável que estejamos lidando com um distúrbio elementar do que com um delírio de referência[152]. É óbvio que existe alguma coisa na percepção (apercepção) dos dementes precoces que impede uma assimilação normal. Falta-lhe uma nuança, ou quem sabe, possuem nuança em excesso o que lhes confere tônica peculiar (Berze!).

Algumas analogias com a histeria podem ser encontradas neste sentido, como nos *distúrbios das emoções ligadas à atividade*. Além do tônus afetivo de prazer e dor, toda atividade psíquica vem acompanhada de uma tonalidade afetiva que a qualifica de uma maneira especial (Höffding). Isso foi esclarecido de maneira ainda mais clara por Janet, em suas importantes observações sobre os psicastênicos. Neles, as decisões voluntárias e ações não são acompanhadas por emoções, o que em princípio deveria acontecer, mas, por exemplo, pelos "sentimentos de incompletude": "O sujeito sente que a ação... não é realizada completamente, que lhe falta alguma coisa"[153]. Ou então que cada decisão voluntária traz consigo um "sentimento de incapacidade": "Estas pessoas experimentam previamente sentimentos penosos quando pensam que têm de agir; acima de qualquer coisa têm medo da ação. Como todas dizem, seu sonho seria uma vida onde não mais precisassem fazer qualquer coisa"[154]. Uma das maiores

170

---

151. Cf. MARGULIÉS. *Die primare Bedeutung der Affecte im ersten Stadium der Paranoia* e GIERLICH. *Über periodische Paranoia und die Entstehung der paranoischen Wahnideen*.

152. Um clemente precoce sob meus cuidados achava que tudo e todos eram falsos, o que o médico lhe dizia, o que os demais doentes faziam, o trabalho na lavanderia, as refeições etc., tudo era falso. Tal comportamento, como se verificou, era causado por uma de suas perseguidoras, que "girava uma princesa em volta de sua cabeça vociferando o que todos deviam fazer".

153. *Les obsessions* I, p. 264s. "Le sujet sent que l'action... n'est pas faite complètement, qu'il lui manque quelque chose".

154. Op. cit., p. 268 e 266. "Ces personnes éprouvent d'avance des sentiments pénibles à la pensée qu'il faudra agir, ils *redoutent l'action* par-dessus tout. Leur rêve, comme ils le disent tous, serait une vie où il n'y aurait plus rien à faire".

e mais importantes anormalidades de emoção da atividade na psicologia da *dementia praecox* é o "sentimento de automatismo"[155]. Falando a esse respeito, um doente disse o seguinte: "Não consigo me dar conta de que realmente estou agindo. Em mim, tudo é mecânico e feito inconscientemente"[156]. "Não passo de uma máquina." Estreitamente aparentado a este é o "sentimento de dominação". Uma doente descreveu esse sentimento da seguinte maneira: "Há quatro meses me vêm ideias esquisitas e parece que sou obrigada a pensar nelas, a dizê-las; alguém me faz falar, sugerindo-me palavras grosseiras; não é minha culpa se minha boca funciona apesar de mim..."[157].

171 Um demente precoce poderia muito bem dizer algo semelhante. A questão, no entanto, se realmente se trata de um demente precoce é pertinente. Ao ler o trabalho de Janet, prestei cuidadosa atenção para tentar descobrir se, no material analisado, poderia encontrar casos de *dementia praecox*, o que poderia acontecer principalmente em se tratando de um autor francês. Não encontrei nada suspeito e por isso não tenho nenhuma razão para supor que o doente acima mencionado fosse um demente precoce. Expressões semelhantes podem ser ouvidas de histéricos, sobretudo de sonâmbulos, como também de pessoas normais, dominadas por um complexo extraordinariamente forte, o que muitas vezes acontece com poetas e artistas (veja-se, por exemplo, o que Nietzsche diz sobre a origem do "Zaratustra")[158]. Um bom exemplo para o distúrbio da emoção ligada à atividade é o "sentimento de percepção incompleta"[159]. Um doente disse: "É como se eu visse as coisas através de um véu, de uma névoa... como se ouvisse através de um muro que me separa da realidade". Uma pessoa normal, sofrendo a influência imediata de um afeto for-

---

155. Op. cit., p. 272.
156. Cf. BALL. *La folie du doute*, p. 43. "Je ne peux pas me rendre compte... que j'agis réellement. Tout est mécanique chez moi et fait inconsciemment".
157. JANET. *Les obsessions* I, p. 273s. "Depuis quatre mois il me vient des idées baroques, il me semble que je suis obligé de les penser, de les dire; quelqu'un me fait parler, on me suggère des mots grossiers, ce n'est pas ma faute si ma bouche marche malgré moi... "
158. *Werke* VI, p. 482s.
159. JANET. *Les obsessions* I, p. 282. "C'est comme si je voyais au travers d'un voile, d'un brouillard... c'est comme si j'entendais au travers d'un mur qui me sépare de la réalité".

te, poderia dizer a mesma coisa. Os dementes precoces também se exprimem de modo semelhante, ao falarem da *percepção insegura que têm em relação ao meio ambiente*. "Tenho a impressão que o senhor talvez seja o doutor"; "isto é, como se fosse minha mãe", "parece Burghölzli, mas não é"[160]. Quando um paciente de Janet diz: "O mundo me parece uma gigantesca alucinação"[161], isso também vale, em alto grau, para os dementes precoces, os quais vivem, por assim dizer, num sonho permanente (sobretudo nas fases agudas) e se exprimem a propósito da doença catamnesicamente.

Os "sentimentos de incompletude" também dizem respeito aos afetos particularmente. Uma paciente de Janet diz, por exemplo: "Parece que não mais poderei rever meus filhos, tudo me deixa indiferente e fria... gostaria de poder desesperar, de gritar de dor, eu sei que deveria ser infeliz, mas não consigo... não tenho nem prazer nem dor, sei que uma refeição é boa, mas eu a engulo porque é preciso, sem sentir o prazer que sentiria antigamente... Existe uma enorme camada que me impede de sentir as impressões morais..." Uma outra paciente disse: "Gostaria de tentar pensar em minha filha, mas não posso, o pensamento sobre ela só me vem à mente com muita dificuldade, passa e não deixa qualquer sentimento"[162].

172

Ouvi inúmeras vezes expressões espontâneas desse tipo de histéricos ou dementes precoces que ainda conseguiam dar alguma espécie de informação. Uma jovem senhora que tinha entrado num estado de catatonia e se separara do marido e da criança em trágicas circunstâncias, revelava absoluta falta de afeto a toda e qualquer reminiscência familiar. Mostrei-lhe toda a tragicidade da situação, na tentativa de despertar uma emoção adequada. Durante a descrição que fazia, ela ria; quando terminei, ela ficou por alguns instantes calma e disse: "Eu simplesmente não posso mais sentir".

173

---

160. Exemplos correspondentes encontram-se também em SCHREBER. Op. cit.
161. Op. cit., p. 289. "Le monde m'apparait comme une gigantesque hallucination".
162. Op. cit., p. 299. "Il me semble que je ne reverrai plus mes enfants, tout me laisse indifférente et froide... je voudrais pouvoir me désespérer, crier de douleur, je sais que je devrais être malheureuse, mais je n'arrive pas à l'être... je n'ai pas plus de plaisir que de peine, je sais qu'un repas est bon, mais je l'avale puisqu'il le faut, sans y trouver le plaisir que j'aurais eu autrefois [...] Il y a une épaisseur énorme qui m'empêche de ressentir les impressions morales [...]" "Je voudrais bien essayer de penser à ma petite fille, mais je ne peux pas, la pensée de mon enfant me traverse à peine l'esprit, elle passe et ne me laisse aucun sentiment".

174   A nosso ver, os "sentimentos de incompletude" etc., são *produtos da inibição, decorrente de um complexo superpoderoso*. Quando nos vemos dominados por um complexo, somente as ideias do complexo possuem um tônus, uma extrema clareza, pois qualquer outra percepção vinda de dentro ou de fora está sujeita à inibição, tornando-se obscura, perdendo sua tonalidade afetiva. Essa é a causa fundamental da incompletude nas emoções de atividade e, portanto, da falta de afeto. Esses distúrbios condicionam o *sentimento de estranheza*. Na histeria, a faculdade de raciocínio é preservada, o que impede a projeção imediata do sentimento para fora como ocorre na *dementia praecox*. Mas se a projeção se faz na medida em que algumas ideias supersticiosas vêm à tona, logo encontraremos um esclarecimento no sentido de um poder externo. Os exemplos mais claros são os dos médiuns espíritas que explicam inúmeras bagatelas a partir de causas transcendentais, o que, aliás, não fazem de maneira tão grosseira e tosca como os dementes precoces. No *sonho normal* vemos algo semelhante, onde o sentimento é projetado com absoluta ingenuidade e naturalidade. Os mecanismos psicológicos do sonho e da histeria estão intimamente relacionados aos da *dementia praecox*. Por isso, não é fora de propósito compará-la com o sonho. Nele percebemos como a realidade é envolvida por construções da fantasia, o que também acontece no período de vigília em que certas lembranças vagas adquirem formas palpáveis e as impressões do meio ambiente se reorganizam no sentido do sonho: o sujeito do sonho se encontra num mundo novo e diferente que ele projeta para fora de si mesmo. Se permitirmos que alguém circule e aja durante o sono, obteremos o quadro clínico da *dementia praecox*.

175   Não seria possível expor aqui todas as formas singulares de delírio. Gostaria, entretanto, de abordar de modo breve o conhecido *delírio no qual os pensamentos são influenciados*. A influência do pensamento ocorre de vários modos; o mais comum é a "privação de pensamento". Os dementes precoces se queixam continuamente de que os pensamentos lhes são retirados[163] no momento em que que-

---

163. Klinke relata uma forma original de privação de pensamentos: "Os passos dos doentes andando de um lado para o outro lhes fazem 'sair' os pensamentos" (*Über das Symptom des Gedankenlautwerdens*).

rem pensar ou dizer alguma coisa[164]. Devido à projeção, eles costumam responsabilizar um poder externo. Aparentemente, a "privação de pensamento" ocorre sob a forma de *bloqueio*[165]. Subitamente o pesquisador não consegue mais qualquer resposta para suas perguntas. O doente talvez diga que ele não pode responder porque lhe "retiraram" o pensamento. A experiência de associação nos ensinou que os tempos prolongados de reação e as falhas de reação ("erros") surgem, geralmente, quando se trata de uma reação ligada ao complexo. A forte tonalidade afetiva inibe a associação. Esse fenômeno ocorre ainda mais intensamente na *histeria,* onde nada vem à mente do paciente nos pontos críticos. Isso é justamente uma "privação de pensamento". Na *dementia praecox*, o mecanismo é o mesmo. Nos pontos do complexo (abordados durante a conversa ou na experiência de associação) o pensamento também é inibido. Podemos observar isso facilmente quando comparamos a reação provocada por um material indiferente e a provocada por um material do complexo. No que se refere ao material indiferente, a resposta que segue é calma, enquanto que no material do complexo surge um bloqueio: ou o paciente nada diz ou se desvia de maneira aparentemente intencional. Em relação, por exemplo, a mulheres doentes, infelizes no casamento, é praticamente impossível saber maiores detalhes acerca dos maridos, ao passo que sobre qualquer outro assunto elas dão, voluntariamente, as informações mais precisas.

Outro fenômeno a ser considerado é o *pensamento obsessivo*. 176
Ideias extravagantes e absurdas dominam o doente, e ele é obrigado a pensar nelas de modo obsessivo. Analogamente, no pensamento obsessivo psicogênico, o doente geralmente percebe o absurdo das ideias,

---

164. Como pude observar, esse fenômeno não é tão raro nos histéricos. Janet o chamou de "eclipses mentais". ("S. vient se plaindre d'éprouver souvent un singulier arrêt de la pensée"; "G. 'perd ses idées'".) [S. vem se queixar de que frequentemente tem a impressão de uma parada estranha do pensamento. G. "perde as ideias".] Op. cit., p. 369s.
165. "Teorias" como, por exemplo, as de Rogues de Fursac, apenas constatam o fato. "Le terme qui conviendrait le mieux serait peut-être celui d'interférence psychique. Les deux tendances opposées s'annullent, comme en physique des ondes de sens contraire." (Apud CLAUS. *Catatonie et stupeur.* Cf. tb. MENDEL. *Leitfaden der Psychologie*, p. 55.) [O termo mais conveniente seria talvez interferência psíquica. As duas tendências opostas se anulam da mesma maneira que acontece na física com ondas de sentido contrário.]

mas não consegue reprimi-las[166]. A influência do pensamento também se exprime sob a forma de *inspirações*. A própria palavra "inspiração" indica que não se trata de um fenômeno limitado à *dementia praecox*, pois é um fenômeno psíquico que sempre aparece quando existe um complexo autônomo. Diz respeito a irrupções súbitas do complexo na consciência. A "inspiração" é um acontecimento muito comum nas pessoas religiosas; os teólogos protestantes, de tendência renovadora, chamaram-no de "experiência interior". Nos sonâmbulos a "inspiração" também é muito frequente.

177   Por fim, existe ainda uma forma particular de bloqueio chamada "encantamento" (*Bannung* – expressão de uma de minhas pacientes). Sommer descreveu esse fenômeno como "tolhimento óptico". O "encantamento" também pode ser observado nas experiências de associação realizadas fora do âmbito da *dementia praecox*, especialmente nos estados de estupidez emocional. Esse estado, em determinadas circunstâncias, pode ser induzido pelo próprio experimento ou acionado por um complexo estimulado durante o experimento. Os doentes passam a não mais reagir (ao menos durante um certo tempo) à palavra-estímulo, citando somente os objetos do ambiente. Pude observar isso principalmente nos imbecis, mas também em pessoas normais enquanto durava um afeto forte, ou nos histéricos e dementes precoces ao se tocar no complexo.

178   O *"encantamento" consiste numa distração, em relação à palavra-estímulo, para o meio ambiente a fim de encobrir o vazio interno das associações ou o vazio provocado pelo complexo*. Em princípio é o mesmo que acontece quando alguém começa a falar subitamente sobre uma banalidade fora de propósito, interrompendo uma conversa desagradável. Muitas vezes, um objeto situado no ambiente serve de ponto de partida. Dessa maneira, temos já vários pontos de

---

166. Um fenômeno análogo seria a *"rêverie forcée"* [devaneio forçado] nos *"obsédés"* de JANET. Op. cit., p. 154: "L. sent bien qu'à de certains moments toute sa vie se concentre dans sa tête, que le reste du corps est comme endormi et qu'elle est forcée de penser énormément sans pouvoir s'arrêter. Sa mémoire devient extraordinaire et se développe démesurément sans qu'elle puisse la diriger par l'attention". [L. sente que, em certos momentos, toda sua vida se concentra na cabeça, que o resto do corpo fica como que adormecido e que ela é forçada a pensar intensamente sem conseguir parar. Sua memória se torna extraordinária e se desenvolve desmesuradamente sem que ela possa controlá-la pela atenção.] Cf. tb. o caso relatado no capítulo VI de *Diagnostische Associationsstudien*.

apoio que nos permitem estabelecer um paralelo entre o "encantamento" e os mecanismos normais.

Segundo nossa experiência, todos esses distúrbios aparecem na *dementia praecox*, agrupados em torno do complexo e pertencem aos mecanismos de defesa. É necessário que façamos aqui uma referência ao *negativismo*. O protótipo do negativismo é o *bloqueio* que, em determinados casos, provoca a nítida impressão de uma recusa intencional (semelhante ao "eu não sei" dos histéricos). Assim, podemos falar de negativismo quando os doentes não mais respondem às perguntas. O negativismo passivo pode rapidamente passar para um negativismo ativo onde os doentes mostram uma resistência psíquica à exploração. Se deixarmos de lado os casos em que o negativismo se generaliza num estado absoluto de defesa, encontraremos nos doentes ainda acessíveis o negativismo sob a forma de bloqueio nos pontos de complexo. Tão logo a experiência de associação ou a exploração encontre o complexo, ou seja, o ponto-chave, o paciente se retrai e se defende da mesma maneira que os histéricos, empregando todo tipo de subterfúgio para encobrir o complexo. No negativismo, é bastante surpreendente a enorme tendência para uma generalização dos sintomas catatônicos. Enquanto que na histeria certas linhas de abordagem permanecem abertas, malgrado o negativismo evidente e agravante, os negativistas catatônicos se fecham inteiramente, desaparecendo num só instante qualquer possibilidade de penetração. Muitas vezes, apenas uma pergunta crítica pode induzir o negativismo. Uma outra forma particular de negativismo é falar à margem do assunto, que também aparece, como sabemos, na síndrome de Ganser. Em ambos os casos, trata-se de uma recusa, mais ou menos consciente, a responder as perguntas, algo semelhante ao que acontece no "encantamento" e na "privação de pensamento". Como meus trabalhos e os de Riklin de algum modo mostram, também na síndrome de Ganser existem bons motivos para que isso ocorra, pois os doentes querem reprimir seus complexos. O mesmo acontece na *dementia praecox*. É também comum na histeria e na psicanálise em geral o fato de se falar à margem ou "fora do assunto" no que se refere ao complexo; isso pode ser observado justamente em relação aos complexos dos dementes precoces onde o sintoma (e os demais sintomas catatônicos) apresentam uma grande tendência de generalização. *Sem dificuldade, podemos considerar os sintomas catatônicos da área motora* como consequências irradiadas desta generalização, o que provavelmente vale para a maior parte dos casos. Os sintomas catatônicos também aparecem nos distúrbios focais e gerais do cérebro, onde é difícil pensar num nexo psicológico. Entretanto, podemos perceber aqui ao menos fenômenos histéricos frequentes cuja natureza psicógena constitui um fato estável. Isso nos ensina que jamais devemos nos esquecer da possibilidade de também se conceber o caminho "inverso".

180   A *alucinação* é simplesmente uma projeção externa de elementos psíquicos. Conhecemos clinicamente todas as suas gradações, desde a inspiração ou ideia súbita patológica até as alucinações auditivas intensas e as visões plásticas. As alucinações gozam de ubiquidade. Desse modo, a *dementia praecox* nada mais faz que acionar um mecanismo já previamente formado que funciona, de modo regular e normal, no *sonho*. As alucinações da histeria e do sonho contêm simbolicamente fragmentos distorcidos do complexo. Esse também é o caso da maioria das alucinações na *dementia praecox*[167], apenas que aqui o simbolismo é muito mais ampliado e se parece mais com o sonho pela sua distorção. São extremamente comuns as distorções verbais semelhantes às parafasias do sonho (cf. Freud, Stransky e Kraepelin); na maior parte, trata-se de *contaminações*. Um doente apresentado à clínica viu um japonês sentado numa das primeiras filas do auditório e ouviu vozes que lhe diziam: "japonês-pecador" [*Japansünder*]. É interessante observar que muitos doentes com o hábito de formar neologismos e ideias delirantes insólitas, enquanto dominados pelo complexo, são por vezes corrigidos pelas vozes. Uma de minhas pacientes, por exemplo, inquieta com seus delírios de grandeza, ouvia vozes ordenando que a paciente dissesse ao médico que examinava seus de-

---

167. Durante a longa ausência do noivo, uma jovem foi seduzida por um outro. Ela ocultou ao noivo o que acontecera. Mais de dez anos depois, teve um surto de *dementia praecox*. A doença começou com a sensação de que as pessoas suspeitavam de sua conduta sexual e ela ouvia vozes que começaram a falar de seu segredo, forçando-a finalmente a confessar ao marido o que acontecera. – Muitos doentes afirmam que o "registro de pecados" é lido em voz alta com todos os detalhes ou então que as vozes "sabem de tudo" e "tudo ensinam". Por isso é extraordinariamente significativo o fato de que a maioria dos que sofrem alucinações é incapaz de dar informações satisfatórias sobre eles próprios. Trata-se, na verdade, da *reprodução do complexo* que, como vimos, encontra-se sob determinadas inibições.

lírios, "que ele não se atormentasse com essas coisas". A um outro paciente, interno há muitos anos e que sempre falava com desprezo de sua família, as vozes disseram: "Ele tem saudades de casa". A partir desses exemplos e outros, pude perceber que talvez as vozes que corrigem constituam irrupção do *resto do complexo* do eu reprimido. Assim podemos supor que o complexo do eu normal não desaparece inteiramente, mas que sua reprodução é reprimida pelo complexo patológico, pois, com frequência, os dementes precoces passam subitamente a reagir de modo normal durante doenças corporais graves e em mudanças intervenientes[168].

Os distúrbios do sono são muito comuns nos dementes precoces, podendo se apresentar de várias maneiras. Em geral, *os sonhos são marcados por uma enorme vivacidade, o* que nos faz compreender por que os doentes nem sempre são capazes de corrigi-los. Muitos doentes costumam derivar suas ideias delirantes quase que exclusivamente dos sonhos, aos quais eles atribuem real validade[169]. Sabemos qual o papel que os sonhos vivazes dos histéricos desempenham. Além do próprio sonho, o sono também pode ser perturbado por outras irrupções do complexo, como as alucinações, as ideias súbitas etc., o que também acontece na hipnose de alguns histéricos. Continuamente os dementes precoces se queixam de que seu *sono não é natural*, não é real, mas um *enrijecimento* artificial. Essa mesma queixa pode ser ouvida sempre que existe um afeto forte que não pode ser totalmente extinto pela inibição do sono e que, por isso, acompanha o sono dando-lhe a tônica permanente (por exemplo, na melancolia e nos afetos depressivos da histeria). Muitas vezes, um histérico

---

168. Um demente precoce, totalmente intratável, que xingava os médicos com os piores insultos, teve uma séria gastroenterite. Com a doença, tornou-se um paciente calmo e agradecido, seguia todas as instruções e dava informações sempre de maneira precisa e atenciosa. Sua recuperação ficou evidenciada, pois ele voltou a ser o que era: monossilábico e fechado. Certo dia, em sinal de sua cura total, saudou-me como antigamente: "Lá vem de novo esse cachorro, esse macaco fazendo-se de salvador".

169. Cf. DE SANCTIS. *Die Träume*, e KAZOWSKY. *Zur Frage nach dem Zusammenhange von Träumen und Wahnvorstellungen*. Temos aqui uma doente que possui os mais variados delírios sexuais. Os delírios provêm, como podemos perceber inúmeras vezes, exclusivamente dos sonhos. A paciente simplesmente acha que seus sonhos, todos muito vivos e plásticos, são verdadeiros e insulta, discute e se queixa, mas apenas quando escreve. Em outras ocasiões, ela é simpática e ordeira, numa contradição surpreendente com o conteúdo de suas cartas e escritos.

inteligente consegue perceber as "inquietações do complexo" no sono e descrevê-las até com precisão. Como disse uma paciente de Janet: "Há sempre duas ou três de minhas pessoas que não dormem; contudo tenho menos pessoas durante o sono; há algumas que dormem um pouco. Estas pessoas têm sonhos e mais sonhos que não são os mesmos: sinto que há diversas que sonham com outras coisas"[170]. Em minha opinião, a doente exprime muito bem a sensação do trabalho incessante dos complexos autônomos que não se submetem à inibição do sono, proveniente do complexo do eu.

D. A estereotipia

182   Entendemos a estereotipia no sentido amplo de reprodução contínua e persistente de uma certa atividade (verborragia, catalepsia, chavões, perseverações etc.). Esses fenômenos se encontram entre os mais característicos da *dementia praecox*. Por outro lado, a *estereotipização, sob a forma de automatização, constitui um dos fenômenos mais comuns no desenvolvimento da psique normal* (Spencer). Todas as atividades e o desenvolvimento geral de nossa personalidade dependem de automatizações. O processo que leva à automatização é o seguinte: para exercermos determinada atividade, concentramos toda nossa atenção nas ideias a ela relacionadas, gravando na memória as fases do processo através dessa forte tonalidade afetiva. O resultado da repetição contínua é a formação de uma passagem cada vez mais "suave", onde a atividade se realiza praticamente sem a nossa ajuda, ou seja, "automaticamente". Basta um pequeno impulso para que o mecanismo entre rapidamente em movimento. O mesmo pode ocorrer de maneira passiva por causa de afetos fortes: muitas vezes nos vemos forçados a determinadas ações por um afeto que, no início, sofre grandes inibições e depois de várias repetições a reação se dá prontamente a partir de um pequeno impulso, devido à diminuição da inibição. Observamos isso nos maus hábitos das crianças.

---

170. Op. cit., p. 407. "Il y a toujours deux ou trois de mes personnes qui ne dorment pas, cependant j'ai moins de personnes pendant le sommeil, il y en a quelques-unes qui dorment un peu. Ces personnes ont des rêves et des rêves qui ne sont pas les mêmes: je sens qu'il y en a plusieurs qui rêvent à d'autres choses".

A forte tonalidade afetiva cria um caminho, o que reafirma o que 183
já dissemos sobre o complexo: cada complexo possui uma tendência para a autonomia – para atuar independentemente; tende mais a persistir e a se reproduzir do que normalmente o pensamento indiferente, tendo por isso também a maior possibilidade de se tornar automático. Assim, se alguma coisa se automatiza na psique, devemos sempre postular a existência prévia de uma tonalidade afetiva[171]. Isso ressalta ainda mais claramente na histeria, na qual todas as estereotipias, como os ataques convulsivos, as ausências, as queixas e os sintomas podem ser atribuídos aos afetos subjacentes. Nos testes de associação com pessoas normais encontramos geralmente as chamadas perseverações onde se localiza o complexo[172].

Caso exista um complexo forte, todo desenvolvimento referente 184
à adaptação ao meio ambiente é sustado e a associação volta-se exclusivamente para o complexo. É o que ocorre ainda mais intensamente na histeria, onde se encontram os complexos mais fortes. O progresso da personalidade retarda e uma grande parte da atividade psíquica se dedica à variação do complexo em todas as formas possíveis (ações sintomáticas). Não é sem razão que Janet ressalta os distúrbios gerais dos "obsessivos", dentre os quais figuram: "A indolência, a indecisão, os atrasos, o cansaço, o inacabamento, a abulia e a inibição"[173].

---

171. O conceito geral de "tonalidade afetiva" também inclui, como já observamos, a tonalidade de atenção.

172. Eventualmente o conteúdo do complexo revela perseveração. Na maior parte dos casos, porém, existe apenas um distúrbio de perseveração que talvez possa ser explicado pelo fato de que na distração o complexo deixa um vazio de associação; como nas experiências de distração onde o sujeito fica embaraçado no que se refere ao conteúdo da consciência anterior. Se forem feitas perguntas mais difíceis, como faz Heilbronner, a *emoção resultante* pode operar como um complexo; ou então o vazio de associação é *primário,* não havendo associações usuais que correspondam aos conceitos-estímulos. Em pessoas normais o complexo geralmente é de perseveração.

173. Op. cit., p. 335s. "L'indolence, l'irrésolution, les retards, la fatigue, l'inachèvement, l'aboulie et l'inhibition". Na p. 351 Janet diz: "Ce fait de l'arrêt plus ou moins complet de certains actes ou même de tous les actes est l'un des phénomènes les plus essentiels de l'état mental de l'obsédé." [Essa parada mais ou menos completa de certos atos ou mesmo de todos os atos é um dos fenômenos mais essenciais do estado mental do obsédé.] Na p. 105: "Ces opérations forcées ne sont pas des opérations normales, ce sont des opérations de pensée, d'acte, d'émotion, qui sont à la fois *excessives, stériles et d'ordre inférieur*". [Essas operações forçadas não são operações normais, são operações de pensamento, de atos, de emoção que são ao mesmo tempo *excessivas, estéreis e de ordem inferior.*]

Quando um complexo se fixa, aparece a *monotonia*, sobretudo a monotonia dos sintomas externos. Quem não conhece os estereótipos e as exaustivas queixas dos histéricos? Quem não conhece a teimosia e a incapacidade de superação de seus sintomas? Do mesmo modo que uma dor contínua provoca as mesmas queixas monótonas, um complexo que se fixa gradualmente estereotipiza todas as modalidades de expressão do indivíduo a ponto de adquirirmos uma certeza matemática de que receberemos a mesma resposta, dia a dia, para uma determinada pergunta.

185 Nesses processos encontramos os parâmetros normais para a estereotipia na *dementia praecox*. Ao examinarmos os estereótipos verbais e miméticos em seu começo, poderemos muitas vezes encontrar o conteúdo emocional a eles correspondente[174]. Com o tempo, porém, o conteúdo vai se tornando cada vez mais indeterminado, o que também acontece com o automatismo em pessoas normais e histéricas. Contudo, o processo correspondente parece se desenvolver mais rápida e profundamente nos dementes precoces, perdendo logo todo conteúdo e afeto.

186 Como a experiência nos mostra com bastante evidência, não é o conteúdo do complexo que se estereotipiza nos dementes precoces, mas um material provavelmente fortuito. Conhecemos os doentes verborrágicos que tomam casualmente uma palavra e a repetem sem cessar. Heilbronner, Stransky e outros com razão interpretaram esse

---

174. Pfister (*Über Verbigeration*) discute se os estereótipos, especialmente as verborragias, são ou não motivados psicologicamente. No entanto, ele deixou a questão aberta. Parece que Pfister, assim como nós, é de opinião que um conteúdo ideacional subjaz à estereotipia que, no entanto, devido ao distúrbio patológico do meio de expressão, se exterioriza de maneira distorcida. ("Aliás, é concebível que as ideias estereotipadas estejam lutando para se exprimir, embora apenas reiterações de frases sem sentido e novas formações de palavras se reproduzam e isso porque os processos de desintegração e excitação no aparelho central da fala impossibilitam sua reprodução inteligível; em lugar dos pensamentos estereotipados aparecem somente os remanescentes incompreensíveis [em consequência das deformações paralógico-parafásicas]".) Existe ainda um outro modo no qual a desagregação do discurso pode minar a reprodução correta das ideias estereotipadas: devido ao distúrbio no processo de formular as ideias com palavras e frases, não se consegue evocar nenhuma formação de discurso através de ideias e pensamentos monótonos e recorrentes. Durante a conversão das ideias em palavras, ocorrem numerosos "descarrilamentos" paralógicos; as ideias se baralham, se desviam para todas as direções, produzindo-se, em lugar das ideias estereotipadas que permanecem bem escondidas, apenas uma babel de palavras em contínua mutação.

gênero de fenômeno como um sintoma do vácuo associativo. Os estereótipos de mobilidade podem ser interpretados sem problema desta maneira. Sabemos que os dementes precoces continuamente sofrem bloqueios associativos ("privação de pensamento"). O pensamento desaparece, em geral, nas proximidades do complexo. Se o complexo desempenha o papel poderoso que a ele se atribui, é natural que absorva o pensamento de modo contínuo e intenso, perturbando assim a *"fonction du réel"*; ele cria um vácuo associativo nas esferas que não lhe pertencem, provocando os vários fenômenos de perseverarão relacionados ao "vácuo".

Uma das particularidades da maior parte dos automatismos adquiridos ontogeneticamente é o fato de estarem sujeitos a modificações graduais. As histórias de doentes com tique (cf. MEIGE & FEINDEL. *Les tics*) comprovam esta observação. Os automatismos catatônicos também se modificam lentamente, não constituindo uma exceção; algumas vezes, o processo de transformação dura anos. Os seguintes exemplos servem de esclarecimento. 187

Uma catatônica cantou durante horas de maneira verborrágica uma canção religiosa, cujo refrão dizia "Aleluia!" Depois de horas de repetição contínua da palavra "Aleluia", esta foi gradualmente degenerando em "alô", "oha", transformando-se, por fim, em "ha-ha-ha", num riso convulsivo. 188

No ano de 1900, um doente passava horas penteando o cabelo de maneira estereotipada para remover o "gesso" que "havia sido esfregado em seus cabelos" durante a noite. Com o passar dos anos, ele foi afastando cada vez mais o pente da cabeça; em 1903 ele batia e raspava com o pente no peito; hoje o faz na região inguinal. 189

De modo bastante semelhante, as *vozes*[175] e *ideias delirantes* "degeneram". E assim também a "salada de palavras": inicialmente são palavras simples que, aos poucos, vão se complicando com neologismos, repetidos continuamente numa verborragia alta ou baixa, confundindo-se sempre mais até aparecer, por fim, numa mistura incompreensível que, provavelmente, soa como a "tagarelice idiota", de que tantos dementes precoces se queixam. 190

---

175. Cf. especialmente Schreber, que oferece uma excelente exposição sobre a maneira como o conteúdo das vozes vai se tornando cada vez mais breve gramaticalmente.

191   Uma paciente sob minha observação, que se recuperava de um surto agudo de *dementia praecox*, começou a contar para si mesma, bem baixinho, como ela arrumaria a mala, como iria da enfermaria ao portão de entrada da clínica e depois da rua para a estação, como subiria no trem que a levaria para sua cidade onde o casamento seria celebrado etc. Essa narração foi se tornando cada vez mais estereotipada, as etapas isoladas foram se misturando, as frases ficaram inacabadas, depois se reduziram a uma palavra-chave e agora, há mais de um ano, ela substitui todas as outras palavras por "hm, hm, hm" que ela pronuncia da mesma maneira estereotipada, com o mesmo tom e ritmo em que anteriormente relatava a história. Entretanto, nos momentos de excitação, as frases anteriores reaparecem. Com relação às alucinações, as vozes também vão com o tempo se tornando mais baixas e vazias; logo que aparece uma excitação, elas readquirem conteúdo e clareza.

192   Essas modificações graduais e furtivas também ocorrem nas ideias obsessivas[176]. Janet também faz referência às modificações graduais nos processos obsessivos[177].

193   No entanto, existem ainda algumas estereotipias, ou melhor, alguns automatismos estereotipados que, de início, não apresentam nenhum conteúdo psíquico reconhecível, ao menos, nenhum conteúdo que se faça compreensível ainda que simbolicamente. Refiro-me aqui, particularmente, às manifestações de automatismo quase que inteiramente "musculares" como a catatonia ou a certas formas negativistas de resistência muscular. Como vários pesquisadores afirmam, esses sintomas catatônicos estranhos também se apresentam em distúrbios orgânicos como a paralisia, os tumores cerebrais etc. A fisio-

---

176. Cf. cap. VIII de *Diagnostische Assoziationsstudien*.
177. *Les obsessions* I, p. 125. Um doente diz por exemplo: "Antigamente eu examinava as minhas lembranças para saber se eu devia me censurar por alguma coisa, para me tranquilizar a respeito de minha conduta, mas agora é bem diferente. Conto para mim a todo momento o que fiz há oito dias, há quinze dias atrás, consigo ver as coisas exatamente e não tenho nenhum interesse em tornar a vê-las [...]" ("Autrefois je recherchais mes souvenirs pour savoir si je devais me reprocher de quelque chose, pour me rassurer sur ma conduite, mais maintenant ce n'est plus du tout la même chose. Je me raconte tout le temps ce que j'ai fait il y a huit jours, il y a quinze jours, j'en arrive à voir les choses exactement et je n'ai aucun intérêt à les revoir [...]"). Neste exemplo é particularmente notável o *distanciamento do próprio conteúdo*.

logia cerebral e sobretudo as conhecidas experiências de Goltz, mostraram que nos animais vertebrados a *remoção do cérebro* produz um estado de automatismo por excelência. As experiências de Forel com formigas (destruição dos *corpora quadrigemina*) também mostra que o automatismo aparece quando se remove a maior (e mais diferenciada) parte do tecido cerebral. O animal que sofreu a remoção do cérebro transforma-se na chamada "máquina de reflexos", permanecendo sentado ou deitado até que um estímulo externo provoque uma reação por reflexo. Evidentemente seria uma analogia muito ousada a comparação de certos casos de catatonia com esse tipo de "máquina de reflexos", embora muitas vezes se imponha formalmente. Porém, descendo mais a fundo, e considerando que nessa doença um complexo se apoderou de quase todas as esferas de associação, permanecendo por um longo período, que esse complexo é absolutamente inacessível através dos estímulos psicológicos e assim se encontra totalmente isolado das demais influências externas, a analogia referida parece adquirir um maior sentido. Por causa de sua intensidade, o complexo açambarca a maior parte da atividade cerebral, e isso de tal forma, que ao menos uma grande parte dos impulsos relacionados a outras áreas desaparece. Assim não é difícil perceber a criação de um estado cerebral pelo domínio e enrijecimento de um complexo equivalente a uma destruição maior ou menor do cérebro. Embora essa hipótese não possa ser comprovada, ela talvez esclareça alguns aspectos que estão fora do alcance da análise psicológica.

Resumo

A histeria contém em sua essência mais profunda um complexo que jamais pode ser totalmente superado; de certo modo, a psique parou e não consegue mais se libertar deste complexo. A maior parte das associações se volta para o complexo, consistindo a atividade psíquica fundamentalmente em elaborar o complexo em todas as direções possíveis. Dessa maneira, o indivíduo vai cada vez mais se desajustando com o meio ambiente (nos casos crônicos). Os sonhos e delírios de desejo nos histéricos se ocupam exclusivamente com a satisfação do desejo do complexo. Após algum tempo, muitos histéricos conseguem readquirir o equilíbrio, superando o complexo e evitando novos traumas.

195   Na *dementia praecox* também encontramos um ou mais complexos que se fixaram de maneira duradoura. Aqui nos deparamos igualmente com complexos que não podem mais ser superados. Enquanto nas pessoas com predisposição para a histeria existe uma conexão causal necessária entre o complexo e a doença, na *dementia praecox* não temos clareza se causa ou precipita a doença nas pessoas assim predispostas, ou se o complexo apenas surge no momento de irrupção da doença, determinando então os sintomas. Quanto mais penetrante e minuciosa a análise, mais poderemos perceber que, num grande número de casos, um *afeto forte se encontra no começo da doença*, a partir do qual se desenvolvem os primeiros desajustes. Nesses casos, existe sempre a tentação de se atribuir um significado causal ao complexo, apesar da observação já mencionada de que, ao lado de seus efeitos psicológicos, o complexo produz uma quantidade indeterminada, um X possivelmente de toxinas que auxilia o trabalho de destruição. Por isso acho bem possível que, inicialmente, essa quantidade indeterminada provenha de causas não psicológicas, acionando o complexo existente e transformando-o de modo específico, o que provoca essa impressão do complexo como a causa. Como quer que seja, as consequências psicológicas permanecem as mesmas: *a psique não mais se liberta do complexo*. A melhora ocorre pela atrofia do complexo que, no entanto, provoca uma destruição extensiva de grande parte da personalidade e, no melhor dos casos, os dementes precoces passam a viver com uma mutilação psíquica. Podemos facilmente explicar a alienação da realidade, o desinteresse por acontecimentos objetivos, tão comuns aos doentes precoces, se considerarmos que eles se encontram sob o domínio permanente de um complexo insuperável. Estará morto para o meio ambiente aquele que põe todo seu interesse exclusivamente no complexo. A *"fonction du réel"* normal de Janet cessa. Quem tem um complexo forte e sempre pensa nele, sonha de olhos abertos e não mais se ajusta psicologicamente ao meio ambiente. O que Janet diz sobre a *"fonction du réel"* nos histéricos, vale, de certo modo, para os dementes precoces: "O doente constrói em sua imaginação pequenas histórias muito coeren-

tes e muito lógicas; mas quando tem que enfrentar a realidade, já não é mais capaz de prestar atenção nem de compreender"[178].

A questão mais problemática é esse X hipotético, essa quantidade indeterminada de toxina (?) metabólica e seus efeitos sobre a psique. Pelo lado psicológico, é extraordinariamente difícil caracterizar esses efeitos. Se me for permitida uma conjectura, parece-me que o efeito se mostra mais claramente na enorme tendência para a automatização e fixação, ou com outras palavras: na durabilidade dos efeitos do complexo. A toxina (?) deveria então ser pensada como um corpo altamente desenvolvido que adere a todos os processos psíquicos, especialmente aos de tonalidade afetiva, fortalecendo-se e automatizando-se. Por fim, devemos pensar que o complexo absorve amplamente a atividade cerebral, provocando uma espécie de "descerebralização". As consequências desse processo podem ser, por exemplo, o aparecimento de algumas formas de automatismo que se desenvolvem, fundamentalmente, no sistema motor.

Esse quadro, bem mais programático do que exaustivo, do paralelo entre histeria e *dementia praecox*, talvez pareça hipotético para alguns leitores não muito habituados com a visão de Freud. Não pretendo que ele seja algo conclusivo, mas simplesmente um passo preparatório, capaz de fundamentar e facilitar as explicações das pesquisas experimentais que agora seguem.

---

178. *Les obsessions* I, p. 433. "Le malade construit dans son imagination des petites histoires très cohérentes et très logiques: c'est quand il s'agit de la réalité qu'il n'est plus capable de faire attention ni de comprendre".

V
Análise de um caso de demência paranoide enquanto paradigma

A. História clínica

Paciente B. St., costureira, solteira, nascida em 1845.

A paciente chegou em 1887, permanecendo desde então na clínica. Sua doença é hereditária e grave. Durante longo período antes da internação, ela ouviu *vozes* que a difamavam. Por algum tempo, tentou o suicídio por afogamento. Ela ouvia as vozes através de telefones invisíveis. Diziam-lhe que ela era uma mulher de caráter duvidoso, que seu filho havia sido encontrado no banheiro, que ela teria roubado uma tesoura para arrancar os olhos de uma criança. (Segundo a anamnesia, a paciente teve sempre uma vida bastante tranquila!) A paciente utiliza com frequência expressões singulares de estilo um tanto pretensioso. As cartas escritas nessa época dão uma ideia a esse respeito:

5 de julho de 1887

Senhor diretor,

Venho, através desta, solicitar e insistir mais uma vez para que o senhor me conceda alta. Como já observei em minha última carta, minha mente encontra-se mais *clara* do que nunca. Infelizmente só eu sei o que tenho sofrido no meu íntimo em razão das inovações em todos os setores e o quanto isso é dilacerante tanto para a minha saúde como para a minha mente. – Infelizmente chegaram ao ponto de torturar até a morte pobres vítimas com brutalidades secretas, pois eu sofro bem mais do que o senhor poderia imaginar, antevendo assim minha morte de maneira muito, muito triste. Espero que o senhor, na sua posição, aja como médico e não necessite de qualquer reflexão ulterior.

Atenciosamente etc.

16 de agosto de 1887

Prezado senhor,

Infelizmente não tenho como fazê-lo compreender as tristes condições que se implantaram; mais uma vez peço sua atenção para o pedido que lhe fiz de me conceder alta imediatamente. Sofro sozinha com as inovações e se o senhor estivesse convencido disto, certamente me deixaria sair, pois sofro desde o começo, desde que aqui me encontro, e a minha saúde está bem no fim; desejo uma saída imediata. É melhor que eu saia imediatamente de Zurique para outros ares onde não se veem horrores etc.

A paciente produz ideias delirantes muito vivas: possui uma fortuna de milhões; à noite sua cama fica crivada de agulhas. A partir de 1888, seu discurso torna-se cada vez mais incompreensível e as ideias delirantes ininteligíveis; por exemplo, ela tem o "monopólio", faz gestos estranhos com as mãos, um certo "Rubinstein de Petersburgo" lhe envia dinheiro num vagão. Em 1889, à noite, extraem-lhe a medula espinhal. "As dores nas costas são provocadas por substâncias infiltradas nas paredes revestidas de magnetismo." O "monopólio" "determina" as dores que não estão cravadas no corpo nem pairam no ar. Fazem-se "extratos" com "inalação de química" etc. Legiões inteiras morrem por "sufocamento". "Estação por estação, cada uma deve manter suas próprias posições de governo de maneira que as questões vitais departamentais não possam ser escolhidas para esconder aquelas, todas as coisas podem ser escolhidas."

Em 1890-1891, as ideias delirantes são cada vez mais absurdas. A expressão "monopólio de notas" desempenha um enorme papel, porém incompreensível. Em 1892, a paciente se torna a "rainha dos órfãos", "proprietária do asilo Burghölzli", "Nápoles e eu devemos suprir o mundo com macarrão". 1894: pedido de saída estereotipado a cada visita, feito, no entanto, inteiramente *sem afeto*. 1895: a paciente se sente paralítica e afirma estar tuberculosa. Ela é proprietária de uma "fábrica de notas bancárias de sete andares, com janelas pretas como carvão [*Kohlrabenschwarz*], o que significa paralisia e inanição". 1896: a paciente é "Germânia e Helvécia de manteiga doce exclusivamente, agora no entanto eu recebo tão pouca manteiga que esta passaria despercebida por uma mosca – hm-hm-hm – isso é inanição – hm-hm". (O "hm" constitui uma interpolação caracteristicamente estereotipada que ainda hoje aparece.) "Eu sou a Arca de Noé", o "barco da salvação e a atenção", "Maria Stuart, a imperatriz Alexandra". 1897: a paciente diz que o Dr. D. recentemente saiu de sua boca: "o pequeno D... inho, filho do imperador Barba-Roxa". 1899: é atormentada à noite por centenas de serpentes etc.

202   Essas notas referentes à história clínica da doença nos permitem reconhecer, sem maiores dificuldades, o tipo de caso. Atualmente a paciente trabalha como sempre, de maneira aplicada, gesticulando e murmurando, e nas visitas pergunta constantemente ao médico com fórmulas estereotipadas e num tom de voz sem muita emoção: "O senhor não ouviu nada a respeito das notas? Eu sim, desde que o monopólio 'determinou' que eu sou três vezes proprietária do mundo" etc. Quando ela não fala especificamente de seus delírios, seu comportamento e linguagem são bastante ordenados, embora não se possa negar uma certa afetação, semelhante à que podemos observar nas solteironas mais idosas, que encontram no perfeccionismo extremado uma compensação para a sexualidade reprimida. Ela não tem, evidentemente, consciência de sua doença apesar de, até certo ponto, achar compreensível que suas ideias delirantes não sejam entendidas. Não há imbecilidade. A linguagem apenas se altera no âmbito das ideias delirantes. Do contrário, a paciente fala normalmente, fazendo referências a coisas lidas e definindo conceitos com muita clareza, enquanto estes não acionem o complexo. Nas experiências e análises, a paciente mostra uma enorme vontade de cooperação, fazendo todo o possível para ser entendida. Esse comportamento se deve fundamentalmente ao fato de que as experiências como tais são estimuladoras do complexo; por isso ela está sempre pedindo novas entrevistas, na esperança de nos convencer e alcançar seus objetivos. Em geral ela é calma e seu comportamento externo não é estranho. Durante o trabalho costuma murmurar suas "palavras de poder", isto é, as frases ou segmentos de frases estereotipadas de conteúdo bem aventureiro,

como podemos observar no seguinte exemplo: "Ontem à noite estava sentada no trem noturno para Nice e tivemos que passar por um arco do triunfo – nós constatamos tudo isso enquanto três vezes proprietária do mundo – também somos a maravilha do mar lilás-vermelho vivo" etc. Fragmentos desse tipo são muito numerosos, embora sejam todos estereotipados, reproduzindo-se sempre do mesmo modo. Os estereótipos motores aparecem raramente. Um dos recorrentes é o gesto de estender subitamente os braços como se a paciente quisesse abraçar alguém.

B. Associações simples de palavras

Durante dois anos anotei em diferentes ocasiões* as associações simples de palavras da paciente (como aquelas descritas em *Diagnostische Assoziationsstudien*). Indico algumas amostras:

Palavra-estímulo [PE]		Reação [R]	Tempo de reação em segundos
1. aluno	2×**	agora você pode escrever Sócrates	12,4
2. pai	1×	sim, mãe	7,6
3. mesa	1×	sofá	3,8
4. cabeça	1×	sim, insubstituível	14,8
5. tinta	1×	água de noz	9,0
6. agulha	1×	linha	11,4
7. pão	1×	manteiga	3,4
8. lâmpada	1×	eletricidade, petróleo	6,4
9. árvore	1×	fruta	6,0
10. montanha	1×	vales	9,4
11. cabelo	2×	chapéu	6,2

---

* Isso explicaria a irregularidade do número de reações (R). Nesta interpretação, a edição alemã diverge da anglo-americana.

** Número de vezes que a palavra-estímulo foi repetida pelo paciente.

204   Dentre essas associações, algumas parecem absolutamente incompreensíveis. R1 "aluno-Sócrates" [R = reação] é uma reação surpreendente para uma costureira, parece muito rebuscada, pressupondo imediatamente a constelação do complexo, isto é, a tendência para um discurso e um comportamento afetados. O mesmo se pode dizer em relação à R8 "lâmpada-eletricidade". R4 "cabeça-sim, insubstituível" é obscura para quem não sabe que "insubstituível" é uma das palavras *estereotipadas* prediletas da paciente. R5 "tinta-água de noz" pode ser esclarecida após algumas perguntas posteriores: "água de noz" é *marrom escuro,* a "tinta" é preta. No entanto, como a paciente chegou à "água de noz"? Como "Sócrates", esta também é uma constelação do complexo; "água de noz" é uma coisa que ela gostaria imensamente de ter. Além desses conteúdos específicos, encontramos uma série de repetições das palavras-estímulo, um tempo extraordinariamente prolongado de reação e o frequente início da reação com "sim". Como se sabe, entendemos esses sinais como *sintomas da constelação do complexo, ou seja, da intervenção de uma ideia de forte tonalidade afetiva.* Não podemos nos esquecer de que se trata de uma demente precoce que exterioriza suas ideias delirantes (que em nossa opinião nada mais são do que expressões do complexo) com uma arranjada *falta de afeto.* Se fosse, pois, realmente uma falta de afeto, pareceria à primeira vista muito contraditório o fato de que os sinais de uma forte tonalidade afetiva surgissem justamente no lugar em que se possa pensar que exista uma deficiência emocional. Nas várias investigações feitas com pessoas normais e com histéricos, pudemos perceber que, na prática, esses sinais significam sempre, por assim dizer, o aparecimento de um complexo; mantemos, portanto, a mesma suposição no que se refere à *dementia praecox.* A consequência desta suposição é que a *maioria das reações acima deve estar constelada por complexo.* Já vimos que é esse o caso na R1. R2 "pai-sim, mãe" nos impressiona sobretudo pelo sentido do significado emocional do "sim"[179], pois, como veremos mais adiante, os *pais* desempenham um papel determinado nas ideias delirantes da

---

179. Cf. *Diagnostische Assoziationsstudien,* cap. III, p. 184, onde constatamos o "sim" de um epilético como expressão emocional.

paciente. R3 "mesa-sofá" parece objetiva, tendo por isso um tempo de reação mais curto. R4 "cabeça-sim, insubstituível" tem, ao contrário, um tempo de reação bastante longo. A paciente relaciona "cabeça" a si mesma, atribuindo a essa parte do corpo o qualificativo de "insubstituível", que ela aplica a sua própria pessoa, geralmente na seguinte fórmula estereotipada: "Eu sou duplo-politécnico". R5 "tinta-água de noz" é uma constelação do complexo, indireta e distante. A paciente pede, entre outras coisas, "água de noz". R6 "agulha-linha" estimula o complexo de sua profissão; ela é costureira. R7 "pão-manteiga" é objetiva. R8 "lâmpada-eletricidade, petróleo" também faz parte de seus desejos, como também R9 "árvore-fruta"; em geral ela se queixa de receber pouca fruta, sonhando muitas vezes com receber uma rica cesta de frutas. Em R10 "montanha-vales", "montanha" desempenha um papel importante em suas ideias delirantes; ela a exprime como estereótipo do seguinte modo: "Eu criei o pico mais alto, o Finsteraarhorn" etc. R11 "cabelo-chapéu" também deve conter uma autorreferência, embora isso não se tenha confirmado mais claramente.

Podemos perceber que a maioria das associações acima descritas é constelada por complexos, fazendo com que os sinais externos da tonalidade afetiva sejam facilmente compreensíveis. O que, de imediato, parece estranho é o *grande número de constelações de complexos*. Tamanha multiplicidade pode apenas ser vista em pessoas normais ou nos histéricos quando o complexo *adquire, excepcionalmente, uma forte tonalidade afetiva,* isto é, *quando surge um novo afeto.* Mas esse não é de maneira alguma o caso de nossa paciente: *ela se mostra completamente serena, apenas evidenciando as consequências do afeto nas associações pela acentuação unilateral do complexo, sem a irrupção emocional correspondente.* Decorre daí a impressão clínica de "falta de afeto". É como se tivéssemos somente a casca do afeto e o conteúdo tivesse desaparecido. Pode ser também que a paciente tenha *deslocado o* afeto e essa casca seja um meio de expressão indicador de um complexo reprimido cujo conteúdo é coerente e compreensível, porém não mais reproduzível. O complexo enterrou o afeto consigo. Mais tarde voltaremos a essa possibilidade.

205

12.	madeira	1×	almofada	10,2
13.	sonho	1×	realidade	3,8
14.	caderno	1×	pasta	14,4
15.	papel	1×	papel timbrado	5,0
16.	livro	1×	livros	6,8
17.	lápis	1×	penas	7,6
18.	cantar	1×	cantora	5,0
19.	anel	1×	união, aliança ou noivado	16,4
20.	dente	1×	dentadura, dentes	14,8

206   R12 "madeira-almofada" refere-se à queixa de que na clínica existem somente bancos duros de madeira e que ela gostaria de móveis estofados para o seu uso ("Eu 'determino' móveis estofados"). R13 "sonho-realidade": a maior parte de suas ideias delirantes é extraída de *sonhos*; e quando elas são refutadas, ela insiste energicamente na realidade dos objetos de seus desejos. R15 "papel-papel timbrado" está ligada à ideia delirante de que existe um documento oficial que confirma suas grandiosas e nobres funções. R16 "livro-livros" pertence ao estereótipo: "Eu vi o livro terrivelmente alto sobre o edifício da prefeitura" etc. O estereótipo relaciona-se igualmente à extraordinária atividade que ela exerce, como veremos mais adiante. As várias reações na R19 "anel-união, aliança ou noivado" denotam uma tonalidade afetiva especialmente forte. O complexo erótico é aqui evidente, desempenhando na paciente um papel muito importante. R20 "dente-dentadura, dentes" faz parte de seus desejos. Ela gostaria de uma nova dentadura.

21.	janela	1×	portas, basculante ou ventilação	10,6
22.	rã	1×	prefiro paralisia	18,2
23.	flor	1×	camélia	24,8
24.	cereja	1×	pera	9,8
25.	clínica	1×	fundação	12,3
26.	enfermeiro	1×	trancado	8,0
27.	teclado	1×	piano	4,8
28.	forno	1×	tendências e interesses	8,4

A PE (palavra-estímulo) 21 "janela" possui um significado múltiplo em suas ideias delirantes; um dos principais é o que ela indica como "ventilação", pois, na verdade, ela se sente atormentada por odores fecais que espera afastar com uma ventilação melhor. A estranha reação à PE22 "rã" é explicada pela paciente do seguinte modo: "Uma pessoa é assim quando observa como uma rã pula. Eu tenho sempre paralisia nas pernas". "Eu tenho uma paralisia" ou "isso é paralisia" são estereótipos que, em princípio, indicam a sensação de uma paralisia nas pernas. Podemos ver assim como a paciente busca extraordinariamente longe as associações ao seu complexo. Na PE23 "flor", a reação "camélia" soa de maneira bastante afetada: a camélia faz parte dos adornos com os quais sonha. A PE24 "cereja" pertence ao complexo das frutas. A estranha reação 25 "clínica-fundação" é esclarecida pela paciente desse modo: "Pessoas particulares fundam essas clínicas. Enquanto proprietária do mundo, eu 'determinei' essa clínica, mas não é fundação minha, embora me tenham dito isso quando entrei". Quando a paciente entrou na clínica, as vozes diziam que ela era culpada pela existência da clínica; ela negava, mas desde então apareceu a ideia delirante de que a clínica lhe pertencia e que ela, enquanto "proprietária do mundo", "determinava" todos os grandes edifícios como sua propriedade. R26 "enfermeiro-trancado" é, como mostra a reação, uma perseveração do complexo anterior. A R28 "forno-tendências e interesses" é esclarecida pela paciente como segue: "Nós somos fornos para o Estado, eu sou a cessionária de tendências de interesse". A última frase é um estereótipo cujo significado será analisado mais tarde. Reações como "clínica-fundação", "forno-tendências de interesse" são típicas da *dementia praecox* e jamais se encontram em outras anormalidades psíquicas.

29. Passear   1×   para mim é uma enorme alegria quando
                  posso sair   –

A paciente pode sair uma vez por semana.

39. cozinhar 1×   fritar   6,8
40. água   1×   limonada   5,0
41. dançar   1×   Prim, eu sou Sr. Prim   10,0

Aqui se constela mais uma ideia delirante. A paciente esclarece: "Sr. Prim é o maior professor de dança de Zurique". O nome e a pessoa são totalmente desconhecidos para mim; deve-se tratar de uma imagem delirante.

42. gato   1×   difamação   21,8

A paciente esclarece essa constelação tão afastada do complexo: "Certa vez alguém me difamou porque eu sempre carregava o gato nos braços". Permanece obscuro se a difamação provinha de pessoas ou de vozes. Carregar um gato é em geral uma ação sintomática em complexos eróticos (substitui a criança!).

43. coração   1×   razão   11,2

44. nadar   1×   uma vez quase me afoguei, afogar   –

Uma evocação do complexo no período inicial da doença quando a paciente pensava muitas vezes em suicídio.

45. imperador   1×   imperatriz   3,0
46. lua   1×   sol   2,8

"Eu sou a imperatriz Alexandra" é um de seus estereótipos.

47. bater   1×   sempre um sinal de brutalidade   15,8

Uma referência a ataques ocasionais de outros pacientes.

48. estrela   1×   pode-se dizer: sol, lua e todas as estrelas fixas?   –

O complexo aqui constelado é uma ideia delirante que se exprime estereotipadamente como: "Eu sou Forel e a estrela de Forel".

49. acariciar   1×   uma palavra que não se pode escrever direito: carinho   –

Aqui se constela novamente o complexo erótico, o que provavelmente também ocorre nas associações precedentes. Ambas as reações se dão de modo hesitante, com um preâmbulo que significa a sensação de incerteza, isto é, um "sentimento de incompletude", que possivelmente é consequência da estimulação de um forte complexo inconsciente, fazendo com que a ideia consciente perca sua clareza e completude.

50. espantoso   1×   tédio   6,6

Novamente uma constelação bem afastada do complexo! A paciente esclarece: "Mas costuma-se dizer acerca de coisas desagradáveis:

é espantoso!" A paciente acha particularmente entediante o fato de sua imensa fortuna, "determinada" por ela há tanto tempo, estar espantosamente retida.

51. criança	1×	pais	6,2
52. doce	1×	devo experimentar na vida o amargo	11,0
53. cavalgar	1×	devo me contentar agora com dirigir	8,8

Aqui a paciente reage mais uma vez de maneira bastante egocêntrica: seus complexos aproveitam toda e qualquer oportunidade para emergir. Em R44 "cavalgar" relaciona-se a uma ideia delirante cuja fórmula estereotipada é a seguinte: "Desde 1886 eu deveria ter cavalgado". A ideia se refere à sua megalomania.

54. amigável	1×	sim, amigável, adorável	12,8

Relaciona-se a uma ideia de grandeza que se exprime por estereótipos como "eu sou soberanamente adorável, tão adorável e pura".

55. coroa	1×	quinta	17,4

A paciente esclarece: "A quinta S. em T. é minha coroa. Eu a 'determino' como minha propriedade". A quinta S. é uma das mais belas na periferia de Zurique.

56. áspero	1×	em geral é brutal	5,6

Uma assimilação ao complexo da brutalidade (R38).

57. doente	2×	doente é pobreza	–

A paciente esclarece: "A pobreza nasce da doença".

58. vítima	2×	crueldade	7,8

Como explicou a paciente, ela é vítima de "crueldades inauditas".

59. casamento	1×	assunto de Estado	7,8

Em se tratando de seu casamento, este é um assunto de Estado porque ela é proprietária do mundo.

60. avó	1×	é felicidade	6,6

A paciente explica: "Numa família que ainda tem uma avó, existe felicidade".

61. brigar	2×	sempre um sinal de perigo	10,4

62. azul	1×	céu azul	3,4
63. sofá	1×	almofada	7,2
64. mil	1×	150.000	7,0

Essa quantia corresponde à soma de "pagamento" que a paciente espera dia após dia.

65. amar	1×	grandes abusos	11,4

A paciente esclarece: "Os homens amam apenas a si mesmos". Com isso ela quer dizer que ninguém se ocupa de seus pedidos e que por isso ela ainda precisa esperar o pagamento.

55. selvagem	1×	índios	8,2
56. lágrimas	1×	luto	4,4
57. guerra	1×	ainda não provoquei nenhuma, sempre miséria	6,8
58. confiança	1×	imperecível	9,0
59. milagre	1×	pico	10,0

A paciente explica: "Os outros não admitem que eu criei o pico mais alto".

60. sangue	1×	nobre	9,0
61. coroa	1×	festivo	7,0

A primeira associação é uma constelação clara do complexo e a última um fragmento de suas fantasias que se ocupam de grandes festas.

62. separar	1×	muitas vezes causa lágrimas	7,2
63. justo	1×	justiça	5,8
64. força	1×	quase sempre é crueldade, violência	13,0
65. vingança	1×	frequentemente é coisa muito natural em crueldades	14,2
66. pequeno	1×	frequentemente é um prejuízo	10,0

A paciente esclarece: "Quando alguém já foi grande e ficou pequeno, então é um prejuízo": Relaciona-se a suas ideias de grandeza.

67. orar	1×	é um pedestal-base	11,4

A paciente explica: "Sem religião ninguém pode realizar algo grandioso. "Pedestal-base" é um de seus neologismos prediletos.

68. injusto	1×	é sempre cruel	8,2
69. mundo	1×	proprietária do mundo	4,2
70. estranho	1×	desconhecido	3,4
71. fruta	1×	bênção	15,0
72. falso	1×	ruim	6,6
73. elmo	3×	herói, feito heroico	11,4

A paciente compara seus atos e sua pessoa ao que há de mais grandioso já visto na história do mundo. Por isso ela emprega a palavra "elmo" para exprimir um complexo.

74. vestir	1×	gosto	3,4

A paciente é costureira e sempre se orgulha de seu bom gosto.

75. suave	1×	tato	6,0

A paciente esclarece: "Quando alguém entra num quarto de dormir deve andar suavemente para não acordar os outros". Trata-se de uma clara constelação da vida na clínica. Também está implícito que ela possui o tato justo e necessário.

76. miséria	1×	muletas	7,8

É uma associação indireta à "paralisia". A paciente se sente "paralítica".

77. feno	1×	colheita	4,8
78. puro	1×	boas relações	24,4

A paciente dá a seguinte explicação: "A pureza gera boas relações". Uma expressão generalizante para uma autoestima implícita.

79. framboesa	1×	geleia, xarope	3,8

Faz parte dos seus desejos.

80. pele	1×	sabedoria	22,0

Relaciona-se ao complexo de sua inteligência fora do comum.

Acho que não é necessário estender os exemplos, visto que os já mencionados contêm o essencial. O mais surpreendente é o número imenso de constelações bastante evidentes do complexo. Com poucas exceções, o conjunto de associações constitui a expressão de complexos sutilmente velados. Como os complexos se encontram sempre em primeiro plano, continuamente ocorrem distúrbios correspondentes no experimento. A recorrência de tempos de reação extraordinariamente longos pode ser explicada, em parte, pela contínua interferência dos complexos, o que raramente acontece nas pessoas normais e nos histéricos. Assim podemos concluir que a atividade psíquica da paciente está inteiramente absorvida pelo complexo: ela está subjugada pelo complexo, falando, agindo e sonhando apenas aquilo que o complexo lhe sugere. Parece haver uma certa debilidade intelectual que se exprime numa espécie de *tendência para definições*, mas que, ao contrário dos imbecis, não opera através de definições generalizantes[180], e sim definindo e designando os objetos das palavras-estímulo no sentido do complexo. A *afetação* e *estilização* do discurso são muito características, alcançando muitas vezes um alto grau de incompreensibilidade. As definições grosseiras e por isso bem peculiares dos imbecis ocorrem, como é natural, em pontos de dificuldade intelectual ao passo que no caso analisado as definições afetadas ocorrem em pontos inesperados, estimulando muitas vezes o complexo. Em pessoas normais e nos histéricos, as reações surpreendentes acompanhadas de distúrbios verbais, sobretudo palavras estranhas e estrangeiras, aparecem, em geral, nos pontos críticos do complexo. O que aqui lhes poderia corresponder são os neologismos que representam apenas expressões de conteúdos especialmente fortes, relacionados ao complexo. Nesse sentido, podemos facilmente compreender por que a paciente denomina seus neologismos de "palavras de poder". Em qualquer lugar em que apareçam, indicam todo um sistema por eles encoberto como o que sucede com os termos técnicos na linguagem normal.

Podemos observar que o complexo é estimulado pelas palavras mais distantes, *assimilando,* por assim dizer, tudo à sua volta.

Em pessoas normais e nos histéricos, encontramos uma relação aproximadamente parecida nos complexos de tonalidade afetiva muito forte e onde o afeto ainda é recente. A paciente também se comporta no experimento como uma pessoa recentemente afetada. Na realidade não é esse o caso; mas os efeitos das associações são se-

---

180. Cf. cap. II de *Diagnostische Assoziationsstudien*.

melhantes aos que poderiam ocorrer diante de um afeto recente: *a maior parte das reações se constela mais claramente através de complexos subjetivos*. Podemos explicar esse fato com a hipótese apresentada nos capítulos anteriores de que a *dementia praecox* possui um conteúdo de tonalidade afetiva excepcionalmente forte que se estabiliza com o surto da doença. Se essa hipótese estiver correta e for válida para todas as formas de *dementia praecox*, podemos *atribuir como característica das associações nos dementes precoces uma predominância excepcionalmente forte do complexo. Segundo minha experiência, isso acontece em todos os casos. A semelhança com a histeria* nesse ponto também é muito grande. Os principais complexos que o experimento trouxe à tona são os seguintes:

O *complexo de grandeza pessoal* constela a maior parte das associações; exprime-se fundamentalmente na *afetação* cujo único objetivo é enfatizar o valor da personalidade. De fato isso constitui um meio normal e bastante conhecido da autocomplacência. No entanto, com a autoestima doentia e intensificada da paciente, esta adquire um alto grau de exagero. O afeto subjacente, aparentemente impossibilitado de emergir, sofre uma sedimentação, tornando-se um maneirismo fortemente contrastante com a situação real. Podemos ver o mesmo, aliás, em pessoas normais, excessivamente orgulhosas, que cultivam seus ares de grandeza mesmo quando a situação real não os justifica. Em geral, as *ideias de grandeza* exageradas correspondem a afetação exagerada e contêm algo de grotesco que se deve, por um lado, ao contraste com a realidade e, por outro, à expressão afetada e às vezes ininteligível. O princípio desse fenômeno atua também em pessoas normais cuja autoestima contrasta com a inteligência e a situação concreta. No caso da paciente, trata-se fundamentalmente de um exagero relacionado com um afeto correspondente bastante forte. O que excede o mecanismo normal é a dificuldade de compreensão e a inadequação das expressões, o que indica um *dano do conceito subjacente*. O complexo de grandeza pessoal também se manifesta nos *pedidos* e *desejos desmedidos*.

O inverso do complexo de grandeza pessoal é o *complexo de lesão*, que, neste caso, também se manifesta claramente. Nesta doença, ele é a compensação comum da grandeza. O seu modo de expressão também aqui é exagerado, de difícil compreensão e por isso grotesco.

213   Possuímos indicações de um *complexo erótico* que, embora disfarçado pelos outros dois, talvez venha a constituir o principal complexo, que geralmente ocorre em se tratando de mulheres. Um dos indícios é o fato de permanecer num segundo plano; os demais seriam simples deslocamentos seus. Retornaremos a este ponto mais adiante.

214   Uma pessoa de grande sensibilidade e de autoestima exacerbada certamente encontrará muitas dificuldades no mundo e essas poderão facilmente vir a constituir os fundamentos para um complexo de grandeza e de lesão. Dificilmente o complexo específico repousa sobre esses mecanismos. Devemos buscá-los sobretudo nos sintomas que mais se afastam dos indivíduos, isto é, devemos buscá-lo no *incompreensível*. A essa dimensão pertencem, sobretudo, os *neologismos*. Por isso é que submeti a um estudo especial as extraordinárias formações verbais da paciente, esperando, assim, encontrar alguma pista no sentido de sua essência.

C. Associações contínuas

215   Inicialmente tentei obter diretamente da paciente uma explicação do que ela chamava de neologismos. A tentativa fracassou de todo, pois ela trouxe, imediatamente, uma série de outros neologismos que mais pareciam uma salada de palavras. Ela falava num tom bastante convincente como se o significado das palavras lhe fosse claro e achava que o que ela dizia era uma explicação. Percebi então que o questionamento direto de nada adiantaria, como aliás acontece na histeria quando, após o aparecimento dos sintomas, são feitas perguntas diretas a seu respeito. Mudei então o modo de proceder, empregando o mesmo recurso que na histeria oferece bons resultados: pedi a paciente que me dissesse as ideias súbitas que lhe ocorriam a partir de uma palavra-estímulo, pois dessa maneira o conteúdo de um conceito pode se associar em todas as direções, manifestando múltiplas relações. Escolhi para palavras-estímulo os neologismos da própria paciente. Pude transcrever literalmente o processo porque a paciente falava, no âmbito de suas ideias delirantes, muito lentamente, sendo muitas vezes perturbada por "privações de pensamento" (inibições do complexo). Reproduzirei integralmente o experimento, deixando de lado as repetições.

a) A satisfação do desejo

1. *Sócrates:* aluno – livros – sabedoria – modéstia – nenhuma palavra para exprimir essa sabedoria – é o pedestal-base mais elevado – suas doutrinas – teve de morrer por causa de homens maus – injustamente acusado – a mais sublime sublimidade – satisfeito consigo – tudo isso é Sócrates – o distinto mundo erudito – *nunca cortar uma linha – fui a melhor costureira, jamais deixei um pedaço de pano no chão* – distinto mundo artístico – distinto magistério – e dobrão[180a] – 25 francos – é o máximo – cárcere – difamado por homens maus – insensatez – crueldade – devassidão – brutalidade.

As ideias súbitas não fluem livremente. São continuamente inibidas por "privações de pensamento" que a paciente entende como um poder invisível que sempre lhe retira justamente aquilo que ela quer dizer. A privação de pensamento surge em especial quando ela quer esclarecer algo que lhe parece decisivo. O decisivo é o complexo. Como se pode ver no exemplo acima, o essencial apenas aparece depois de um grande número de analogias confusas[181]. A paciente sabe que a intenção da experiência é o esclarecimento do neologismo. Se ela necessita de tanto tempo para reproduzir o que é mais importante ("nunca cortar uma linha") é porque sua capacidade de representação sofre um distúrbio particular que poderia ser descrito, da melhor forma, como a *falta de capacidade de diferenciação entre o material importante e o sem importância.* A explicação do estereótipo "eu sou Sócrates" ou "eu sou socrática" consiste no fato de que ela era a "melhor costureira" que "jamais cortou uma linha" e "jamais deixou um pedaço de pano no chão". Ela é uma "artista", uma "professora" em sua profissão. Ela é martirizada, não é reconhecida como proprietária do mundo, é reputada como doente, o que significa uma "difamação". Ela é "sábia" e modesta, ela chegou "ao máximo", todas analogias com a vida e o fim de Sócrates. Ela também quer dizer: "Eu sou e sofro como Sócrates". O que propriamente é doentio é o fato de ela se identificar com Sócrates, a ponto de não mais conseguir se dissociar dele; ela toma a identificação como uma moeda preciosa e considera a metonímia tão real que espera que todos a compreendam.

216

217

180a. Dobrão: antiga moeda outrora em uso em Portugal e Espanha.
181. Um modelo para isso é a análise de Freud na *Zur Psychopathologie* ("Exoriar, aliquie..." etc., p. 10s.).

218   Aqui podemos ver claramente a falta de capacidade de diferenciação entre duas ideias: um indivíduo normal pode diferenciar entre um papel assumido ou uma designação metafórica e a sua pessoa, mesmo que uma fantasia extremamente viva ou uma forte tonalidade afetiva consigam manter, durante certo tempo, a imagem do sonho ou do desejo. No entanto, aparece por fim a correção com uma reação emotiva, ajustando-o novamente à realidade. O inconsciente, porém, age de modo diferente: vimos, por exemplo, como o sonho transforma uma expressão metafórica em realidade, que é substituída para o sujeito do sonho, ou então como um complexo inconsciente condensa conjuntamente uma analogia distante e uma pessoa, conseguindo assim a identidade necessária para perturbar o processo consciente ("Um pinheiro ergue-se solitário" etc. Se naquela hora o complexo inconsciente, num momento de sonolência, tivesse atingido a inervação verbal, ele teria dito: "Eu sou o pinheiro"). Como mostram os capítulos anteriores, a *pressuposição necessária desta condensação é a indistinção das ideias,* estado em que normalmente elas se encontram no inconsciente. Com base na mesma suposição é que explicamos as condensações recorrentes em nosso caso: assim que a paciente pensa no complexo, não consegue mais pensar com energia e clareza normais e sim de maneira indistinta e delirante, como acontece no sonho e na inconsciência. Logo que a associação encontra o âmbito do complexo, a hierarquia da ideia diretora cessa, e o fluxo de pensamento passa a se mover por analogias delirantes que igualam a realidade à autoevidência do sonho. O complexo passa a trabalhar então, automaticamente, segundo a lei da analogia, totalmente livre do complexo do eu, que não pode mais conduzir as associações; ao contrário, o complexo do eu fica subjugado ao complexo, sofrendo um distúrbio contínuo por reproduções defeituosas (privações de pensamento) e associações compulsivas (ideias súbitas patológicas). O mesmo processo de obscurecimento desencadeado no âmbito das ideias se dá no discurso: a linguagem vai se tornando gradualmente confusa, expressões semelhantes substituem-se entre si, aparecem transposições sonoras e associações (verbais) indiretas. Por isso é indiferente para a paciente se ela diz "artista" ou "distinto mundo artístico", "magistério" ao invés de "professor", "distinto mundo erudito" ou "costureira erudita". Esses conceitos se substitu-

em com a mesma facilidade com que a personalidade da paciente é substituída pela de Sócrates. É igualmente característico o fato de o acento não recair sobre o simples e sim sobre o inusitado, pois isso corresponde à tendência de distinção e elegância.

2. *Duplo-politécnico* (estereótipo: "eu sou duplo-politécnico insubstituível"): isso é o máximo dos máximos – *a maior costureira* – a maior realização – a maior inteligência – *a maior realização da culinária* – a maior realização de todos os campos – o *duplo-politécnico é insubstituível* – o universal com 20.000 francos – *jamais cortar uma linha* – distinto mundo artístico – *não colocar adornos onde não são vistos* – *torta de ameixa com massa de sêmola e milho* – é de tão grande importância – o magistério mais distinto – é um dobrão – 25 francos – *vestimenta "Museu Caracol" é o máximo* – salão e quarto de dormir – *deveria viver lá* como duplo-politécnico.

O conteúdo de "duplo-politécnico" é muito semelhante ao de "Sócrates", só que nele as "artes" são ainda mais enfatizadas; ao lado da "costura" aparece, também como sua especialidade, a arte culinária, a "torta de ameixa com massa de sêmola e milho". A arte de costurar se exprime com os mesmos estereótipos das séries de associações anteriores. Fica bastante evidente que "politécnico" [= escola politécnica] é uma ampla metonímia para o cume da arte e da sabedoria. Uma outra determinação se encontra em "deveria viver lá", isto é, no politécnico, como me disse mais tarde a paciente. Para a sua consciência, e também para o sonho, não existe nenhuma contradição no fato de ela morar no politécnico como "duplo-politécnico". É também impossível tentar convencê-la deste absurdo, pois ela responde com os mesmos estereótipos acima mencionados. O politécnico é um edifício público e por isso "lhe pertence". Um epíteto obscuro é o "duplo" que talvez esteja implícito em "dobrão". Talvez seja uma referência à glória e ao louvor que ela espera em função de sua grandiosa atividade. "Duplo" pode também ter o sentido de subida ou ainda outros que discutiremos mais adiante. Se o "duplo-politécnico" é o "supremo", então não é difícil entender o epíteto "insubstituível".

3. *Magistério* (estereótipo: "eu sou o magistério mais distinto"): é novamente a maior realização – double – 25 francos – eu sou o duplo-politécnico insubstituível – o magistério encerra em si o mundo erudito mais distinto – o mundo artístico mais distinto – também sou

esses títulos – *eu sou a vestimenta "Museu Caracol"* [Schneckenmuseum], *isso vem de mim – jamais cortar uma linha,* escolher os *melhores modelos,* os mais sugestivos – o mundo erudito mais distinto encerra isso em si – *escolher os melhores modelos, os mais sugestivos e que menos tecido gastam* – eu fiz isso – isso me compete – *o distinto mundo artístico é colocar adornos apenas onde são vistos* – torta de ameixa com massa de sêmola e milho – o magistério mais distinto é double – 25 francos – *além não é possível, ninguém pode ir além de 25 francos – vestimenta "Museu Caracol" é a suprema vestimenta* – os outros querem sempre associar o mundo erudito com a astronomia e tudo isso.

222 O conceito de "magistério" é coerente com os outros dois. "Magistério" nada mais é do que uma ampla designação simbólica para a ideia megalomaníaca de que a paciente é a melhor costureira. "Dobrão" é substituído aqui pela semelhança sonora com "double"; para a paciente, ambas possuem o mesmo valor. Um "dobrão" corresponde à quantia de 25 francos e é evidente que significa o máximo pagamento diário que ela pode receber pelo seu trabalho. A expressão "vestimenta Museu Caracol" é uma denominação simbólica para o produto de sua arte que ela qualifica como a "suprema vestimenta". Podemos esclarecê-la da seguinte maneira: O *museu* é um lugar de encontro do círculo de pessoas cultas em Zurique, a *Casa do Caracol* [*Haus zur Schnecke*] fica ao lado do museu e é um clube respeitável. Essas duas ideias se fundem no estranho conceito de "vestimenta do 'Museu Caracol'", que, como diz a paciente, significa a "suprema vestimenta". É interessante observar a linguagem que ela emprega: a paciente não diz "eu faço", mas "eu sou a vestimenta 'Museu Caracol', isso vem de mim". Ela se identifica, portanto, com esse objeto, na medida em que utiliza "eu sou" e "isso vem de mim" com igual valor, onde "eu sou" significa somente uma intensificação de "eu tenho" ou "eu faço".

223 Os três conceitos analisados até agora são termos técnicos que designam uma imensa quantidade de ideias e relações que são, para a paciente, de grande expressividade. Quando ela murmura para si mesma alguma coisa, sempre repete os termos técnicos, fazendo sinais afirmativos com a cabeça, enquanto que o material esclarecedor se subtrai. A origem dos termos técnicos é desconhecida; segundo a paciente, al-

guns provêm dos sonhos. É bastante provável que eles surjam espontaneamente, em um dado momento, impressionando a paciente sobretudo por sua estranheza, o que também acontece com os filósofos em seus conceitos nebulosos e seus jogos obscuros de palavras.

4. *Pico:* a mais sublime sublimidade – estou contente comigo mesma – Clube "Zur Platte" – distinto mundo erudito – mundo artístico – vestimenta "Museu Caracol" – meu lado direito – eu sou o sábio Natã – não tenho nem pai, nem mãe, nem irmãs no mundo – uma criança órfã – sou Sócrates – Lorelei – sino de Schiller e o monopólio – Senhor Deus, Maria mãe de Deus – chave mestra, chave do céu – eu sempre legalizo nosso livro de hinos de corte dourado e a Bíblia – sou proprietária das terras do sul, soberanamente amável, tão amável e tão pura – em minha personalidade eu sou von Stuart, von Muralt, von Planta – von Kugler – a suprema razão me pertence – ninguém mais deve vestir uniforme aqui – eu legalizo uma segunda fábrica de notas com seis andares para os representantes de Sócrates – a clínica deveria se submeter aos representantes de Sócrates, não mais aos antigos representantes dos pais, mas de Sócrates – um médico pode esclarecer isso a vocês – eu sou Germânia e Helvécia de manteiga doce – isso é um símbolo da vida – eu criei o pico mais alto – eu vi o livro terrivelmente alto sobre o prédio da prefeitura coberto com açúcar branco – no alto do céu, foi criado o pico mais alto – mais alto do que o máximo dos máximos – é impossível trazer aqui alguém capaz de exibir um título mais poderoso.

Com o conceito de "pico" nos vemos diante de um número imenso de ideias absurdas, na maior parte, bastante cômicas. A partir desse material, podemos observar principalmente que a paciente designa por "pico" o somatório de todos os seus "títulos" e realizações. É provável que os "subtítulos" (Sino de Schiller, Lorelei etc.) exprimam analogias específicas que devem ser investigadas em cada palavra isoladamente.

5. *Lorelei:* é proprietária do mundo – exprime o luto mais profundo, porque o mundo é tão depravado – um título que para os outros é a maior felicidade – geralmente essas personalidades que têm a infelicidade, quase diria, de serem proprietárias do mundo são muito atormentadas – Lorelei também é a suprema imagem da vida – o mundo não pode mostrar maior reconhecimento – nenhuma venera-

ção maior – é como uma estátua – por exemplo, a canção que diz: *"Eu não sei o que isso significa" – aparece tanto que o título de proprietária do mundo não é compreendido – que as pessoas dizem que não sabem o que significa,* isso é uma grande infelicidade –, mas eu "determinei" a maior ilha de prata – essa é uma canção muito antiga, tão antiga que já nem se sabe mais o título – isso é o luto.

227 Quando a paciente diz: "eu sou Lorelei", ela faz simplesmente uma condensação, como mostrou a análise anterior, através de uma analogia grosseira: as pessoas não sabem o que significa "proprietária do mundo" e isso é triste; a canção diz: "Eu não sei" etc., e por isso a paciente é Lorelei. Pode-se ver claramente que o procedimento é o mesmo do exemplo do pinheiro.

228 6. *Coroa* (estereótipo: "eu sou a coroa"): o maior bem que alguém pode alcançar na vida – os que realizam o máximo chegam à coroa – a suprema felicidade e bem da terra – a maior riqueza da terra – tudo foi herdado – também existem homens preguiçosos que ficam sempre pobres – a suprema imagem do céu – a suprema divindade – Maria mãe de Deus – chave mestra e chave do céu com a qual as relações são cortadas – eu mesma vi como um trinco foi forçado – a chave é necessária para a justiça sem controvérsias – título – rainha, proprietária do mundo – título supremo de nobreza.

229 "Coroa" também tem analogia com "pico", exprimindo a nuança dos méritos e recompensas. A recompensa, no entanto, não se dá apenas nesta terra sob forma de distribuição de bens supremos (riqueza, trono para a imperatriz, nobres a seu serviço), mas abrange também o céu religioso, cuja porta de entrada é guardada pela paciente com uma chave, tornando-se então rainha do céu. Na perspectiva de seus méritos, esse desenvolvimento lhe parece uma "justiça sem controvérsias". Um fragmento de sonho ingênuo que lembra um pouco a *Ascensão de Hannele*.

230 7. *Chave mestra* (estereótipo: "eu sou a chave mestra"): a chave mestra é a chave da casa – eu não sou a chave da casa mas a casa – a casa me pertence – sim, *eu sou a chave mestra* – eu "determino" a chave mestra como minha propriedade – *é* pois uma chave de casa para reunir – chave que reabre todas as portas – *fecha em si também a casa* – é um fecho final – monopólio – Sino de Schiller.

A paciente se refere à chave que abre todas as portas e a qual os 231
médicos carregam. Com o estereótipo "eu sou a chave mestra" ela resolve o complexo de sua internação. Vemos nitidamente como suas ideias e, em consequência, seu modo de expressão, são imprecisos: ora ela é a chave mestra, ora ela apenas a "determina", ora ela é a casa, ora a casa lhe pertence. Essa chave, capaz de abrir tudo e libertá-la, oferece também a possibilidade de uma analogia com a chave do céu que lhe permite o acesso à espiritualidade.

8. *Proprietária do mundo* (estereótipo: "eu sou três vezes proprietária do mundo"): Grande Hotel – hotelaria – ônibus – representação teatral – comédia – lugares – equipamento – fiacre – bonde – tráfego – casas – estação ferroviária – navio a vapor – trilhos – correio – telégrafo – festa nacional – músicas – lojas comerciais – biblioteca – Estado – cartas – monogramas – cartões de correspondência – gôndolas – delegados – grandes assuntos – pagamentos – domínio – coches – negro na boleia – bandeiras – atrelado a só um cavalo – freio – pavilhão – sistema escolar – fábrica de notas bancárias – ilha de prata mais poderosa do mundo – ouro – pedra preciosa – pérolas – anel – diamantes – banco – corte central – casa de crédito – palacete – escravos e empregadas – tapetes – cortinas – espelhos etc. 232

As imagens que a expressão "proprietária do mundo" evoca para 233
a paciente respondem aos requisitos de uma existência principesca, onde algumas delas se referem a situações minuciosas e retratadas com muita graça ("negro na boleia"). Essas alusões nos fornecem uma visão da atividade incessante no interior do complexo na *dementia praecox*, que se exterioriza por alguns fragmentos ininteligíveis. A atividade psíquica não serve mais à *fonction du réel*; ela fica voltada para dentro, para um trabalho ilimitado do pensamento que se esgota na construção dos complexos.

9. *Tendências de interesse* (estereótipo: "um dia, minhas tendências de interesse serão reconhecidos"): cacau, chocolate, massa, macarrão, café, petróleo, chá-preto, chá-verde, bombom, açúcar branco, água de noz, vinho tinto, pão de mel, bolos de vinho – tecidos, veludo, lã merina, merino duplo, alpaca, croisé, fustão, percal branco, pano de camisa, linhos, lã, sapato, botas, meias, abdômen, roupas de 234

baixo, saias, guarda-chuva, chapéus, jaqueta, sobretudos, luvas – são tendências de interesse que realmente me pertencem.

235 Essa é somente uma amostra do conteúdo de "tendências de interesse". Trata-se de desejos concretos da vida diária que nada têm a ver com o complexo de proprietária do mundo. Eles também são pensados em ricos detalhes e dão a impressão de uma lista cuidadosamente elaborada.

236 10. *Determinar* [ou afirmar, constatar]: atestar, reconhecer, recomendar – geralmente com validez definitiva – ter uma opinião – levar em consideração – o que se "determina" – assumir – os pagãos tagarelam tanto, a mesma coisa lhes é explicada todos os dias e apesar disso não fazem nada de concreto – eu "determino" que estou paralítica – há nove anos atrás teria precisado de 80.000 francos – pagamento feito pelo diretor Dr. Forel – são brutais comigo – como proprietária do mundo eu "determinei" seis vezes a clínica.

237 O conteúdo de "determinar" [*feststellen*] é o que já lembramos anteriormente. Seu significado mais claro encontra-se na frase: "Eu 'determino' que estou paralítica". "Determinar" possui aqui o seu sentido próprio originário. Na maior parte das vezes, porém, a paciente emprega o verbo "determinar" num sentido figurado, como, por exemplo, "eu determino a clínica", isto é, como minha propriedade ou "eu 'determino' um pagamento", ou seja, eu declaro que tenho direito a um pagamento. Como já mostrei em relação à "chave-mestra", existe na paciente uma mobilidade excepcional na expressão verbal e uma notável tendência para uma manipulação arbitrária da linguagem. Em geral, as alterações no discurso se dão gradualmente. Aqui, no entanto, a linguagem se modifica numa velocidade extraordinária para um único indivíduo. Creio que a razão dessa mobilidade é o *lado vago de suas ideias*. Na medida em que ela encontra uma grande dificuldade em distinguir as ideias entre si, ela as exprime utilizando, ora uma expressão, ora outra (cf. "chave mestra"). Também aqui, o conceito de "determinar" é tão confuso que se torna difícil inferir uma conclusão definitiva sobre o seu conteúdo. "Determinar" inclui: "atestar, reconhecer" que, embora estes verbos ultrapassem o sentido imediato de "determinar", ainda podem ser compreendidos; já "recomendar, ter uma opinião, levar em considera-

ção" não são tão evidentes em sua conexão lógica com "determinar", podendo ser entendidos como associações superficiais, ocorrendo talvez simplesmente por uma semelhança nominal; na verdade, essas expressões não esclarecem o conceito de "determinar" quanto ao seu significado, ao contrário, o *confundem*. Isso se deve provavelmente ao fato de as próprias palavras serem concebidas de maneira indistinta, sem uma diferenciação entre elas.

11. *Universal* (estereótipo: "eu sou o universal"): eu vim como universal há mais de dezessete anos – universal encerra em si o repouso – relações ordenadas – também se oferece como herança – também implica relações financeiras – o título de proprietária do mundo inclui muitos milhões – isso é quinta, equipamento – desde 1886 saí a cavalo e de carro – sou universal desde a morte de meu pai – nos meses de inverno eu "determino" o universal – se não o tivesse "determinado" no sonho, teria sabido – por ser cessionária – pelo menos 25.000 francos – que ênfase! – a renda anual suíça é de 150.000 francos – me disseram pelo telefone que o senhor O. aumentou a minha renda anual – universal é o que tem validez definitiva – o senhor pode ser universal através dos mortos – através da herança – universal é o poder – o poder me pertence.

238

De acordo com as associações, "universal" significa o mesmo que *herança universal,* ou pelo menos parece que encontra aí a sua origem. No entanto, o conceito é utilizado de maneira bastante indiscriminada, ora referindo-se a pessoas, ora ao poder. Vemo-nos novamente diante da mesma incerteza. Ao invés de "determinar" [= *feststellen*], a paciente usa, nesta análise, por diversas vezes a palavra "introduzir" [= *einstellen*]; as duas palavras se condensam na expressão "encerrar firme" [= *festschliessen*][181a]. Outra vacilação marcante e significativa se apresenta no uso dos tempos: ela diz, por exemplo, "desde 1886 saí a cavalo" etc. É claro, ela sabe perfeitamente que tal não ocorreu; em outra ocasião disse ela: "desde 1886 tive que cavalgar, mas me contento com dirigir". Para ela não faz nenhuma diferença usar *uma optativa no presente ou no imperfeito: ela fala como*

239

181a. Este jogo de palavras é irreproduzível em português.

em sonho. Como sabemos, Freud comprovou esse aspecto no que concerne ao sonho[182]. O modo de falar delirante da paciente, ora condensando, ora transpondo o sentido dos termos, concorda plenamente com as observações de Freud.

240   "Universal" é mais um símbolo da riqueza que ela conseguiu com seu esforço e também daquilo que herdou. Assim, nos revela mais claramente algo sobre sua família, que, como veremos mais adiante, faz parte de seus sonhos e desejos.

241   12. *Herói:* sou um herói da pena – generosidade – tolerância – feito heroico – herói da pena pelo conteúdo daquilo que escreve – suprema inteligência – supremos traços de caráter – suprema duração – suprema nobreza – o máximo mostrado pelo mundo – encerra em si – cartas – *títulos de compra e dívida*.

242   "Herói da pena" é na verdade uma expressão irônica que a paciente utiliza seriamente. Isso ocorre talvez pela falta de instrução da paciente ou então por uma perda de senso de humor, que acontece em praticamente todos os casos de *dementia praecox*. Esta falta de senso de humor também é característica dos sonhos. "Herói" mais uma vez exprime simbolicamente a "suprema inteligência". Apenas nas palavras finais fica mais claro em que medida a paciente é o "herói da pena": na verdade, ela não costuma escrever, no máximo escreveu uma carta certa vez. Mas em suas fantasias ela escreve cartas e mais cartas, especialmente as que se referem a "títulos de compra e dívida", uma referência ao complexo de poder aquisitivo. É interessante notar que aqui ela também exprime simbolicamente esse pensamento dissimulado com o termo "herói".

243   13. *O definitivo* [*Endgültigkeit* = o que tem caráter definitivo]: aliança, declaração, conclusões, assinatura, título, procuração – que geralmente inclui a ideia de chave – divisa, as supremas conclusões – dedicação do mais alto – adoração – sonhei que a adoração, a veneração e a admiração que mereço não me podem ser atribuídas – assim caminha ela, a mais nobre das mulheres, ela gostaria de envolver o povo com rosas – a rainha Luísa da Prússia – isso eu constatei há

---

182. *A interpretação dos sonhos.*

muito tempo – eu sou isso também – são os supremos definitivos na vida – chave de abóbada.

O conceito de "definitivo" é novamente obscuro; "recibo, assinatura, procuração, título" etc., acentuam fundamentalmente, ao menos assim me parece, a *validade* [*Gültigkeit*], ao passo que "conclusões, aliança, chave de abóbada" enfatizam mais o *definitivo*. De fato, todas essas relações se confundem. "Procuração" está associada a "chave", que como vimos desempenha um papel importante, como "chave mestra", e implica sua contrapartida: a "chave do céu". Aqui a associação também parte de chave em direção a ideias meio religiosas, através do conceito de "moeda estrangeira" que, em seu sentido próprio, representa algo elevado, tendo sido talvez por isso assimilado pela paciente. De "moeda estrangeira" ela passa por "dedicação" e chega a "adoração". Numa das análises anteriores, a paciente se identifica com Maria mãe de Deus; aqui se dá o mesmo com a "mais nobre das mulheres", a "rainha Luísa", outro símbolo da grandeza da paciente. Ela assim designa um outro pico da virtude humana, inserindo-o no conceito de definitivo ao lado de seus outros atributos. A citação é uma forma preferida de expressão dos complexos.

14. *Cume* (estereótipo: "eu criei o mais alto cume"): fiz o cume mais elevado de todos com retalhos – evidentemente isso produz um cone de açúcar – aparece bem branco – é preciso descer a montanha para comer – foi majestoso – na descida existem muitas casinhas – em dias claros se sobe lá com os turistas – deve dar bastante lucro – também estive lá certa vez –, mas o tempo estava horrível – mar de névoa – fiquei admirada ao ver que pessoas tão distintas ainda moravam lá no alto – então eles tinham que descer para comer – quando o tempo está bom é muito lucrativo – também se pode pensar que pessoas desleixadas estejam lá – o sentido é majestoso porque é o melhor sentido – quando alguém possui um sentido majestoso, certamente será assassinado e roubado num lugar assim – sim, isso é o mais alto cume – o Finsteraarhorn.

A paciente há muito tempo trabalha com retalhos de lingerie, juntando-os até fazer uma "montanha", "o cume mais elevado de todos"; a lingerie é branca e parece um "cone de açúcar". As montanhas cobertas de neve podem ser comparadas a cones de açúcar, azuis embaixo e brancas em cima, e daí o "Finsteraarhorn". Em meio a essas associações oníricas que, no entanto, são transparentes, a paciente introduz um *intermezzo* delirante em que fala de pessoas distintas que moram numa certa montanha. Sem querer, somos levados a pensar no *Rigi* [ponto turístico no maciço montanhoso da Suíça central], cujos hotéis luxuosos excitaram, sem dúvida, as fantasias ambiciosas da paciente. Quando lhe perguntei posteriormente sobre o *intermezzo*, disse que não tinha em mente nenhuma montanha específica que ela havia sonhado. Não foi possível saber mais nada. Ela se referia a isso como se fosse uma realidade ou pelo menos uma visão ocorrida recentemente. É evidente que se trata novamente da realização vertiginosa de uma imagem da fantasia como somente ocorre no sonho.

247   15. *Turquia* (estereótipo: "eu sou a Turquia mais distinta"): eu pertenço à Turquia mais distinta do mundo – nenhuma outra mulher no mundo deve ser despida – escolher – sou cessionária de champagne e do vinho tinto mais forte – sobretudo de produtos distintos – somos os mais poderosos preservadores do mundo – a Suíça se aproxima de mim como o Estado mais belo e poderoso – Biel, Liestal, Baden, Seefeld, Neumünster – nenhum desacordo – a Suíça se exprime na Turquia – Turquia é fina e importa os produtos comestíveis mais finos – vinhos finos – charutos – muito café etc.

248   Isso faz lembrar certos anúncios de vinho grego e de cigarros egípcios, que trazem estampada uma bela oriental (a paciente diz também "eu sou egípcia"). O mesmo pode ser igualmente visto nos anúncios de champagne. Talvez seja essa a origem desses símbolos. Trata-se de desejos (vinho, café etc.), ficando também a impressão de que ela distribui esses bens para a humanidade ("eu sou cessionária"), talvez sob a forma de um comércio de importação bastante lucrativo. Ela "também 'determina' negócios", como veremos adiante. Como quer que seja, o que importa essencialmente é a utilização imprópria das expressões onde a paciente atribui a si um conceito geográfico (Turquia) como um título que lhe pertence. Para ela, este consiste num termo técnico capaz de exprimir todo o material mencionado.

249   16. *Prata* (estereótipo: "eu 'determinei' a ilha de prata mais poderosa do mundo"): falar é prata, calar é ouro – estrela de prata – dinheiro é feito de prata – fornecimento de dinheiro – maior ilha de

prata do mundo – medalha de prata – é preciso apegar-se ao que é feito dela – relógios – caixas de prata – taças – colheres – a suprema eloquência – falar é prata, calar é ouro – como proprietária do mundo, a ilha de prata mais poderosa do mundo me pertence –, mas depois eu ordenei que se fornecesse apenas dinheiro e nenhuma coisa externa – todos os utensílios de prata devem se fundir em dinheiro.

A "ilha de prata" faz parte dos requisitos da proprietária do mundo, de onde provêm seus milhões. Além disso, a prata é também a "fala", e por isso ela possui igualmente a suprema *eloquência*. Este exemplo mostra nitidamente como suas ideias são indistintas e como não se pode falar de uma direção das associações, mas apenas dos princípios associativos como as combinações verbais ou as semelhanças de imagens. 250

17. *Zähringer* (estereótipo: "eu sou Zähringer desde 1886"): significa pagador – saúde extraordinária – muitas vezes se diz: mas como você é tenaz [=*záh*]! – eu sou Zähringer desde 1886 – vida longa – êxitos extraordinários – inacreditável com tantas pessoas – está dentro do âmbito – as pessoas são tão incompreendidas – existem tantas pessoas que sempre querem ficar doentes – elas não se entendem com os Zähringer – extraordinário – a idade mais avançada – o senhor sabe onde fica o bairro dos Zähringer? Lá perto da igreja dos dominicanos – um belo bairro – extraordinário – os homens comuns não se lembram desse título – diz-se muitas vezes: são tão tenazes – isso tem a ver com o estado de saúde – faz uma infinita diferença, a diferença de idade – eu sou Zähringer por causa da saúde – isso é extraordinário –, mas se diz frequentemente que é admirável o que ela realiza e como ela é tenaz – em 1886 "determinei" o bairro, de modo que posso morar lá. 251

O significado simbólico de "Zähringer" é evidente: a paciente é "Zähringer" porque é *záh* [= tenaz]. Embora soe como um trocadilho, ela emprega seriamente essa metonímia sonora. "Zähringer" significa também uma bela residência no "bairro dos Zähringer". Mais uma vez trata-se de uma condensação onírica de duas ideias absolutamente distintas! 252

18. Ultimamente a paciente costuma repetir o seguinte neologismo: "Sou uma Suíça". Análise: como duplo, há muito tempo, "deter- 253

minei" [como minha] a Suíça – trancada aqui, eu não pertenço a este lugar – entrei aqui *livremente* – aquele que está livre da culpa e do erro conserva a alma pura de criança – eu também sou *um grou* – a Suíça não pode ser trancada.

254 Não é difícil perceber de que maneira a paciente é Suíça – a paciente "entrou aqui livremente" e por isso não pode ser trancada. O *tertium comparationis* "livre" ocasiona a contaminação com Suíça. Um neologismo semelhante, embora mais grotesco, é: "Sou um grou". "Quem está livre da culpa" etc., é uma citação da conhecida passagem do poema de Schiller *Kraniche des Ibykus* ["Grous de Íbicos"]. A paciente se identifica imediatamente com "grou".

255 As análises até agora apresentadas tratam dos símbolos das qualidades extraordinárias, do poder, da saúde e virtude da paciente. São pensamentos de autoadmiração e glorificação que se exprimem por estranhos e grotescos exageros. Os pensamentos básicos, tais como "eu sou uma ótima costureira", "levei uma vida respeitável e por isso mereço respeito e compensação financeira", são facilmente compreensíveis, como também o fato de esses pensamentos constituírem ponto de partida para vários desejos de reconhecimento, louvor, segurança financeira na velhice. A paciente foi sempre pobre antes da doença e vem de uma família de baixo nível (a irmã é prostituta!). Seus pensamentos e desejos expressam o ímpeto de sair desse meio e conseguir uma posição melhor; isso explica que o desejo de ter dinheiro etc., seja especialmente acentuado. *Todos os desejos fortes são temas de sonhos; os sonhos os apresentam como realizados, exprimindo-os por metáforas obscuras e não por ideias reais.* No caso da paciente, os sonhos que dizem respeito à satisfação dos desejos apresentam-se lado a lado com as associações do estado de vigília. *O complexo vem à luz ao ser destruída pela doença a força inibidora do complexo do eu e continua a tecer automaticamente os sonhos na superfície.* Em condições normais, isso só acontece nas profundezas do inconsciente.

256 A *dementia praecox*, por assim dizer, perfurou o invólucro da consciência (isto é, a função das associações mais claras, dirigidas a um alvo determinado), possibilitando observar-se de todos os lados o mecanismo automático dos complexos inconscientes. O que a paciente e nós vemos são simplesmente os produtos distorcidos, descone-

xos e ininteligíveis dos ideocomplexos, da mesma maneira que acontece em nossos sonhos, quando vemos apenas as imagens do sonho e não os ideocomplexos que estão por trás delas. Por isso a paciente vê seus produtos como reais, afirmando-os como realidade. Como em nossos sonhos, ela também não é mais capaz de diferenciar as relações lógicas das analógicas, sendo-lhe indiferente dizer "eu sou o duplo-politécnico" ou "eu sou a melhor costureira". Quando falamos de nossos sonhos, é como se fossem algo alheio a nós e o fazemos da perspectiva do estado de vigília. A paciente, porém, *fala como se estivesse em sonho.* Envolvida no mecanismo automático, fica evidentemente impossibilitada de qualquer reprodução lógica; torna-se inteiramente dependente de suas *ideias súbitas,* e precisa aguardar se o complexo quer ou não reproduzir alguma coisa. Em vista disso, o fluxo de pensamento se torna lento, reiterativo (perseveração), sendo interrompido, com frequência, por privações de pensamento que a paciente considera muito desgastantes. Se alguém lhe pede algum esclarecimento, ela só consegue responder com reproduções de outros fragmentos que praticamente nada elucidam. É totalmente incapaz de dominar o material do complexo e reproduzi-lo como se fosse um material indiferente.

As análises revelam-nos como o sonho patológico satisfez do modo mais brilhante os desejos e expectativas da paciente. No entanto, onde existe luz devem existir sombras. A felicidade excessiva, psicologicamente falando, deve pagar um alto preço. Introduziremos agora um outro grupo de neologismos ou "ideias delirantes" que dizem respeito ao outro lado da moeda, ao complexo de lesão. 257

b) *O complexo de lesão*

1. *Paralisia* (estereótipo: "isto é paralisia"): comida péssima – excesso de trabalho – privação do sono – telefone – essas são as causas naturais – tuberculose – espinha, de onde vem a paralisia – cadeiras de balanço; eles citam apenas estas como paralisia – martirizado – exprime-se em certas dores – é o que acontece comigo – o sofrimento não está longe – eu pertenço ao monopólio, ao pagamento – *notas de banco* – aí está afirmada a necessidade de socorro [= *Not*] – é um 258

sistema justo – muletas – progresso de poeira – preciso de ajuda imediatamente.

259 Surge agora o reverso da moeda: por um lado, a fantasia conduz automaticamente a tudo que é esplendoroso, passando para um outro lado de perseguições malignas e de tormentos. Por isso a paciente pede uma indenização dizendo: "Eu pertenço ao pagamento" (ou o sinônimo: "Um pagamento me pertence"). Por causa de sua necessidade de ajuda [*Not*], ela tem que reivindicar *notas* bancárias. (Voltaremos depois a esses trocadilhos)[182a]. Suas queixas correspondem exatamente a lesões corporais tão recorrentes em paranoicos. Eu não saberia dizer qual a raiz psicológica desses tormentos aqui referidos.

260 2. *Hieroglífico* (estereótipo: "eu sofro ieroglificamente"): justamente agora eu sofro hieroglificamente. Maria [enfermeira] disse que hoje eu só poderia ficar na outra enfermaria; Ida [enfermeira] disse que ela não poderia de jeito nenhum fazer os remendos – era só uma gentileza minha fazer os remendos – eu estou em *minha* casa e os outros moram em minha casa – seis vezes "determino" (como minha) a clínica, não que tenha sido um capricho meu ficar aqui, eu fui obrigada a ficar aqui – "determinei" também uma casa no pátio da catedral – fiquei impedida quatorze anos a ponto de o ar de minha respiração não poder ser expirado para parte alguma – foi um sofrimento hieroglífico – é o maior sofrimento de todos – o fato de o ar da respiração não poder ser expirado – eu "determinei" tudo e não pertenço a um quartozinho – foi um sofrimento hieroglífico – por megafones dirigidos para fora.

261 Esta análise, interrompida pela história das enfermeiras, não esclarece bem o significado de "hieroglífico", apesar dos exemplos dados pela paciente. Numa outra análise deste neologismo, disse ela: *"Eu sofro de uma maneira desconhecida; é hieroglífico"*. Esta explicação faz sentido. Para aqueles que não têm muita instrução, "hieróglifos" são o exemplo clássico de tudo que é incompreensível. *A paciente não compreende por que e para que ela tanto sofre; é um sofrimento "hieroglífico"*. Dizer que há quatorze anos ela foi de tal modo impedida que "o ar

---

182a. A associação sonora se estabelece entre *"Not"* (indigência, necessidade) e *"Noten"* (notas, aqui bancárias).

da respiração não podia ser expirado para parte alguma", significa uma paráfrase exagerada de sua entrada forçada na clínica. O sofrimento por "megafones dirigidos para fora" parece indicar o "telefone" e as vozes, embora outra interpretação também seja possível.

3. *Dissonância* (estereótipo: "a dissonância é tão grande!"): dissonâncias – é de fato um crime – alguém deve cuidar de mim – vi no sonho como duas pessoas faziam duas cordas no sótão – existem duas dissonâncias *tão* grandes – alguém deve cuidar de mim – não há mais dissonância neste chão – *existe uma dissonância tão grande que ninguém quer cuidar de mim* – alguém tecia cordas no sótão e *sempre trabalhava sem pensar em mim* e sem cuidar de mim – as dissonâncias vêm da negligência – as dissonâncias não pertencem a este solo e sim à Sibéria – é o tempo dos tempos que está sendo preparado para mim, eu estou com tuberculose – *ao invés de me fornecerem os títulos bancários, eles prosseguem trabalhando* – ambos estavam casualmente tecendo cordas no sótão.

"Dissonância" parece exprimir algo como "circunstâncias desagradáveis". Para a paciente é especialmente desagradável o fato de o médico jamais se interessar em saber alguma coisa sobre o pagamento que ela reivindica a cada visita. A maior parte de suas queixas se concentra no egoísmo das pessoas que pensam apenas em si mesmas e "continuam sempre trabalhando" sem pensar no pagamento. O *intermezzo* delirante das duas pessoas que tecem cordas no sótão e "continuam sempre trabalhando" sem pensar em cuidar da paciente pode ser entendido como um símbolo da indiferença com a qual ela é tratada aqui. "Sibéria" significa igualmente o mau tratamento. Apesar da esplêndida saúde que se atribui em outras ocasiões, ela se sente "tuberculosa". No entanto, essas contradições e os demais absurdos não causam problema. A *dementia praecox* também possui essa semelhança com o sonho. Do mesmo modo, os histéricos e as pessoas normais mais emotivas começam a falar de maneira contraditória quando se referem ao complexo; a reprodução dos ideocomplexos a ele relacionados é perturbada e falsificada de um ou de outro modo. Analogamente, o julgamento dos complexos é geralmente nebuloso ou pelo menos impreciso. Esse fato é bastante conhecido por aqueles que se ocupam com psicanálise.

264   4. *Monopólio* (estereótipo: "eu sou o sino de Schiller e o monopólio", eventualmente, "monopólio de nota bancária"): comigo isso se exprime como fábrica de notas – janelas completamente pretas – eu vi no sonho – isso é paralisia – fábrica de notas com sete andares – é uma casa dupla, uma na frente e o apartamento atrás – a fábrica de notas é genuinamente americana – a fábrica entrou para o monopólio como o sino de Schiller e o monopólio – o monopólio encerra em si tudo que pode acontecer – todas as doenças causadas por produtos químicos, envenenamentos que ninguém percebe, crises de sufocamento – de cima é possível acreditar nisso – outra vez os horríveis estiramentos – estão sempre me esticando – com esses víveres ninguém consegue esta minha figura – esse terrível sistema de carga, como se houvesse toneladas de placas de ferro sobre as costas – então envenenamento, é invisível – atiram-no pela janela – então, como se estivesse no gelo – então, dores nas costas, isso pertenceu também ao monopólio – como o sino de Schiller e o monopólio, Forel teria que me pagar 80.000 francos há nove anos atrás porque eu já tinha que suportar essas dores – preciso de ajuda imediatamente – monopólio é o definitivo de todas as inovações desde 1886, produções químicas, ventilações, privação de sono – mesmo sem isso, o Estado teria obrigação de ajudar imediatamente – eu "determino" uma fábrica de notas – se eu também não fosse proprietária do mundo, o Estado teria que dar ajuda – como proprietária do mundo, há quinze anos atrás já teria que pagar aos senhores com a fábrica de notas, eternamente, enquanto eu viver – por isso é um prejuízo tão grande quando se tem que morrer um ano antes – o *Oeleum* me pertence desde 1886 – *todos os que suportam esses sofrimentos devem ser amparados, pertencem à fábrica de notas e devem ser amparados pelo pagamento – todas essas inovações estão resumidas na palavra monopólio, como existem pessoas que têm o monopólio da pólvora.*

265   O conceito de monopólio é de novo especialmente confuso. Uma série de tormentos estão associados a ele; mais uma vez, a fábrica de notas pertence à necessidade [*Not* em alemão]; com frequência, a paciente ressalta que necessita "de ajuda imediatamente"; o "pagamento", tantas vezes mencionado, também se refere a isso. Ela deve ser amparada pelo pagamento por causa dos grandes sofrimentos. O fluxo do pensamento provavelmente é o seguinte: seus sofrimentos

inauditos e únicos, assim como sua idade avançada, exigem que ela, ao menos uma só vez, adquira seus *direitos únicos*. Ela designa esse estado de coisas com a palavra "monopólio". O conteúdo específico de monopólio é o direito que a paciente, enquanto proprietária do mundo, tem de fabricar notas bancárias. A conexão psicológica deve acontecer através da associação fonética entre necessidade [– *Not*] e notas [*Noten*].

5. *Fábrica de notas:* é a criação de recursos para aliviar a *enorme necessidade* de ajuda – as notas têm o mesmo peso que o dinheiro – ordenar tudo que for preciso – notas para diminuir a maior *necessidade* – pagamento de recursos financeiros – eu tive que estar com a cidade a vida toda – a fábrica de notas devia estar definitivamente em nosso solo – eu tenho que pagar eternamente com quatro senhores – seria um prejuízo muito grande se alguém morresse um ano antes do prazo etc.

Podemos nos contentar com esse fragmento da análise. Acho que está claro de onde provém o conceito de "fábrica de notas": as *notas* aliviam a *necessidade*. Dessa maneira, a paciente produziu, mais uma vez, uma dessas associações simbólicas tão frequentes nos sonhos. Um complexo assimilou o outro; nas palavras "necessidade" [*Not*] e "nota" [*Note*], os dois complexos sofreram uma condensação de modo que um conceito contém sempre o outro, sem que haja uma justificação linguística para esta fusão de ideias. Uma das características do pensamento delirante é o fato de as semelhanças mais banais darem margem a condensações. Em pessoas normais, dois complexos simultaneamente presentes também podem sofrer uma fusão, sobretudo nos sonhos, onde o *tertium comparationis* pode se estabelecer a partir de uma semelhança bem superficial. Para a paciente o complexo do dinheiro e o complexo da indigência encontram-se bastante próximos em termos de conteúdo e devem, por isso, se fundir, adquirindo um significado maior do que uma simples associação sonora. Como todo psiquiatra deve saber, esse tipo de pensamento ocorre não apenas na *dementia praecox* mas também em outras interpretações obscuras, como por exemplo nas interpretações místicas do nome "Napoleão".

6. *Oeleum:* pertence ao título "eterno" – é para a velhice – se eu morrer, o título vai embora, tudo vai embora – é uma espécie de duração oficial da vida – *Oeleum* serve para o prolongamento – perten-

ce a mim, mas eu não sei de que é feito – a idade é constatada – já desde 1886.

269 "*Oeleum*" nos dá a impressão de ser uma espécie de elixir capaz de prolongar a vida preciosa da paciente. A expressão "duração oficial da vida" constitui, na linguagem da paciente, um pleonasmo muito característico. Evidencia, sobretudo, o pensamento nebuloso que engata dois conceitos bem distintos, mostrando igualmente a tendência acentuada da paciente de se exprimir o mais eruditamente possível ("linguagem burocrática"), procedimento muito recorrente em pessoas normais que se esforçam por aparentar uma postura importante (atitude da polícia). O estilo pomposo de certos oficiais ou jornalistas meio eruditos pode, em determinadas circunstâncias, apresentar os mesmos resultados. Tanto essas pessoas como a paciente têm em comum a ambição de serem importantes. Eu não sei de onde vem a palavra "*Oeleum*". A paciente afirma tê-la ouvido das vozes (como também "monopólio"). Em geral, esses produtos nascem de coincidências acidentais (cf., por exemplo, um "japonês-pecador").

270 7. *Hufeland* (estereótipo: "eu 'determino' um milhão de Hufeland à esquerda" etc.): quem pertence a Hufeland é universal, milionário – numa segunda-feira, entre 11 e 12 horas, eu dormi e 'determinei' um milhão de Hufeland à esquerda no último pedaço da terra, em cima da colina – as qualidades supremas lhe pertencem – sabedoria – muitas pessoas adoecem, e é certamente um grande prejuízo – sabe-se que um dos médicos mais conhecidos é quem "determina" o que na vida é verdadeiro – sete oitavos adoecem por causa de tolices – o milhão pertence ao domínio dos nobres milhões – um milhão na última lasca da terra – o senhor também possui dois lados, Doutor, agora a questão é com a esquerda – eles tinham que me pagar um milhão – isso é extraordinário – as pessoas vazias, ociosas, não pertencem a esse lugar – o dinheiro sempre chega às mãos erradas – os inimigos de morte de Hufeland são os vazios, os ociosos, os estúpidos – Hufeland é extremamente conhecido no mundo – ser Hufeland é *tão* poderoso; para se sentir inteiramente saudável ou inteiramente doente, a força de vontade faz *tanta* diferença – para ser Hufeland é preciso a essência mais elevada do ser humano – talvez o senhor não pertença a Hufeland, Doutor – Hufeland não tem qualquer relação com crueldade nem com o tempo de agora – eles levaram minha anágua – e ain-

da me deram só dois cobertores; isso é a negação de Hufeland; usar de violência para alguém ficar doente é crime – certa vez tive um trecho de um escrito dele; é maravilhoso ler como ele se ajustava a cada faceta da vida – eu sou Hufeland – em Hufeland não há crueldades.

A paciente é "Hufeland"; conhecendo sua linguagem, podemos saber que esta palavra resume algo de sua vida que se exprime simbolicamente por "Hufeland". Ela certamente já leu a respeito de Hufeland e sabe que ele foi um médico famoso. Provavelmente ela conhece sua *"macrobiótica"* ("a força de vontade tem tanta importância"). Para ela o gesto de lhe terem levado a anágua e dado apenas dois cobertores é a "negação de Hufeland"; pois assim ela vai se resfriar; e isso ocorre sob supervisão médica. Somente um péssimo médico, uma negação de "Hufeland" pode ordenar algo assim. O médico sou eu e por isso ela diz: "O senhor também possui dois lados, Doutor – talvez o senhor não pertença a Hufeland, Doutor". É importante observar que o adjetivo *unhufeland* exprime a "negação de Hufeland". Nesse sentido, ela emprega a palavra *"Hufeland"* como um termo técnico, do mesmo modo que o cirurgião diz: "Faremos aqui uma *Bier"* (isto é, a estase de Bier) ou uma *Bassini* (operação de Bassini), ou então como o psiquiatra diz: "É uma *Ganser"* (ou seja, uma síndrome de Ganser). *Unhunfeland* funciona da mesma maneira, embora o prefixo negativo *"un"* caracterize um quadro propriamente patológico. As inúmeras queixas da paciente a respeito de um tratamento incorreto e "cruel" nos leva a suspeitar de que ela gostaria de ter Hufeland como médico. Esse pensamento também se exprime perfeitamente quando ela diz que é Hufeland; como já vimos, metonimias desse tipo são muito frequentes. A ideia de um tratamento ruim e deletério encontra-se sempre associada ao "pagamento" que, evidentemente, a paciente entende como "indenização". Ela não adoece por si mesma como os demais sete oitavos, mas os outros a fazem adoecer "à força". É provável que por isso ela devesse receber um milhão. Assim nos aproximamos do sentido do estereótipo: "Eu 'determino' um milhão de Hufeland à esquerda na última lasca da terra" etc. Não ficou claro para mim o que ela quer dizer com "à esquerda". No entanto, a partir de uma análise mais extensa que infelizmente não posso reproduzir aqui na íntegra, ficou evidente que possivelmente "lasca" significa um "bastão de madeira" sobre uma colina da terra que é a "extremidade última" e, portanto, uma metáfora de túmulo. Em "*Oeleum*" encontramos implícito o complexo de espera da morte. A "macrobiótica" é uma nuança distante do conceito de "Hufeland". O estereótipo: "Eu 'determino' um milhão de Hufeland à esquerda na última lasca da terra, no alto da colina" deve ser uma condensação metafórica e paralógica específica (elipse) da frase: *Pelo mau tratamento médico que eu tenho que suportar aqui e que, por fim, vai me torturar até a morte, devo exigir uma indenização.*

272 8. *Gessler* (estereótipo: "eu sofro nas mãos de Gessler"): o chapéu de Gessler está plantado lá embaixo, eu vi no sonho – Gessler é o grande tirano – eu sofro nas mãos de Gessler, por isso Guilherme Tell é a maior tragédia do mundo contra personalidades como as de Gessler – eu vou lhe contar o que ele espera do povo – ele espera que as pessoas tenham sempre a mesma *lingerie,* usem sempre a mesma roupa e fiquem sem um centavo – ele é sempre pela guerra, pela batalha – todas as crueldades que essa batalha legitima, causa – Eu sofro nas mãos de Gessler, ele é um tirano, existem pessoas que são absolutamente inadmissíveis, de uma irracionalidade incomum e crueldade sedenta de sangue. Há nove meses eu deveria ter colocado uma bainha na saia –, mas não me foi dado, isso é Gessler, sim Gessler – crueldade sedenta de sangue.

273 A paciente utiliza a palavra "Gessler" do mesmo modo que "Hufeland", isto é, como um termo técnico, a fim de caracterizar os pequenos distúrbios da vida diária na clínica que ela tem que suportar. O *tertium comparationis* para esta metáfora tirada de "Guilherme Tell" é a humilhação a que Gessler sujeitou o povo. É interessante como esse pensamento logo se condensa com os vexames pessoais da paciente: Gessler não espera que as pessoas saúdem seu chapéu plantado, mas que "tenham a mesma lingerie, que usem a mesma roupa". A paciente assimilou inteiramente as cenas de "Guilherme Tell" aos seus próprios complexos.

274 9. *Sino de Schiller* (estereótipo: "eu sou o sino de Schiller e o monopólio"): assim é – enquanto sino de Schiller, eu também sou o monopólio – o sino de Schiller precisa de ajuda imediata – quem realizou precisa de ajuda imediata – pertence ao título supremo do mundo – encerra o maior definitivo – precisa de ajuda imediata. Porque

todos aqueles que "determinam" essas coisas se encontram no fim da vida e trabalharam em seu interesse para a morte; é preciso uma ajuda imediata. Schiller é o poeta mais famoso – por exemplo, Guilherme Tell é a tragédia mais famosa – sofro nas mãos de Gessler – aliás, a poesia "O Sino" é mundialmente famosa – isto é "determinado" por toda criação – criação do mundo – essa é a maior conclusão. O sino de Schiller é a criação – o definitivo – isto é um pedestal-base do governo – o mundo deveria estar agora em melhores condições – *nós examinamos tudo de maneira tão prática e eficiente.* O sino de *Schiller é a criação* – a obra de mestres poderosos – *ajudaram a tirar o mundo da miséria* – deveria estar em melhores condições.

Como podemos ver sem maiores dificuldades, o *tertium comparationis* é a *grandeza da realização:* a obra-prima de Schiller é o poema "O sino"; a paciente também realizou algo grandioso com "O Sino" de Schiller. De acordo com o seu pensamento e linguagem habituais, imediatamente ocorre a condensação, e a paciente é "O sino" de Schiller. Como a paciente realizou a obra mais grandiosa e acabada ("tirar o mundo da miséria"), nada mais grandioso pode surgir, pois além disso ela está ficando velha; assim não é de surpreender que o complexo da espera da morte apareça (que aliás também desempenha um papel significativo nas pessoas normais dessa idade) e exija uma "ajuda imediata", onde naturalmente está subentendido o pagamento. Quero lembrar aqui que a paciente detestava o antigo diretor, Dr. Forel, porque ele não lhe havia "pago". Certa vez na análise, ela declarou: "Eu vi também no sonho como Forel foi atingido por uma esfera – que o matou – isso é terrivelmente estúpido – quem 'determina' uma fábrica de notas não age assim". No sonho, a paciente se livrou dos inimigos, matando-os. Não mencionei esse exemplo simplesmente por ser de interesse para a psicologia de nossa paciente, mas sobretudo, porque, via de regra, é típico da modalidade com que pessoas normais e doentes se livram, no sonho, das pessoas incômodas. Esse *modus* pode sempre ser confirmado na análise de sonhos.

275

Creio que as nove análises descritas são suficientes para elucidar de alguma forma os complexos "desagradáveis" da paciente. Seus sofrimentos físicos tais como o "sistema de cargas", a "paralisia", também desempenham um papel importante. Além disso, outros pensamentos se exprimem igualmente nos estereótipos, como por exem-

276

plo: ela sofre com a disciplina imposta pelos médicos e pelo tratamento dado pelos enfermeiros, ela não é reconhecida, seus desempenhos não são louvados, embora tenha realizado o melhor. O complexo da espera da morte possui um significado importante na determinação de vários estereótipos em que ela tenta neutralizá-lo, "determinando" um elixir da vida. Qualquer pessoa que tenha uma acentuada autoestima e, por algum motivo, se encontre numa situação semelhante de desesperança e aniquilamento moral, certamente terá sonhos semelhantes. Toda pessoa emotiva e ambiciosa vive, ao lado dos instantes de extrema autoconfiança, momentos de dúvida e ansiedade, quando o reverso de suas esperanças desaba sobre elas. Desse modo, o complexo de lesão é uma compensação comum de autoestima exagerada, e raramente o encontramos sem esta.

c) O complexo sexual

277   As análises realizadas até agora mostraram, fundamentalmente, os dois lados da ambição social. Contudo, ainda não nos deparamos com as manifestações mais comuns e frequentes dos complexos que são as manifestações sexuais. Num caso em que a simbologia do complexo é tão ricamente elaborada, o complexo sexual não pode faltar. Na verdade, como veremos na análise seguinte, ele aí se encontra elaborado nos mínimos detalhes.

278   1. *Stuart:* Eu tenho a honra de ser "von Stuart" – assim foi descrito – certa vez toquei no assunto, e o Dr. B. disse: ela foi decapitada – "von Stuart", imperatriz Alexandra, "von Escher", "von Muralt" – é novamente a grande tragédia do mundo – nossa mais suprema divindade no céu, o romano senhor St.[183] se pronunciou, exprimindo a máxima dor e a máxima indignação quanto ao sentido abominável do mundo, onde se persegue a vida de pessoas inocentes – minha irmã mais velha teve que vir tão inocentemente [da América] para morrer aqui – então eu vi a sua cabeça no céu, ao lado da divindade romana – é tão abominável que um mundo sempre se revele assim, um mundo em que se persegue a vida de pessoas inocentes – a senho-

---

183. Nome da paciente.

rita S. foi a causa de minha tuberculose – então eu a vi estendida no carro fúnebre e ao lado dela vi também a senhora Sch., que certamente é culpada por eu ter entrado aqui – é incrível como o mundo não está livre de tais monstros. Maria Stuart foi outra infeliz que teve de morrer inocente.

A última frase da análise deixa bem claro como a paciente chegou a essa identificação com Maria Stuart. Trata-se mais uma vez de uma analogia. A senhorita S. é outra interna da clínica com quem a paciente não se dá muito bem. Por isso, ela e as demais pessoas culpadas pela internação da paciente se encontram no carro fúnebre. Pouco importa se essa imagem é, no fundo, uma ideia delirante, um sonho ou uma alucinação. Basta que tenhamos em mente que se trata do mesmo mecanismo do caso de Forel. Uma figura interessante nessa análise é o "romano senhor St., a maior divindade no céu". Já tivemos a ocasião de ver que a paciente se atribui o título de "Senhor Deus", associação evidente com o conceito de divindade. Só que agora aparece um outro elemento de ligação: a maior divindade se chama "St." que é o nome da paciente. O predicado "romano" certamente se deve a uma vaga analogia com "papa". Tanto a divindade como o papa são do sexo masculino, diferenciando-se, portanto, da paciente como "Senhor Deus". Além da divindade masculina, cujo nome exprime uma estreita relação com a sua família, ela vê a cabeça da irmã morta, imagem que nos evoca duas divindades pagãs, Júpiter e Juno. De certo modo, ela *casa* sua irmã com o divino senhor St. Isso parece constituir simplesmente uma analogia, um presságio de sua própria ascensão ao céu, onde ela vai se tornar Maria Mãe de Deus, rainha dos céus, mas não sem vida sexual. Essa espécie de "sublimação" de necessidades matrimoniais extremamente terrestres é um dos jogos favoritos nos sonhos das mulheres, desde o período cristão mais antigo. Da interpretação cristã do *Cântico dos Cânticos* aos raptos secretos de Santa Catarina de Sena e do casamento de Hannele de Hauptmann, o tema é basicamente o mesmo: o prólogo no céu para a comédia terrestre. As representações dos próprios complexos por meio de atores estranhos no sonho constituem um fato bem conhecido dos estudiosos do sonho, inclusive daqueles que rejeitam Freud; na psicopatologia é conhecido como *transitivismo*. A interpretação que acabo de esboçar é uma conjetura que espero poder confirmar nas próximas análises.

280 2. *Estereótipo:* "Primeiro eu venho da cidade com o surdo-mudo senhor W. e ainda com Uster". Por exemplo, primeiro venho da cidade com o surdo-mudo senhor W. – O senhor vai aqui com a senhora W. Uster – eu sou Uster – para evitar perversidades, devo lhe dizer quem deve esconder de Uster as tendências de interesse – um senhor Grimm – Uster, Jud, Ith e Guggenbühl devem guardar minhas tendências de interesse – primeiro eu vim da cidade com o surdo-mudo senhor W. e ainda com Uster – é a mesma tendência de interesse – é o equilíbrio com a tendência de interesse de Uster. Eu "determino" a igreja da cidade para a custódia do dinheiro. O senhor K. em M. cuida do meu dinheiro em São Pedro, então vejo o surdo-mudo senhor W. andando pela praça perto de São Pedro – no sonho, num domingo, enquanto eu dormia. O senhor W. pode informar sobre os últimos centavos que me pertencem. O senhor W. pertence à cidade e não a Uster – primeiro eu vim da cidade com o surdo-mudo senhor W. e ainda com Uster – isso é equilíbrio duplo.

281 Por cidade, a paciente entende naturalmente Zurique; Uster é uma pequena cidade industrial muito próspera perto de Zurique. O senhor W. é para mim uma personalidade desconhecida e por isso nada posso dizer de preciso sobre suas intenções. O conteúdo essencial da análise acima repousa sobre as três primeiras frases. O senhor W. "pode informar sobre os últimos centavos" da paciente. Em seus sonhos, ele está firmemente associado às suas riquezas e, em especial, como a análise parece mostrar, à soma depositada na igreja em Zurique. (Ela sonhou, certa vez, que a igreja de São Pedro em Zurique estava cheia até o teto de moedas de cinco francos.) "Uster" contrapõe-se a essa riqueza. Nós já sabemos que a paciente "determina" tudo que lhe agrada: as belas quintas, as grandes lojas na cidade e também as ruas perto da estação em Chur. Assim é também compreensível que ela "determine" fábricas rentáveis em Uster. Por isso ela diz: "Eu sou Uster" (Ela diz igualmente: "Eu sou Chur"). Mais adiante, a paciente me disse: "O senhor está tratando aqui da senhora W. Uster – eu sou "Uster". A questão fica então clara: *ela quer dizer que é casada com o senhor W.* Com esse casamento, as riquezas de Zurique e Uster se unem. – "Isso é duplo-equilíbrio com a tendência de inte-

resse de Uster". Lembremo-nos do emprego anterior de "duplo" que havia permanecido obscuro. Aqui, porém, podemos atribuir-lhe um sentido erótico. O casamento, que nas demais análises era indicado apenas por símbolos transcendentes, consuma-se aqui de maneira um tanto prosaica. Entretanto, os símbolos propriamente sexuais, para não dizer "nus e crus", ainda estão faltando. Nós os encontraremos na próxima análise.

3. *Anfi*: Essa palavra aparece raramente, mais ou menos na seguinte fórmula: "Doutor, tem de novo muito anfi". A paciente deriva obscuramente a palavra de "anfíbio". Ocasionalmente, ao se queixar de estar sendo perturbada à noite por anfi, ela diz algo como "animal-ritze-ratze" que "devora o chão", mas não é possível saber ao certo em que o anfi a atormenta. 282

Anfi – isto se exprime no ouriço – tão largo e comprido (indicando com as mãos um pé de comprimento e muito menos que um pé de largura) – certa manhã, o senhor Zuppinger, através de linguiça de porco – só que não sei se os senhores querem trazer um animal destes para o mundo – eu também "determinei" pela linguiça – eu escuto sempre: tem muito anfi – o animal só pode ter ficado assim tão grande por um equívoco talvez – deve ser uma evacuação – ao invés da fábrica em S., era um prédio para anfi – para produções – eu vi no sonho que estava escrito sobre um arco na Weggengasse: "Só em mesas bastante cheias depois do jantar" – nunca vi uma produção assim – requer um grande prédio – estava-se lá como no teatro – lá em cima – eu acho que animais de todas as espécies serão discutidas – anfi exprime que os animais talvez possuam razão humana – eles podem se fazer compreender como os seres humanos – são anfíbios, serpentes, coisas desse tipo – *o ouriço é tão comprido* (ela mostra com as mãos o comprimento, um pouco menor que um pé), *veio num domingo de manhã se arrastando até o poço* – sim, o senhor Zuppinger – *isso foi através de linguiças*. O senhor Zuppinger comeu linguiças. Quando "determinei" certa vez no sonho meus milhares de milhões, *uma pequena serpente verde veio até a minha boca* – tinha o sentido mais fino e amável, como se tivesse razão humana e quisesse me dizer alguma coisa – justamente *como se quisesse me beijar*. (Nas palavras uma "pequena serpente verde" a paciente mostrou alguns afetos sintomáticos como enrubescimento e riso envergonhado.) 283

284   A partir do conteúdo singular desse material, deve ter ficado claro que o "anfi" significa. Anfi é, sem dúvida, um animal de *forma longilínea,* que se arrasta e está associado a anfíbios, serpente, ouriço e, muito provavelmente, a "linguiças de porco". Mais adiante, anfi se encontra associado a "senhor" ("só que não sei se os senhores querem trazer um animal destes para o mundo") e particularmente (através de linguiças) com o "senhor Zuppinger" (a respeito do qual não pude descobrir mais nada). A comparação das duas passagens a seguir ajuda a esclarecer melhor:

> *O ouriço é tão comprido* e *veio* num domingo de manhã se *arrastando até o poço* – sim, senhor Zuppinger – foi através de linguiças. O senhor Zuppinger comeu linguiças.

> Quando "determinei" certa vez no sonho meus milhares de milhões, *uma pequena serpente verde veio até a minha boca* – tinha o sentido mais fino e amável como se tivesse *razão humana* e quisesse me dizer alguma coisa – justamente *como se quisesse me beijar.*

285   O sonho consegue com facilidade condensar, ou pelo menos, estabelecer uma analogia entre dois objetos externamente semelhantes. Uma analogia desse tipo parece ser o que ocorre entre o beijo da serpente e o comer linguiças. A palavra "beijo" (que produz um intenso afeto na paciente) dá a essa analogia uma indiscutível conotação sexual. Se representarmos plasticamente a imagem da serpente se arrastando em direção à boca para beijá-la, pensaremos imediatamente no simbolismo do coito. Segundo o conhecido mecanismo freudiano de "deslocamento de baixo para cima", essa localização e inversão da ação do coito é muito frequente, podendo ser comprovada juntamente com Freud em vários sonhos normais e patológicos[184]. Se o símbolo do coito se localiza na boca, então o pensamento obscuro do sonho rapidamente se dirige para o comer, já que esse ato, com frequência, encontra-se inserido no simbolismo do coito[185]. Assim é

---

184. Cf., por exemplo, o cap. VIII de *Diagnostische Assoziationsstudien.*
185. Cf. tb., nesse sentido, o cap. VIII de *Diagnostische Assoziationsstudien.*

imediatamente compreensível que, sob esta constelação, a serpente se transforme numa linguiça (que é, aliás, uma expressão vulgar para designar o pênis) a ser comida. Por isso "comer" é análogo a "beijar". O ouriço desempenha um papel enquanto animal que é capaz de se esticar, além de estar ligado aos demais "animais do complexo" também por uma coexistência verbal. O fato de o ouriço se arrastar até o poço parece exprimir algo no sentido da ideia da serpente. No entanto, a *boca* é substituída pelo *poço*. Considerando o "deslocamento de baixo para cima", a boca é compreensível enquanto símbolo sexual; contudo, podemos considerar que "poço" não constitui um deslocamento mas uma simples designação metafórica e imprópria, baseada numa analogia familiar conhecida, que os antigos já relacionavam com seus poços e fontes.

Aqui nos deparamos com os símbolos sexuais "nus e crus" que nos faltavam até então, e que, em geral, são tão comuns. Nessa perspectiva, podemos compreender ainda alguns detalhes das associações acima mencionadas sem maiores dificuldades: na suposição de que "anfi" esteja relacionado a "homem", não é tão estranho que "anfi" tenha razão humana. Da mesma forma, devemos entender como o animal se encontra na "evacuação". É muito provável que se trate de uma analogia com a tênia, embora o fundamental seja a localização do símbolo: na *cloaca* (Freud), que encontrou expressão num outro símbolo, que é o poço. A sentença obscura: "apenas numa mesa bastante cheia depois do jantar" pertence integralmente ao simbolismo sexual da comida: "depois de um lauto jantar", segue-se seguramente uma noite de núpcias. Sendo uma velha solteirona, a paciente bem pode dizer: "eu nunca vi uma produção assim". Por "teatro" e "animais de todas as espécies" pode-se entender algo como a ideia de "circo". O lugar "fábrica em S." é uma indicação neste sentido, pois S. é um lugar perto de Zurique onde ficam normalmente os circos, parques de diversão etc.

4. *Maria Teresa:* Desde 1886 eu pertenço à sinagoga na Löwenstrasse, eu sou judia desde 1886 – proprietária do mundo – eu sou, portanto, as três rainhas – eu também sou Maria Teresa "von Planta" – isso é definitivo. No sonho, eu tinha à mesa omeletes e ameixas secas – então havia um dique com megafones dentro – então havia lá quatro cavalos com bigodes sobre os rabos – estavam junto aos megafones –

o terceiro imperador já legalizou isso – eu sou o Imperador Francisco em Viena – apesar disso eu sou uma simples mulher – meu Liesel acorda em boa hora e canta bem cedinho – isso também está lá – cada cavalo estava junto a um megafone – (a paciente faz agora subitamente o gesto de *abraçar* e declara que, certa vez num sonho, era como se um homem a tomasse em seus braços).

288   Essa análise, ao contrário das demais, foi interrompida com frequência por sucessivos bloqueios (privações de pensamento) e estereotipias motrizes (abraço), de onde se pode concluir que ela atingiu pensamentos especialmente fortes e bastante reprimidos. Por exemplo, a paciente ficou horas desenhando, com o indicador, pequenos círculos no ar, dizendo que "tinha que mostrar os megafones". Ou então desenhava meias-luas com ambas as mãos que seriam os "bigodes". Além disso, o "telefone" fazia várias observações de escárnio, ao que retornaremos mais tarde.

289   A paciente entende por "Maria Teresa" uma qualidade específica de sua grandeza. Esta parte da análise não nos interessa mais. Surge então uma estranha imagem onírica que termina com "eu sou Imperador Francisco" etc. O Imperador Francisco foi marido de Maria Teresa. A paciente é Maria Teresa e ao mesmo tempo o Imperador Francisco, embora seja uma "simples mulher". Ela condensa, portanto, a relação entre essas duas pessoas com a sua própria e na manipulação confusa da linguagem, possivelmente quer dizer apenas que as duas pessoas possuem uma relação que se parece com as relações da paciente. A mais provável é a relação erótica, ou seja, o desejo de ter um marido respeitado. A probabilidade da relação erótica se confirma, de certo modo, pelo fato de que a associação que imediatamente segue é a canção erótica: "Meu Liesel acorda em boa hora" etc. Esta canção coloca a paciente numa relação imediata com os cavalos que estão junto aos "megafones". Nos sonhos, cavalos, touros, cachorros e gatos são, em geral, símbolos sexuais porque são os animais que mais frequentemente podem ser vistos em atividades sexuais explícitas, impressionando muito as crianças. De maneira semelhante, a paciente estabelece uma relação entre o cavalo e o "Imperador Francisco". Podemos então confirmar a suspeita de um significado erótico. Os cavalos possuem "bigodes nos rabos". Esse símbolo certamente

diz respeito à genitália masculina, o que também esclarece a relação com o "Imperador Francisco", o parceiro simbólico. Cada cavalo se encontra "junto a um megafone" em um dique. Tentei descobrir se a paciente conhecia o significado anatômico da palavra "dique" [= *Damm*]¹⁸⁵ᵃ, mas não consegui chegar a nenhuma conclusão sem lhe fazer perguntas sugestivas. Por isso devo deixar essa questão em suspenso. Mas considerando-se o grau de educação da paciente, não é de todo impossível que ela conheça essa significação. O sentido de "megafones" [= *Sprachröhren* = lit. "tubos falantes"] seria então inequívoco! Com o gesto do abraço e a menção do sonho sexual, a situação adquire uma conotação erótica definitiva que esclarece bastante o simbolismo obscuro das imagens anteriores.

5. *Imperatriz Alexandra:* Isso exprime "von Escher" e "von Muralt" – proprietária do mundo – como Imperatriz Alexandra eu me tornei proprietária da ilha de prata – uma senhora F. disse que eu deveria enviar 100.000 bilhões para a família do czar russo – eu ordenei que se fizesse dinheiro exclusivamente da ilha de prata – eu sou três imperatrizes, "von Stuart", "von Muralt", "von Planta" e "von Kugler" – eu sou a Imperatriz Alexandra porque sou proprietária do mundo – eu sou três excelências. Eu sou a mais nobre russa – *Katheder, Chartreuse, Schatedral, Karreau* – eu vi um *Karreau* na colina com cavalos brancos – eles têm debaixo da pele uma meia-lua semelhante a pequenos caracóis – eles tinham fome – o Kaiser von Muralt também estava lá em cima – nós ficamos noivos no sonho – eles são russos, era um ataque de guerra – no *Karreau* dos cavalos havia senhores como o senhor Sch. em U. com grandes lanças – como um ataque de guerra.

As primeiras associações estão igualmente relacionadas a ideias de grandeza. A peculiar série de associações sonoras (Katheder, Chartreuse etc.) conduz ao *Karreau* de cavalos brancos que, ao invés de bigodes com meias-luas nos rabos, têm "meias-luas" sob a pele semelhantes a "pequenos caracóis"; deve-se tratar de mais um símbolo sexual, análogo ao anterior, só que ainda mais velado. Os cavalos

---

185a. "*Damm*" também significa "períneo".

têm *fome;* a associação com "comer" está bem próxima. "Fome" denota uma pulsão, provavelmente um impulso sexual[186]. A diferença da análise anterior reside no fato de que a associação não se estabelece com o "Imperador Francisco", mas com um sinônimo igualmente respeitável, o "Imperador von Muralt". Novamente, a trilha de associações se orienta do cavalo para o homem. Desta vez, no entanto, a relação sexual com o homem é indubitável, pois ela *ficou noiva* do "Imperador von Muralt". Os cavalos também adquirem agora uma qualidade característica: são montados por senhores com "grandes lanças como um ataque de guerra". Quem costuma analisar os sonhos sabe que nos sonhos de mulheres as figuras masculinas que entram à noite no quarto com um punhal, uma espada, uma lança ou um revólver significam, sem exceção, um símbolo sexual. A arma que fura ou fere é um símbolo do pênis. Encontramos constantemente esse simbolismo onírico tanto em pessoas doentes como em normais. Há pouco tempo (tomo o exemplo mais próximo), chegou à policlínica uma moça que, por obediência aos pais, havia terminado uma relação amorosa. Em consequência desse episódio, ela caiu num forte estado de depressão, caracterizado por estados esporádicos de excitação sexual. À noite, ela sofria com sonhos estereotipados de angústia, em que alguém entrava continuamente no quarto e lhe atravessava o peito com uma lança muito comprida. Em outro caso semelhante, a paciente sempre sonhava que estava andando por uma rua onde alguém a espreitava e atirava em suas pernas com um revólver. Na *dementia praecox*, a alucinação emocional da faca relacionada à genitália é também comum. Com essa explicação, fica patente o significado sexual dos cavalos tanto nesta análise quanto na anterior e também o significado do "ataque de guerra". A associação com "russos" não é tão forçada, pois embora hoje na Suíça os lanceiros a cavalo sejam um espetáculo desconhecido, os russos, especialmente cossacos de Suworow do tempo da batalha de Zurique (1799), são figuras ainda bastante vivas na tradição popular, à qual se ligam muitas recordações das gerações mais velhas. O ataque de guerra provavelmente se-

---

186. Lembremos o símbolo sexual do "cachorro faminto" no cap. VIII. de *Diagnostische Assoziationsstudien.*

ria sinônimo do abraço na análise anterior: o pensamento da atividade masculina também deve se esconder por trás da "fome". Quanto ao conteúdo, essa análise coincide inteiramente com a anterior, tendo-se modificado somente os símbolos linguísticos e as imagens.

As análises descritas até esse momento trataram do noivado, do casamento e do coito. As bodas ocupam, plasticamente, os sonhos da paciente até os mínimos detalhes, resumidas nas seguintes palavras: "eu sou a maravilha lilás-vermelha do mar e o azul". Para não saturar o número de análises, de per si já bastante extensas, deixo de lado a exposição dessas formações oníricas (as bodas apresentam um material que sozinho abrange mais ou menos dez páginas). Resta apenas uma referência aos *filhos* nascidos da união sexual que aparecem nas análises seguintes.

6. *Bazar:* duplo bazar – eu "determino" dois bazares – bazar W. na Bahnhofstrasse e outro no Wühre – trabalhos femininos – os mais bonitos objetos de lata, vidro, todos os enfeites, sabonetes, porta-níquel etc. Certa vez num sonho o *senhor Zuppinger escapou como um bonequinho até a minha boca* – ele não tinha uniforme, mas os outros tinham uniforme militar – são czares: os filhos da suprema autoridade na Rússia se vestem como *czares*, daí a palavra *bazar* – os bazares são negócios extraordinariamente bons – vestem-se os czares para esses negócios, eles têm as suas rendas desses bazares, porque são *filhos do proprietário e da proprietária do mundo* – *pulou-me à boca também uma menina pequena, com um vestidinho marrom e um avental preto* – *ganhei a filhinha* – *ai meu Deus!* a representante – ela é a representante, *o fim da clínica de loucos saiu da minha boca* – a filhinha foi expelida da boca até o fim da clínica – ela estava um pouco paralisada, costurada como uma colcha de retalhos – ela pertence a um bazar – o senhor sabe, esses negócios têm grande saída. Eu vim da cidade primeiro como duplo, como única proprietária do mundo, primeiro com o surdo-mudo senhor Wegmann e ainda com Uster – eu sou duplo bazar. (Numa repetição parcial da análise feita posteriormente, a paciente disse o seguinte: "Ambas as crianças parecem bonecas, elas têm esse nome do bazar".)

Como mostra o conteúdo da análise, não há qualquer dúvida de que o delírio da paciente também gerou filhos para ela. É particularmente interessante observar mais de perto as circunstâncias e determinações sob as quais essa imagem onírica surge. Ela mencionou que o "senhor Zuppinger escapou como um bonequinho até a sua boca" quando estava fazendo a lista dos objetos do bazar (que nós aqui abreviamos). Lembremos a terceira análise onde o "senhor Zuppinger" está associado a toda espécie de símbolo sexual. Parece que agora se trata simplesmente da sequência desse relacionamento onírico. A maneira singular com que a paciente relata essas coisas tem um histórico. Já antes de 1897, observou-se num relatório que, ao se referir ao Dr. D., primeiro assistente, e na época venerado por ela, ela disse que ele "veio da boca", isto é, "o pequeno D... zinho, filho do senhor Imperador Barba-roxa". O Dr. D. tinha uma barba ruiva, de onde, certamente, foi retirada a imagem de "Barba-roxa". Sua elevação à categoria de imperador constitui, provavelmente, um símbolo da transferência da estima e veneração que ela lhe dedicava para o seu sucessor, o senhor doutor von Muralt (o Imperador von Muralt de quem a paciente ficou noiva). Podemos interpretar sem receio a passagem acima como o nascimento de um filho, gerado com o Dr. D. O episódio com o "senhor Zuppinger" também apresenta o mesmo esquema: o tipo de nascimento, *aparecimento da criança na boca, é uma confirmação evidente do "deslocamento de baixo para cima"* e nos fornece um suporte poderoso para a interpretação feita na análise de "anfi", da serpente e da boca. O fato de o filho ser o "senhor Zuppinger" ou de estar, de alguma maneira, relacionado com este senhor corresponde exatamente ao significado sexual intuído em relação ao senhor Z. Provavelmente a qualificação da criança como "bonequinho" encontra sua explicação no contexto do "bazar" onde podemos ver muitos bonecos. Do mesmo modo que a boca é uma substituição da genitália, o "boneco" é uma substituição inocente do "filho", tão frequente na vida cotidiana. "Ele não tem uniforme", "são czares" etc., essas frases possivelmente são uma reminiscência do conteúdo apresentado na quinta análise, em que o crítico "ataque de guerra" dos lanceiros a cavalo está estreitamente associado a "russos". Daí a transposição para "czar". Através de uma associação sonora, a paciente reencontra o caminho de volta a "bazar", trazendo agora uma sequência de pensamentos, típica do pensamento impreciso da *dementia praecox*: "Os bazares são negócios extraordinariamente bons", "os czares têm suas rendas dos bazares". A associação sonora entre bazar e czar representa para a paciente uma conexão cheia de sentido; ela diz: "os filhos da suprema autoridade na Rússia se vestem como czares, daí a palavra bazar". Essa imagem é de novo uma *contaminação*. A paciente "determina" [como seus] também os bazares, como faz, aliás, com todos os bons negócios. Ela é czarina da mesma maneira que todas as demais personalidades importantes; a determinação específica dessa alta posição passa, talvez, pelos lanceiros a cavalo. Essas duas sequências distintas de pensamento confluem, aparentemente, por meio de uma associação sonora e por isso os czares se tornam donos de bazares. Já o "ataque de guerra" dos lanceiros a cavalo tem por consequência um filho que se torna então czar, sendo *agraciado com um bazar*.

Como o sonho possui uma enorme tendência para imagens *analógicas,* ele conduz, como nos outros símbolos sexuais, à formação de um segundo nascimento onírico: nasce também uma *filha* na boca. Ela traz um "vestidinho marrom e um avental preto", igual às roupas que a paciente normalmente usa. Já faz algum tempo que essas roupas não lhe servem mais, o que constitui um motivo constante de suas reclamações. Por isso em seus sonhos, ela "determina" [como seu] um rico vestuário. A passagem "costurada como uma colcha de retalhos" refere-se a isso. A semelhança entre a mãe e a filha é coroada com o fato de que a criança "já está um pouco paralisada". Desse modo ela tem os mesmos *sofrimentos* da paciente. A criança lhe é "concedida como representante", ou seja, devido a essa semelhança, ela incorpora, de certa maneira, o destino da paciente que assim pode se libertar dos sofrimentos na clínica: por isso é que a paciente diz, num sentido figurado: "o fim da clínica de loucos saiu de minha boca". Em outra ocasião, a paciente também disse que a filha era a "representante de Sócrates". Como podemos lembrar, a paciente se identifica com Sócrates, pois ambos foram presos e sofreram injustamente, ele na prisão e ela na clínica. A filha incorpora seu papel como "Sócrates", tornando-se então a "representante de Sócrates", o que explica integralmente esse neologismo estranho e de difícil compreensão. Para completar a analogia, a filhinha e o filho czar recebem o bazar como indenização. O pensamento dessa dupla doação conduz ao pronunciamento: "Primeiro eu vim como duplo – eu sou duplo

295

bazar" – acrescentando, a seguir, o estereótipo de Uster, que tem claramente um sentido sexual. A palavra "duplo" também admite um sentido sexual de múltiplas determinações como *matrimônio*.

296 No prosseguimento da análise (que não pude relatar na íntegra), a paciente elabora a ideia de como ela cuida de seus filhos e a estende a seus *pais*, que morreram na pobreza. ("Em mim meus pais estão vestidos, minha mãe que tantas provações passou – eu estou sentada à mesa com ela – com toalha branca – na abundância".)

d) Resumo

297 A exposição que acabamos de fazer nos mostra de que maneira a paciente, nascida e criada em tristes condições familiares e na indigência, levando uma vida de árduo trabalho, cria, em sua doença mental, uma estrutura fantasiosa extremamente complexa e, pelo que vemos, bastante confusa e absurda. A análise, conduzida como se fosse uma análise de sonho, nos traz um material centrado em certos "pensamentos oníricos", isto é, em pensamentos que podem ser compreendidos psicologicamente, se considerarmos a personalidade e as circunstâncias da paciente. O primeiro conjunto de análises descreve os desejos e sua satisfação nas imagens e acontecimentos simbólicos, o segundo, os sofrimentos e seus símbolos. O terceiro, por fim, trata dos desejos eróticos mais íntimos e a solução do problema pela transferência de seu poder e sofrimento para os filhos.

298 A paciente descreve em seus sintomas as esperanças e decepções da vida, de maneira semelhante ao que faz o poeta, cuja criação é movida por um impulso interior. No entanto, o poeta fala em suas metáforas a linguagem da mente normal, de modo que a maioria das pessoas normais o compreende e reconhece em suas criações espirituais as projeções de suas próprias dores e alegrias. Nossa paciente, ao contrário, fala como se estivesse em sonho (não encontro expressão melhor); a analogia mais próxima com o seu pensamento é o sonho normal que utiliza mecanismos idênticos ou ao menos semelhantes e não podem ser compreendidos por quem desconheça os métodos de análise freudianos. Enquanto o poeta trabalha com recursos de expressão muito poderosos e, na maior parte das vezes, *conscientemente,* ou seja, pensando *numa direção,* nossa paciente, menos instruída

e dotada, pensa sem uma ideia diretora por meio de imagens confusas e oníricas, utilizando meios de expressão bem mais pobres. Tudo isso deve contribuir para tornar tão incompreensível o seu fluxo de pensamento. Dizer que todas as pessoas são inconscientemente poetas em seus sonhos é uma afirmação superficial. Nos sonhos, os complexos são remodelados em formas simbólicas, de maneira aforística e só muito raramente é que aparecem estruturas mais coerentes e de maior envergadura, capazes de incluir complexos de intensidade poética ou histérica. As criações de nossa paciente constituem um tecido elaborado e amplo, comparável, de um lado, à poesia e, de outro, às fábulas e produções fantasiosas dos sonâmbulos. Como o poeta, a teia de fantasia preenche o estado de vigília da paciente, ao passo que no caso dos sonâmbulos a extensão e elaboração do sistema em geral se perfazem num estado "outro", dissociado da consciência. No entanto, da mesma forma que os sonâmbulos preferem traduzir tudo para o estranho e o fantástico, muitas vezes para formas místicas onde as imagens oscilam numa incompletude onírica, a nossa paciente se exprime por metáforas monstruosas, grotescas e distorcidas, ainda mais próximas dos absurdos característicos do sonho normal. Nossa paciente tem, portanto, em comum com o poeta "consciente" e o poeta "inconsciente", que é o sonâmbulo, a extensão e a elaboração contínua das fantasias, enquanto que o absurdo, o grotesco, a ausência do que é belo se aproximam mais dos sonhos de uma pessoa medianamente normal. Psicologicamente, a psique da paciente se situa assim entre o estado mental de sonho de um sujeito normal e um sonâmbulo, com a única diferença de que o sonho substitui, em grande parte, o estado de vigília, comprometendo gravemente a *"fonction du réel"* e a adequação ao meio ambiente. Mostrei num breve ensaio, *Zur Psychologie und Pathologie sogenannter occulter Phänomene*[187] (Psicologia e patologia dos fenômenos chamados ocultos), como as imagens oníricas se desenvolvem a partir dos complexos. Remeto o leitor a esse texto, pois nos afastaríamos muito de nosso escopo se tratássemos aqui desse campo específico. Flournoy[188] indicou as raí-

---

187. [1902. OC, 1].
188. *Des Indes à la planète Mars.*

zes dos complexos nos sonhos da famosa Hélène Smith. *Considero o conhecimento acerca desses fenômenos indispensável para a compreensão dos problemas aqui tratados.*

299 A *atividade psíquica consciente da paciente se limita à criação sistemática de satisfações de desejos como uma compensação da vida de trabalho e privações e das experiências deprimentes provocadas por um ambiente familiar miserável.* A atividade psíquica inconsciente, ao contrário, encontra-se totalmente sob a influência de complexos contraditórios reprimidos, de um lado o complexo de lesão e, de outro, os remanescentes da correção normal[189]. A entrada de fragmentos dessas séries dissociadas na consciência se dá fundamentalmente sob a forma de alucinações, no modo descrito por Gross e a partir das raízes psicológicas supostas por Freud.

300 Os fenômenos associativos correspondem às perspectivas de Pelletier, Stransky e Kraepelin. Embora siga um tema vago, a associação não tem uma ideia diretriz (Pelletier, Liepmann), mostrando assim todas as manifestações do *abaissement du niveau mental* de Janet: desencadeamento de automatismos (privação de pensamento, ideias patológicas súbitas) e redução da atenção, que acarreta a incapacidade de ideação clara. As ideias são imprecisas, impedindo qualquer diferenciação correta, gerando inúmeras confusões, condensações, contaminações, metáforas etc. As condensações seguem fundamentalmente a lei da semelhança de imagem e de som, desaparecendo por completo o contexto significativo.

301 A modulação metafórica do complexo provoca uma analogia grande, por um lado, com os sonhos normais e, por outro, com os sonhos de desejo do sonambulismo histérico.

302 A análise deste caso de *dementia praecox* confirma amplamente as pressuposições teóricas do capítulo anterior.

e) Apêndice

303 Como conclusão, gostaria de ressaltar dois pontos específicos. Em primeiro lugar, a *expressão verbal*. Como na linguagem normal,

---

189. Cf. apêndice [§ 303s. deste volume].

nossa paciente mostra uma grande tendência para mudar. Em geral, as inovações na linguagem são os termos técnicos que servem para designar com maior concisão ideias mais complexas. Na linguagem normal, a formação e aceitação dos termos técnicos ocorrem lentamente e o seu emprego depende de certos requisitos de inteligibilidade e lógica. Nos doentes, porém, esse processo de inovação e aceitação da linguagem se dá com rapidez e intensidade patológicas que ultrapassam a compreensão das pessoas de seu meio ambiente. A maneira como o termo técnico patológico é construído possui, muitas vezes, semelhança com os princípios de modificação da linguagem normal; lembro, por exemplo, a modificação do sentido de "*Languedoc*"[190]. Existem muitos exemplos semelhantes na história da linguagem. Infelizmente, como não sou especialista nesta área, não ousarei procurar outras analogias mais. Tenho porém a impressão de que um filólogo poderia fazer importantes observações sobre as modificações históricas da linguagem normal, estudando os pacientes que possuem esse tipo de confusão no discurso.

As *alucinações auditivas* desempenham um papel singular em nossa paciente. Ela elabora seus desejos incessantemente no estado de vigília e, à noite, nos sonhos. Essa ocupação está certamente ligada a um prazer, pois ela vai numa direção que corresponde às tendências mais íntimas de sua personalidade. Quem tão exclusiva e persistentemente pensa numa direção determinada e limitada *deve necessariamente reprimir todo pensamento contrário*. Sabemos que em pessoas normais ou pelo menos em *pessoas temperamentais,* ou seja, seminormais, um mesmo humor pode persistir durante um longo período e ser de súbito interrompido, com força radical, pelo aparecimento de outro círculo de pensamentos. Isso pode ser observado, em sua forma extrema, nos histéricos com dissociações da consciência, onde um estado é de repente substituído por outro contrário. O estado contrário se manifesta, em geral, por alucinações ou outros automatismos (cf. Flournoy) do mesmo modo que um complexo dissociado perturba a atividade de um outro presente na consciência. Isso pode também ser comparado aos distúrbios que um planeta invisível pro-

---

190. Cf. tb. HENRY. *Antinomies linguistiques.*

duz na órbita de um visível. Quanto mais forte o complexo dissociado, mais intensos são os distúrbios automáticos. Os melhores exemplos se encontram nas chamadas alucinações teleológicas dos quais gostaria de citar três de minha experiência.

305   1. Um paciente que se encontrava no estágio inicial de uma paralisia progressiva, no auge de seu desespero quis jogar-se pela janela. No momento em que pulava para o peitoril da janela, apareceu uma claridade tremenda que o lançou de volta para dentro do quarto.

306   2. Um psicopata que sofria pelos infortúnios de sua vida tentou o suicídio inalando gás de um bico aberto. Ele inalou o gás com força por alguns segundos quando sentiu uma mão pesada que o agarrou pelo peito e o atirou no chão. Recuperou-se em seguida pouco a pouco do susto. A alucinação foi tão clara que, no dia seguinte, ele me mostrou as marcas dos cinco dedos.

307   3. Um estudante judeu russo que depois entrou numa forma paranoide de *dementia praecox* me contou o seguinte: sob a pressão de uma enorme miséria, decidiu se converter ao cristianismo, embora fosse muito ortodoxo e tivesse inúmeros escrúpulos nesse sentido. Certa vez, depois de ficar sem comer por muito tempo, decidiu seguir este caminho, apesar do gigantesco conflito interno. Adormeceu com esse pensamento e sonhou com sua mãe, já morta, que o advertia contra tal decisão. Quando acordou, seus escrúpulos religiosos haviam retornado por causa do sonho, e ele não conseguiu se decidir pela conversão. Ele se atormentou durante uma semana até que, em consequência do estado contínuo de indigência, pensou ainda mais decididamente na conversão. Numa noite, decidiu receber o batismo na manhã seguinte. Sua mãe apareceu outra vez em sonho e disse: "Se você se batizar eu o estrangulo". Este sonho o assustou de tal modo que ele abandonou absolutamente sua decisão e emigrou para outro país a fim de acabar com a sua indigência. Podemos perceber, nesse caso, como os escrúpulos religiosos se servem dos argumentos simbólicos mais fortes como a piedade em relação à mãe morta, para reprimir o complexo do eu.

308   A vida psicológica de todas as épocas é rica em exemplos desse tipo. Como sabemos, o *daimonion* de Sócrates desempenhou um papel teleológico. Podemos lembrar também a anedota do *daimonion*,

alertando o filósofo sobre o rebanho de suínos (Flournoy relata incidentes semelhantes). O sonho, que é uma alucinação da vida normal, nada mais é do que a representação alucinatória de complexos reprimidos. É natural pois que os pensamentos dissociados tendam a se sobrepor à consciência sob forma de alucinações. Por isso é de se esperar que, em nossa paciente, todo complexo contrastante reprimido trabalhe na consciência como alucinações. As vozes que ela escuta são quase que exclusivamente caracterizadas por um conteúdo desagradável e lesivo como as parestesias e demais fenômenos automáticos.

Como é comum, encontramos também na paciente, ao lado do complexo de grandeza, o complexo de lesão. Parte da lesão consiste na correção normal das ideias de grandeza. *A priori*, parece possível que parte de uma correção ainda subsista, sobretudo se considerarmos que em doentes ainda mais debilitados intelectual e emocionalmente do que a paciente, existem sinais mais ou menos amplos de uma compreensão da própria doença. A correção contrasta naturalmente com o complexo de grandeza que ocupa toda a consciência e que, ao ser reprimido, provavelmente passa a atuar na forma de alucinações. Parece ser esse o caso, já que algumas observações comprovam esta suposição. Quando a paciente discutia comigo quanta infelicidade recairia sobre os seres humanos se ela, enquanto proprietária do mundo, tivesse que morrer antes do "pagamento", o "telefone" disse subitamente: "Não haveria mal algum, viria uma nova proprietária do mundo".

Quando a paciente, na associação do neologismo "um milhão de Hufeland", foi continuamente bloqueada por privações de pensamento e eu não conseguia prosseguir, o "telefone" a chamou, para seu desespero, dizendo: "O doutor não deve se preocupar com essas coisas". – No neologismo "Zähringer" em que a paciente apresentou dificuldades na associação, o telefone disse que ela estava prisioneira e por isso não podia dizer nada. Quando, em outra análise, ela disse que era a Suíça e eu não pude deixar de rir, o telefone disse: "Você está indo longe demais!" – No neologismo "Maria Teresa", a paciente ficou particularmente bloqueada. Como as coisas estavam realmente muito complicadas e eu não conseguia acompanhá-la, desenvolveu-se o seguinte diálogo telefônico:

Telefone: "Você está levando o doutor em volta de toda a floresta".
Paciente: "Porque isso também vai longe demais".
Telefone: "Você é bastante esperta".

311   No neologismo "Imperador Francisco", a paciente começou, como de costume, a murmurar, de maneira que por diversas vezes não consegui compreendê-la. Ela teve então que repetir algumas frases mais alto. Fui ficando nervoso e disse com impaciência que ela devia falar mais alto e ela me respondeu também com irritação. Nesse momento, o telefone tocou e disse: "Vocês agora estão se arrancando os cabelos".

312   Certa vez, ela disse com ênfase: "Eu sou a pedra de fecho, o monopólio e o *Sino* de Schiller". O telefone comentou: "Isso é tão importante que os mercados vão quebrar".

313   Nesses exemplos, o telefone tem o caráter de um espectador irônico, fazendo correções e inteiramente convencido das vaidades dessas fantasias patológicas, zombando das afirmações da paciente com ar de superioridade. Esse tipo de voz funciona como uma autoironia personificada. Infelizmente, apesar da investigação cuidadosa, não possuo o material necessário para uma caracterização mais próxima dessa personalidade dissociada tão interessante. O escasso material, contudo, permite ao menos a suposição de que, ao lado dos complexos de grandeza e ferimento, exista ainda um outro complexo que conservou uma certa crítica normal, mas é impedido de se reproduzir pelo complexo de grandeza, não sendo assim possível uma comunicação direta com ele. (Nos sonâmbulos, por exemplo, a comunicação direta com essas personalidades é possível pela escrita automática.)

314   Essa aparente divisão dos complexos em três esferas nos faz pensar não apenas no que diz respeito à psicologia da *dementia praecox*, mas também nos seus aspectos clínicos. No caso analisado, a comunicação com o mundo exterior é dominada pelo complexo de grandeza. Isso pode ser totalmente casual. Sabemos de casos em que a reprodução é dominada pelo complexo de lesão e temos apenas alguns indícios do complexo de grandeza. Existem, por fim, os casos em que predomina um resto do eu seminormal, irônico e corretor, enquanto que os outros dois complexos interagem no inconsciente, manifestando-se somente como alucinações. Um mesmo caso também pode

variar temporariamente segundo esse mesmo esquema. No caso Schreber, por exemplo, vemos reaparecer na convalescência um resto do eu corretor.

Epílogo

Essa exposição, creio eu, não oferece nada de conclusivo, pois o campo é muito vasto e obscuro. Estaria além das possibilidades de um único indivíduo dar conta de todo o trabalho experimental que vem sendo feito ao longo de alguns anos e que sozinho poderia fundamentar minhas hipóteses. Devo me contentar com a esperança de que essa análise de um caso, que consideramos de *dementia praecox*, ofereça ao leitor uma ideia de como trabalhamos e pensamos. Se além disso ele levar em consideração os pensamentos fundamentais e as provas experimentais dos *Diagnostische Assoziationsstudien* [Estudos de associação para fins diagnósticos], talvez se encontre em condições de formar uma ideia clara sobre os pontos de vista psicológicos, a partir dos quais entendemos as modificações mentais patológicas da *dementia praecox*. Estou plenamente consciente de que esse caso sustenta apenas em parte as concepções expressas nos capítulos anteriores, porque serve de paradigma somente para certos tipos de *dementia* paranoide. Aparentemente, ele não abrange os extensos domínios da catatonia e hebefrenia. A esse respeito posso consolar o leitor, remetendo-o às contribuições posteriores dos *Diagnostische Assoziationsstudien* que presumivelmente ainda trazem alguns trabalhos experimentais para o âmbito da psicologia da *dementia praecox*.

Facilito o trabalho dos críticos: meu trabalho possui muitas lacunas e falhas pelo que peço vênia ao leitor; o crítico, no entanto, deve ater-se objetivamente à verdade. Alguém, afinal, deve assumir a tarefa de iniciar o movimento.

II
O conteúdo da psicose*

---

* Conferência realizada na prefeitura da cidade de Zurique em 16 de janeiro de 1908. Foi publicada como caderno III dos *Schrifte zur angewandten Seelenkunde* pelo professor Dr. Sigmund Freud, Leipzig e Viena: Franz Deuticke, 1908. Uma reedição ampliada, incluindo um prefácio e um apêndice, foi feita pela mesma editora em 1914.

Prefácio à segunda edição*

O pequeno ensaio *Inhalt der Psychose* (O conteúdo da psicose), publicado pela primeira vez nos *Schrifte zur angewandten Seelenkunde* (Estudos de psicologia aplicada) editados por Freud, tem por objetivo transmitir ao público leigo e erudito um conceito da moderna psiquiatria, a partir do ponto de vista psicológico. Escolhi como paradigma o distúrbio mental conhecido como *dementia praecox* (ou esquizofrenia na terminologia de Bleuler). De acordo com a estatística psiquiátrica, dentre os grupos de psicoses, este é o de maior incidência. Muitos psiquiatras querem reduzir essa amplitude, empregando, para tanto, outras nomenclaturas e classificações. Do ponto de vista psicológico, uma outra nomenclatura é pouco relevante, pois é muito mais importante saber o que uma coisa *é* do que o seu *nome*. Os casos esboçados neste ensaio são típicos de distúrbios mentais comuns e bastante conhecidos pelos psiquiatras. É indiferente se *denominamos* esses distúrbios de *dementia praecox* ou de outra maneira.

Em outro artigo[1], apresentei meu ponto de vista psicológico cuja validade científica foi contestada por inúmeras razões. É particularmente gratificante para mim que um psiquiatra como Bleuler tenha valorizado, numa extensa monografia[2], os pontos essenciais de meu trabalho. Nossa diferença repousa na questão se a anatomia constitui o fundamento primário ou secundário do distúrbio psicológico. A resposta a essa questão decisiva e difícil depende de um problema de ordem mais geral, a saber, se o dogma, até hoje predominante na psiquiatria, de que as *doenças mentais* são *doenças cerebrais* representa

---

* A primeira edição não contém o prefácio.
1. *A psicologia da dementia praecox*. Cap. I deste volume.
2. *Dementia praecox oder Gruppe der Schizophrenien*.

ou não uma verdade absoluta. Sabemos que ao atribuirmos a esse dogma uma validade absoluta, caímos numa esterilidade absoluta, pois há distúrbios mentais que são, sem dúvida algüma, psicogênicos (as "histerias"). Esses são corretamente chamados de *funcionais* por oposição às doenças orgânicas que dizem respeito a alterações anatômicas comparáveis. Apenas os distúrbios da função cerebral em que os sintomas psíquicos dependem inquestionavelmente de doenças primárias do substrato orgânico deveriam ser chamados de doenças orgânicas. Na *dementia praecox* este fato é bastante obscuro. De certo, existem achados anatômicos, mas isso não significa que possamos derivar deles os sintomas psicológicos. Além disso, foram feitas experiências bastante positivas sobre o caráter funcional de, pelo menos, alguns estados iniciais da esquizofrenia; por fim, o caráter orgânico da paranoia e de várias formas paranoides é mais do que duvidoso. Dessa maneira, é importante questionar se os sintomas secundários de degeneração também não poderiam provir de um distúrbio da função psicológica. Esse pensamento é certamente incompreensível para aqueles que defendem teorias científicas infiltradas por preconceitos materialistas. Contudo, a colocação desse problema não repousa num espiritualismo arbitrário, mas numa reflexão bastante simples. Ao invés de supor que um processo orgânico de doença seja introduzido por uma disposição hereditária ou por uma toxina, inclino-me a pensar que, por uma disposição de natureza ainda desconhecida, aparece uma função psicológica inadequada, que pode desenvolver até uma manifestação de distúrbio mental e provocar, *secundariamente,* manifestações de degeneração orgânica. Essa visão se justifica pela total inexistência de provas da natureza primária do distúrbio orgânico, enquanto que são numerosas as provas da existência de uma falha primária na função psicológica, cuja história pode ser traçada se nos voltarmos para a infância dos pacientes. Essa visão também se justifica pelo fato de a prática analítica conhecer vários casos em que, na fronteira da *dementia praecox*, os pacientes ainda podem ser trazidos de volta à vida normal.

319   Mesmo se fossem comprovados achados anatômicos ou sintomas orgânicos regulares, a ciência não poderia supor que o ponto de vista psicológico pudesse ser abandonado e o contexto psicológico, sem dúvida presente, desprezado. Se o carcinoma, por exemplo, fos-

se uma doença infecciosa, o processo de crescimento e degeneração característicos das células carcinomatosas permaneceria, apesar disso, um fator em si mesmo digno de investigação. Como dissemos, a conexão entre os achados anatômicos e o quadro psicológico da doença é de tal modo fraca que devemos examinar a fundo os aspectos psicológicos da doença, o que raramente se tem feito até hoje. No apêndice, procurei esboçar, em linhas gerais, algumas colocações mais novas do problema. A conferência original foi reeditada, nesta segunda edição, sem qualquer modificação.

Küsnacht-Zurique 1914
C.G. JUNG

O conteúdo da psicose

320   A psiquiatria é uma enteada da medicina. Os demais ramos da medicina possuem a grande vantagem: o método científico. Em todos esses ramos, existem coisas palpáveis e visíveis, trabalha-se com métodos de pesquisa da física e da química, o bacilo perigoso pode ser observado através de um microscópio, e o bisturi do cirurgião não se detém diante de nenhuma dificuldade da anatomia, descobrindo os órgãos mais vitais e inacessíveis. A psiquiatria, a arte de curar a psique humana, encontra-se ainda em frente à porta, procurando em vão pesar e medir, segundo o método científico. Já sabemos, há muito tempo, que ela trata de um órgão determinado, do cérebro. Mas é somente para além do cérebro, para além da base anatômica que aparece o que nos importa, isto é, a *psique,* cuja essência indefinível foge sempre às explicações mais engenhosas.

321   Nos primeiros séculos, em que se atribuía uma substância à psique e todos os acontecimentos incompreensíveis da natureza eram personificados, acreditava-se que a doença mental era obra de um espírito do mal e o doente, um possesso. E os métodos de tratamento empregados eram coerentes com essa concepção. Sabemos que ainda hoje há quem acredite nesta concepção medieval e a expresse. Um exemplo clássico é o exorcismo do demônio, praticado com êxito pelo velho pastor Blumhardt, no famoso caso Gottliebin Dittus[33]. No entanto, para honra da Idade Média, podemos ainda dizer que, desde cedo, encontramos indícios de um racionalismo sadio. Já no século XVI, por exemplo, no hospital Julius em Würzburg, os doentes mentais eram tratados junto com os doentes somáticos, e seu tratamento parece ter sido bastante humano. Com o surgimento da era moderna

---

3. BRESLER. *Kulturhistorischer Beitrag zur Hysterie.* • ZÜNDEL. *Pfarrer Joh. Chr. Blumhardt. Ein Lebensbild.*

e das primeiras intuições científicas, a personificação bárbara inicial de poderes desconhecidos foi gradualmente desaparecendo, dando lugar a uma mudança na concepção da doença mental, baseada numa atitude mais filosófica e moral. A antiga concepção de que todo infortúnio traduz a vingança de deuses ofendidos, entretanto, permaneceu nos séculos posteriores, com uma nova roupagem. Do mesmo modo que a doença corporal, em muitos casos, pode ser reduzida a uma autoagressão superficial, a doença psíquica, como se acreditou, pode ser atribuída a uma lesão de caráter moral, a um pecado. Atrás dessa concepção, porém, encontram-se ainda os mesmos deuses irados.

Essas concepções desempenharam um importante papel na psiquiatria alemã até o início do século XIX. Na mesma época, porém, começou a surgir na França uma nova perspectiva, que deveria dominar a psiquiatria por muito tempo. Pinel, cujo busto com merecida honra encontra-se no portal da Salpêtrière em Paris, soltou as correntes dos doentes mentais, libertando-os, assim, do símbolo de marginalidade. Com esse gesto, deu a prova mais convincente da concepção humana da ciência moderna. Pouco tempo depois, Esquirol e Bayle descobriram que certas formas de doença mental, após um período relativamente curto, conduzem à morte podendo se comprovar modificações regulares no cérebro depois da morte. Esquirol descobriu a chamada paralisia progressiva, conhecida pelos leigos como "enfraquecimento cerebral", cujo quadro clínico encontra-se intimamente relacionado a uma atrofia crônica do tecido cerebral, de origem inflamatória. Com isso se assentou a base do dogma, encontrado em todo manual de psiquiatria, de que as "doenças mentais são doenças do cérebro".

Mais ou menos na mesma época, as descobertas de Gall confirmariam esse ponto de vista, atribuindo a perda parcial ou total da faculdade da fala, ou seja, de uma capacidade psíquica, a uma lesão na circunvolução frontal inferior esquerda. Mais tarde, esta concepção comprovou-se bastante proveitosa. Foram descobertos inúmeros casos de embotamentos graves e outros distúrbios psíquicos graves relacionados com tumores cerebrais. Pelo fim do século XIX, Wernicke, recentemente falecido, descobriu no lobo temporal a localização do centro da fala. Essa época, tão rica em descobertas, fez crescer ao máximo as esperanças de que não tardaria a chegar o momento em que cada característica e atividade psíquicas descobriria sua causa num lugarzinho da massa cinzenta cortical. Cresceram as tentativas de se relacionar as alterações mentais elementares nas psicoses a alterações paralelas no cérebro. Meynert, famoso psiquiatra vienense, apresentou um sistema regular, segundo o qual a alteração no suprimento sanguíneo do córtex constituiria o principal fator de origem das psicoses. Wernicke fez uma tentativa semelhante, embora bem mais elaborada, de esclarecer os distúrbios mentais baseado na anatomia. A consequência visível desta tendência é o fato de hoje qualquer clínica, por menor e mais precária que seja, possuir seu laboratório de anatomia, onde os cérebros são cortados, tingidos e examinados microscopicamente. Nossas numerosas revistas psiquiátricas estão repletas de trabalhos sobre anatomia, de investigações sobre a localização das fibras do cérebro e na medula espinhal, de investigações sobre a estrutura e disposição das células no córtex cerebral e suas formas possíveis de lesão nas várias doenças mentais.

324 A psiquiatria nasceu, portanto, no seio de um materialismo pernicioso. E isto é compreensível. Há muito tempo ela vem privilegiando o órgão, o instrumento, em detrimento da função. A função se apresenta como um apêndice do órgão e a psique como apêndice do cérebro. Assim, na moderna psiquiatria, a psique ocupa um espaço bem pequeno. Enquanto foram feitos grandes progressos no campo da anatomia cerebral, quase nada sabemos sobre a psique, talvez menos do que antes. A moderna psiquiatria se comporta como alguém que pretendesse descobrir o sentido e a finalidade de um edifício, fazendo a análise mineral de suas pedras. Façamos uma estatística para ver quais e quantos doentes mentais apresentam lesões cerebrais significativas!

325 Nos últimos quatro anos foram internados no Burghölzli[4] 1325 doentes mentais, o que significa, um total de 331 doentes por ano. Desses, 9% sofrem de anomalias psíquicas *constitutivas*. Com esse termo, designamos certos defeitos congênitos da psique. Desses 9%, cerca de 1/4 sofre de imbecilidade e oligofrenia congênitas. Encontramos nesses casos algumas alterações no cérebro como, por exemplo, microcefalia congênita, hidrocefalia ou má-formação de certas

---

4. Hospício cantonal e clínica psiquiátrica da Universidade de Zurique.

áreas do cérebro. Os outros 3/4 não apresentam qualquer traço de comprometimento que seja tipicamente cerebral.

3% dos doentes sofrem de distúrbios mentais epilépticos. No decurso da epilepsia, ocorre, gradualmente, uma degeneração cerebral típica que não poderei descrever aqui com detalhes. Contudo, essa degeneração apenas pode ser comprovada nos casos mais graves e naqueles em que a doença possui um longo tempo de existência. Quando os ataques recorrem por um tempo relativamente curto, ou seja, não mais do que poucos anos, dificilmente poderão ser encontrados no cérebro indícios de degeneração.

17% sofrem de paralisia progressiva e demência senil. Ambas as doenças apresentam dados anatomopatológicos no cérebro bem característicos. Na paralisia, tem lugar, via de regra, uma atrofia cerebral intensa em que a massa cinzenta geralmente se reduz à metade. As áreas frontais, em particular, podem se reduzir até um terço do peso normal. Uma lesão similar ocorre na demência senil.

14% dos doentes internos anualmente sofrem de intoxicações, ao menos 13% devido à ingestão de álcool. Em geral, nos casos menos graves, nenhum tipo de lesão cerebral pode ser comprovada. Somente nos casos mais graves é que se pode encontrar uma pequena atrofia do córtex. Mas o número de casos graves não passa de 1% das internações anuais por alcoolismo.

6% dos doentes sofrem da chamada psicose maníaco-depressiva que compreende a mania e a melancolia. A essência dessa doença pode ser entendida até mesmo por um leigo. A melancolia é um estado anormal de tristeza em que tanto a inteligência como a memória não sofrem dano algum. A mania é o seu contrário, um estado anormal de excitação convulsiva em que também nem a inteligência nem a memória são prejudicadas. Não se pode comprovar, nessa doença, qualquer tipo de lesão cerebral.

45% dos doentes sofrem da chamada *dementia praecox*, muito típica e comum. A escolha desse nome é bastante infeliz, pois a doença muitas vezes não é nem precoce, nem demência. Infelizmente, na maior parte dos casos, a doença é praticamente incurável; mesmo nos casos mais bem-sucedidos, ou seja, onde se dá um restabelecimento e os leigos nesta área não mais observam qualquer anormalidade, encontraremos sempre uma falha na vida emotiva. O quadro da doença é extraordinariamente variado; são comuns os distúrbios emocionais, os delírios e alucinações. Via de regra, nesta doença não ocorrem alterações anatomopatológicas no cérebro. Mesmo nos casos mais graves, em que a doença existe há muito tempo, é comum encontrarmos após a morte um cérebro intacto. Somente em pouquíssimos casos algumas alterações muito leves foram observadas, mas que, até hoje, não podem ser consideradas uma regra geral.

331 Em resumo: cerca de 1/4 dos doentes apresenta alterações mais ou menos extensas e lesões no cérebro. Cerca de 3/4, porém, possuem um cérebro aparentemente intacto, apresentando, no máximo, algumas alterações que não explicam em absoluto o distúrbio psicológico.

332 Estas cifras nos mostram melhor do que qualquer dissertação que a observação puramente anatômica da moderna psiquiatria conduz apenas indiretamente ao seu objetivo, que é a compreensão dos distúrbios psicológicos. Acrescente-se a isso que os doentes mentais que apresentam lesões cerebrais graves morrem num espaço de tempo relativamente curto. Assim, dos doentes crônicos da clínica, que formam a sua população real, 70 ou 80% são casos de *dementia praecox*, ou seja, doentes em que as alterações anatômicas são praticamente inexistentes. Deste modo, o caminho de uma psiquiatria futura que pretenda atingir o âmago da questão já se encontra delineado: *apenas pode ser o da psicologia*. Em nossa clínica de Zurique, abandonamos de vez o caminho da anatomia e nos voltamos completamente para a investigação psicológica da doença mental. Uma vez que a maioria de nossos doentes sofre de *dementia praecox*, essa doença constitui, naturalmente, a questão central de nossas investigações.

333 Os antigos clínicos concentravam sua atenção no motivo psicológico da doença mental, assim como os leigos ainda o fazem por um instinto verdadeiro. Tentamos por este caminho investigar, da forma mais cuidadosa possível, a história anterior do doente. Esse trabalho compensa bastante, pois frequentemente descobrimos, para nossa surpresa, que a doença mental eclode num momento de grande emoção despertada por razões, por assim dizer, normais. Descobrimos mais adiante que, na doença mental daí surgida, vários sintomas apareceram que não podem de modo algum ser compreendidos do pon-

to de vista anatômico. No entanto, esses mesmos sintomas se tornam imediatamente compreensíveis quando considerados a partir da história pregressa do indivíduo. Nesse sentido, as investigações fundamentais de Freud sobre a psicologia da histeria e do sonho fornecem o maior estímulo e ajuda para o nosso trabalho.

Alguns exemplos, assim penso, esclarecem esse novo caminho da psiquiatria melhor do que áridas teorias. Para mostrar claramente a diferença em nossa perspectiva, descreverei para os senhores, em cada caso, a história da doença à maneira de costume, e em seguida apresentarei a solução característica dessa nova concepção. 334

O caso que relato a seguir é o de uma cozinheira de trinta e dois anos. Sua doença não é congênita. Ela sempre se mostrou muito aplicada, consciente no trabalho e jamais apresentou, anteriormente, qualquer comportamento estranho ou algo semelhante. Há algum tempo atrás, conheceu um rapaz que queria se casar com ela. A partir de então, começou a se comportar de modo estranho. Ela repetia sempre que ele não gostava muito dela, mostrava-se muitas vezes temperamental, apática e desajustada. Certa vez, adornou excentricamente seu chapéu de domingo com penas vermelhas e verdes, e depois comprou um pincenê para usar quando saísse com o noivo no domingo. Um dia, decidiu subitamente que seus dentes estavam defeituosos, que eles não a deixariam em paz, e resolveu colocar uma dentadura, embora não fosse de modo algum necessário. Mandou extrair todos os dentes sob anestesia geral. Na noite seguinte, teve uma grave crise de ansiedade. Chorava e gritava que estava perdida, condenada para sempre, que havia cometido um pecado grave, permitindo que lhe extraíssem os dentes. As pessoas deveriam orar por ela para que Deus lhe perdoasse. Estas em vão tentavam convencê-la de que extrair os dentes não era pecado, mas isso não ajudou em nada. Apenas com o nascer do dia ela foi se acalmando e chegou a trabalhar o dia todo. Nas noites seguintes, porém, continuou a sofrer as mesmas crises. Quando consultei a paciente, achei-a bastante calma. Só pude observar que tinha um olhar um tanto distante. Falei com bastante calma sobre a operação. Ela me disse que extrair os dentes não era algo tão terrível assim, mas que não podia se livrar da ideia de que era um grande pecado, apesar do que lhe diziam. Ela sempre repetia num tom lamurioso e patético: "Não deveria ter permitido que me 335 extraíssem os dentes, foi um grande pecado que Deus jamais haverá de perdoar". Isso provocava uma impressão inequívoca de doença. Alguns dias depois, seu estado piorou consideravelmente, e teve de ser internada na clínica. A crise de ansiedade se intensificou, permanecendo meses a fio.

336   Essa história apresenta vários sintomas que nos parecem bastante absurdos. Por que a história excêntrica com o chapéu e o pincenê? Por que as crises de ansiedade? Por que o delírio de que extrair os dentes era um pecado imperdoável? Tudo era muito obscuro. O psiquiatra que pensa com base na anatomia dirá: esse é um caso típico de *dementia praecox*; a essência dessa doença, da "loucura", é falar coisas incompreensíveis, onde a visão do mundo da mente enferma é sempre deslocada, é "louca". O que para uma pessoa normal não é pecado, para um doente é. Esse tipo de delírio excêntrico é característico da *dementia praecox*. O lamento desmedido acerca do suposto pecado é a chamada tonalidade afetiva inadequada. O adorno excêntrico do chapéu e o pincenê são fatos bizarros que ocorrem frequentemente nos doentes. Em algum lugar do cérebro, existem células desordenadas que, ao invés de produzirem pensamentos lógicos, produzem pensamentos ilógicos e absurdos, psicologicamente incompreensíveis. Certamente, a doente possui algum tipo de degeneração congênita, um cérebro fraco, que traz desde o nascimento o germe do distúrbio. Por alguma razão, a doença eclodiu somente agora, mas poderia ter acontecido em qualquer outro momento.

337   Se o destino não nos tivesse ajudado na análise psicológica deste caso, certamente teríamos de capitular diante desses argumentos. Devido às formalidades necessárias para a internação, descobriu-se que a paciente, há muitos anos, tivera um caso amoroso que terminou quando o amante lhe deixou um filho ilegítimo. Para resguardar o bom nome, a moça teve que ocultar a criança no interior. Ninguém soube do caso. Quando se apaixonou uma outra vez, surgiu o dilema: o que diria o noivo sobre isso? Primeiramente ela adiou o casamento; suas inquietações foram aumentando, aparecendo então os comportamentos estranhos. Para que possamos compreender o que se passou, devemos tentar penetrar na psicologia de uma alma ingênua. Se precisamos confiar um segredo doloroso a quem amamos, tentaremos, de início, adquirir certeza de seu amor para nos assegurarmos

de seu perdão. Fazemos isso ora com perguntas lisonjeiras, ora com perguntas provocadoras ou, então, procurando mostrar o valor de nossa própria personalidade para que ele pareça maior diante da pessoa amada. Por isso, nossa paciente adornou o chapéu com penas coloridas que, para o seu gosto simples, são objetos de admiração. O uso do pincenê inspira o respeito das crianças, mesmo as mais crescidas. Além disso, quem não conhece o exemplo de alguém que tenha extraído todos os dentes por pura vaidade, simplesmente para usar uma dentadura?

Geralmente, esse tipo de operação provoca, na maior parte das pessoas, um certo nervosismo, pois tudo fica mais difícil. Justamente nesse momento ocorre a catástrofe: eclode o pavor de que o noivo a deixe se souber de sua vida pregressa. Esta foi a primeira crise de ansiedade. Como a paciente não assumiu durante toda a vida a falta cometida, teve de prosseguir a tentativa de salvaguardar seu segredo, deslocando para a extração dos dentes o seu medo, tal como vimos. Quando alguém não pode confessar um grande pecado, enfatiza um menor. 338

Para a psique fraca e sensível da paciente, o problema parece insolúvel e o afeto decorrente é extraordinariamente grande. É assim que a doente mental se apresenta do ponto de vista psicológico. A série de acontecimentos aparentemente tão absurdos, as "loucuras", adquire, de repente, um sentido; descobrimos um sentido no sem-sentido, conquistando, assim, uma aproximação mais humana do doente mental. Ele é uma pessoa que sofre dos mesmos problemas humanos que nós, e nem de longe é uma máquina cerebral em desordem. Até hoje predominou a opinião de que o doente mental nada mais manifesta em seus sintomas do que o produto ilógico das células cerebrais. Mas isso não passa de estudo acadêmico, de elucubrações estéreis. Quando, porém, penetramos nos segredos do doente, percebemos que a loucura possui seu sistema próprio, e passamos a reconhecer na doença mental apenas uma reação inusitada a problemas emocionais que pertencem a todos nós. 339

Esta concepção nos parece extremamente esclarecedora por projetar muita luz no âmago da doença. Embora seja a mais frequente em nossas clínicas, é muito pouco compreendida. Devido à insensatez de seus sintomas, ela se parece com o que comumente chamamos loucura. 340

341   O caso que acabo de descrever para os senhores é bem simples e transparente. Como um segundo exemplo, gostaria de trazer um caso mais complexo. Trata-se de um homem entre trinta e quarenta anos, arqueólogo estrangeiro, muito culto e extraordinariamente inteligente. Era um rapaz intelectualmente muito precoce, dotado de grande sensibilidade, excelentes qualidades de caráter e raro talento. Fisicamente, era pequeno, frágil e gago. Cresceu e se educou no exterior, tendo estudado depois, durante alguns semestres, em B. Até então jamais revelara qualquer sinal de perturbação. Após o término do curso universitário, dedicou-se com fervor à pesquisa arqueológica que, pouco a pouco, o absorveu de tal maneira que praticamente morreu para o mundo e o lazer. Trabalhava sem cessar, enterrando-se nos livros. Foi ficando cada vez mais insociável. Se ele antes já era socialmente muito tímido, agora fugia sorrateiramente, mantendo contato apenas com pouquíssimos amigos. A sua vida era a de um eremita, dedicada inteiramente à ciência.

342   Passados alguns anos, retornou de férias a B., lá permanecendo por poucos dias. Costumava passear pelos arredores da cidade. Algumas poucas pessoas que o conheciam acharam-no um tanto estranho, muito taciturno e nervoso. Sentia-se muito cansado depois de passeios mais prolongados, e dizia que não se sentia muito bem. Afirmava que precisava passar por uma hipnose porque se sentia muito nervoso. Em seguida, contraiu uma infecção pulmonar. Logo depois, teve início um estado estranho de excitação que culminou, rapidamente, num frenesi. Foi então levado à clínica, onde permaneceu nesse estado durante semanas. Ele se encontrava inteiramente perturbado, sem saber onde estava e pronunciando fragmentos de frases incompreensíveis. Por vezes, ficava tão excitado e agressivo que os enfermeiros se viam obrigados a segurá-lo. Aos poucos foi se acalmando, até voltar a si como se tivesse acordado de um longo e tenebroso sonho. Rapidamente adquiriu consciência da doença e recebeu alta. Ao voltar para casa, debruçou-se novamente sobre o trabalho. Publicou vários trabalhos importantes nos anos seguintes. Sua vida voltou a ser como antes, a de um eremita, morto para o mundo, exclusivamente voltado para os livros. A reputação de um misantropo seco, destituído de qualquer senso de beleza para a vida foi crescendo, pouco a pouco.

Anos depois do primeiro surto, empreendeu novamente uma viagem de férias a B. Como antes, fazia seus passeios solitários nos arredores da cidade. Certo dia, desmaiou subitamente na rua. Foi então levado para uma casa vizinha, entrando imediatamente num estado de excitação. Fazia "ginástica", pulava sobre a cabeceira da cama, saltava no quarto, declamava versos em altos brados, cantava poemas improvisados etc. Foi novamente levado para a clínica. A excitação persistiu. Ele tecia elogios à sua esplêndida musculatura, a seu belo corpo e extraordinária força. Acreditava ter descoberto uma lei da natureza, segundo a qual tornava-se possível desenvolver uma bela voz. Via a si como um grande cantor, um declamador ímpar e um poeta de inspiração divina, para quem os versos brotavam simultaneamente com a melodia.

343

O contraste com a realidade era bem triste, embora significativo. Era um homem de pequena estatura, de aspecto frágil e nada imponente, com músculos fracos que traíam, imediatamente, a influência atrofiante da vida sedentária. É pouco musical, sua voz é fraca e seu canto desafinado; é um mau orador, pois gagueja muito. Durante semanas na clínica, ocupava-se dando saltos e fazendo estranhas contorsões corporais, que chamava de ginástica, cantando e declamando. Aos poucos readquiriu certa calma, seu olhar se tornou sonhador e meditativo e passou a cantar, de quando em vez, uma canção de amor bem baixinho que, apesar da falta de musicalidade, mostrava um belo sentimento em relação ao amor e à saudade. Também isso contrastava com a vida árida e isolada que costumava levar. Gradualmente foi-se tornando mais acessível a uma conversa.

344

Interrompemos aqui a história do paciente para apresentarmos um resumo do que a simples observação do paciente forneceu:

345

No primeiro surto, tem lugar um frenesi inesperado, seguido de um distúrbio caracterizado por ideias confusas e violência, que persistiu durante semanas. A seguir, parece inteiramente curado. Seis anos depois, irrompe subitamente um estado de excitação com delírios de grandeza e atitudes estranhas, seguidas de um estado de serenidade e recuperação. Trata-se portanto de um caso típico de *dementia praecox* na forma de catatonia que se caracteriza, especialmente, por movimentos e ações bizarras. De acordo com a concepção até hoje

346

predominante na psiquiatria, estaríamos aqui diante de um caso de lesão das células cerebrais em algum lugar do córtex. Esta lesão provocaria ora frenesi, ora delírio, ora ideias de grandezas, ora estranhos movimentos musculares ou estados de serenidade, que têm tão pouco significado psicológico como as estranhas formas geradas por uma gota de chumbo lançada na água.

347   Acho que não é bem assim. Não é um estado de humor casual das células cerebrais que produz um contraste tão surpreendente com a história do paciente, como pudemos observar no segundo surto. Podemos, sem qualquer dificuldade, perceber que esses contrastes, as chamadas ideias de grandeza, encontram-se intimamente relacionadas às lacunas na personalidade do paciente. São lacunas que certamente também sentiríamos como falta. Quem jamais sentiu a necessidade de compensar a aridez de sua vida de trabalho com a fruição da arte poética e da música, e de devolver ao corpo a força e a beleza roubadas por uma vida sedentária? Além disso, quem não se lembra, com uma certa inveja, da energia de um Demóstenes que, apesar da gagueira, foi tão grande orador? Assim sendo, quando nosso paciente complementa a deficiência evidente de sua vida física e mental com desejos delirantes, devemos também pressupor que as canções de amor que cantava baixinho de vez em quando preenchiam uma lacuna dolorosa na sua existência. Supriam uma falta que quanto mais dolorosa, mais resguardada ficava.

348   Não foi preciso investigar muito além: trata-se de uma velha história que se renova em cada psique humana, tão simples como convém à mais fina sensibilidade da vítima predestinada.

349   Enquanto estudante, teve uma colega por quem se apaixonou. Fizeram juntos muitos passeios pelos arredores da cidade; a timidez e o acanhamento excessivos (também provocados pela gagueira) jamais permitiram que ele encontrasse a oportunidade adequada para, então, exprimir com palavras seu sentimento. Além disso, ele era pobre e nada podia oferecer a ela. Chegou ao término dos estudos; ela foi para longe, ele também, e nunca mais se viram. Não havia passado muito tempo quando soube que ela se casara. Ele desistiu, mas não sabia que Eros jamais liberta seus escravos.

Ele se enterrou num trabalho intelectual abstrato não para esquecê-la, mas para trabalhá-la no pensamento. Assim, pretendia resguardar secretamente no coração o seu amor, sem que ela jamais soubesse. Cumpriu o compromisso durante certo tempo. Certa vez, viajou para a cidade em que ouviu dizer que ela morava. O trem fez apenas uma rápida parada e ele não chegou a descer do trem. Da janela, viu uma mulher com uma criança e acreditou ser ela. Ninguém, na verdade, sabe se era ela, nem mesmo ele. Não sentiu nada de especial nem se deu ao trabalho de descobrir se era a moça ou não. Tudo leva a crer que realmente não era. O inconsciente queria somente ficar em paz com suas ilusões. Pouco tempo depois voltou a B., cidade das antigas lembranças. Lá sentiu que algo estranho emergia em sua alma, um sentimento de inquietação que Nietzsche descreveu com tanta intuição: 350

Não permanecerás sedento por muito tempo, coração em chamas!

No ar, uma promessa,

Sinto o sopro de bocas desconhecidas.

– Vem chegando um frio imenso...

O homem civilizado não acredita mais em demônios. Chama o médico. Nosso paciente quis submeter-se a uma hipnose. Então, assaltou-o a loucura. O que estava acontecendo? 351

Respondeu a esta pergunta com frases entrecortadas por longas pausas naquele estágio crepuscular que antecede o convalescimento. Tentei seguir o mais fielmente possível suas próprias palavras: ao adoecer, escapou-lhe de súbito o mundo ordenado, caindo ele no caos de um sonho dominador – um mar de sangue e fogo, um mundo desfigurado, conflagrações de toda parte, irrupções vulcânicas, terremotos, montanhas desmoronando-se, matanças terríveis nas quais os povos se destruíam uns aos outros. Ele se via mais e mais envolvido na batalha da natureza, encontrava-se em meio a lutadores, defendendo, agonizando, suportando dores e misérias indescritíveis. Aos poucos foi superando e se fortalecendo através de um estranho sentimento apaziguador, provocado pelo fato de alguém estar vendo suas lutas: era a amada que de longe o observava. Isso corresponde ao período da doença em que ele mostrava uma violência selvagem contra os enfermeiros. Começou então a sentir que suas forças aumentavam e se via à frente de vários exércitos os quais deveria guiar para a vitó- 352 ria. Mais batalhas e, por fim, a vitória. Como prêmio receberia a amada. Ao aproximar-se dela, a doença teve fim e ele acordou de um longo sonho.

353 Retorna a seu dia a dia, dentro da normalidade. Tranca-se em seu trabalho, esquecendo o abismo que arrasta consigo. Alguns anos depois, volta a B. Demônio ou destino? Mais uma vez, percorre os mesmos caminhos e é, de novo, assaltado pelas antigas lembranças. Desta vez, porém, não sucumbe nas profundezas da confusão. Mantém-se orientado em relação ao meio que o cerca. A luta é, de certo modo, mais amena: ele faz ginástica, pratica artes masculinas e tenta recuperar-se. Segue-se, então, o estágio onírico com as canções de amor que corresponde ao tempo da vitória na primeira psicose. Nesse estado – sigo aqui suas próprias palavras – possuía uma sensação de sonho, como se estivesse na fronteira entre dois mundos distintos e não soubesse se a realidade era à direita ou à esquerda. Contou-me o seguinte: "Dizem que ela se casou, mas eu acho que não é verdade, ela ainda está à minha espera; sinto que é assim. Para mim é como se ela não estivesse casada, como se ainda fosse possível". Essa descrição nada mais é do que o pálido reflexo da cena em que, na primeira psicose, ele, vencedor, se vê diante da noiva. Algumas semanas após esta conversa, os interesses de trabalho voltaram a ocupar o primeiro plano. Foi se tornando cada vez mais reticente em relação à sua história pessoal, reprimindo-a e evitando-a como se não lhe pertencesse. Assim, fechou gradualmente a porta de seu submundo. Ficou apenas uma certa tensão na maneira de se exprimir e um olhar que, embora voltado para as coisas exteriores, dirigia-se, ao mesmo tempo, para dentro, sugerindo a atividade silenciosa do inconsciente que consiste em preparar novas soluções para o problema sem saída. Essa é a chamada cura da *dementia praecox*.

354 Nós psiquiatras dificilmente podemos reprimir um sorriso quando lemos tentativas poéticas de descrever uma psicose. Em geral, essas tentativas são consideradas inúteis, pois o poeta introduz em suas concepções de psicose relações psicológicas inteiramente alheias ao quadro clínico da doença. Mas se o poeta não se contenta com transcrever um caso de um manual de psiquiatria, na maioria das vezes acaba sabendo bem mais do que o psiquiatra.

O caso que acabo de descrever não é um caso único. Ele é típico de uma classe para a qual certo poeta criou um modelo universal. Esse poeta é Spitteler; o modelo, a *imago*. Suponho que esse caso seja conhecido por todos. A distância psicológica que separa o poeta do doente mental é bem grande. O mundo do poeta é o mundo dos problemas resolvidos. A realidade é o mundo dos problemas não resolvidos. O doente mental é o reflexo fiel desta realidade. Suas soluções são ilusões insatisfatórias e a sua cura, uma renúncia temporária ao problema. Este permanece ativo e sem solução no inconsciente, emergindo, em determinado momento, para criar novas ilusões num outro cenário. Como os senhores bem podem ver, isso é um fragmento da história da humanidade.

A análise psicológica ainda está longe de poder elucidar, com plena luz, todos os casos da doença aqui considerados. A maior parte dos casos é repleta de obscuridade e incompreensões sobretudo porque apenas uma fração muito pequena consegue alcançar uma recuperação. O caso que acabo de narrar é surpreendente, pois a volta ao estado normal nos permitiu uma visão do período da doença. Infelizmente nem sempre temos a vantagem dessa retrospectiva porque grande parte dos doentes não encontra o caminho de volta do sonho. Eles ficam perdidos no labirinto de um jardim mágico, onde a mesma velha história se repete num presente intemporal. Para os doentes, os ponteiros do relógio do mundo pararam, não existe mais tempo nem progresso. Para eles é indiferente se sonham durante dois dias ou durante trinta dias. Tive, por exemplo, em minha enfermaria, um doente que há cinco anos vivia em plena introversão, na cama, sem dizer qualquer palavra. Há anos, fazia eu minha visita duas vezes por dia e sempre, ao me aproximar de seu leito, constatava que não havia nenhum sinal de mudança. Certa vez quando estava saindo do quarto, ouvi uma voz estranha que me perguntava: "Quem é o senhor? O que o senhor quer?" Vi, com surpresa, que a voz era do paciente mudo que, subitamente, havia recuperado a consciência. Disse-lhe que era seu médico e ele, revoltado, perguntou por que ninguém falava com ele. Ele falou num tom de quem se acha muito ofendido, como acontece quando alguém passa dias sem nos cumprimentar. Eu disse então que ele passou cinco anos prostrado numa cama, sem dizer qualquer palavra ou ter qualquer reação, ao que ele reagiu com um olhar de espanto e incompreensão. Tentei naturalmente descobrir o que havia acontecido nesse longo período, mas meus esforços foram em vão. Um outro paciente que se encontrava numa situação bem semelhante, ao ser interpelado quanto ao motivo desse silêncio de anos, respondeu: "Porque quis poupar a língua alemã"[5]. Esses exemplos nos mostram claramente que, muitas vezes, os próprios doentes não possuem o menor prazer ou interesse em esclarecer suas estranhas vivências; para eles, aliás, essas não são consideradas de modo algum estranhas.

357   No entanto, por vezes, os próprios sintomas indicam o conteúdo psicológico da doença.

358   Tivemos durante trinta e cinco anos uma paciente interna no Burghölzli que passou anos na cama sem dizer absolutamente nada, sem qualquer reação. Tinha a cabeça sempre curvada, as costas arqueadas e o joelho levemente flexionado. Fazia uns movimentos de fricção estranhos com as mãos que, ao cabo de alguns anos, geraram enormes calosidades na superfície áspera das mãos. O polegar e o indicador da mão direita eram mantidos juntos como se ela estivesse costurando. A paciente morreu há cerca de dois anos e tentei investigar como ela era no começo da doença. Ninguém na clínica se lembrava de tê-la visto fora do leito. Somente a chefe das enfermeiras, já bastante idosa, lembrava-se de tê-la visto sentada na mesma posição em que ficava quando deitada. Nessa época, ela fazia movimentos rápidos e amplos com os braços sobre o joelho direito; dizia então que ela "costurava sapatos" ou que "polia sapatos". Ao longo dos anos, os movimentos foram se restringindo, permanecendo apenas um pequeno movimento de fricção e o polegar e o indicador em posição de costura. Consultei em vão nosso velho arquivo e nada constava sobre a história pregressa da paciente. No enterro, apareceu um irmão de setenta anos e eu lhe indaguei a respeito da causa da doença de sua irmã. Ele respondeu que ela havia se apaixonado e que, por diversas razões, o namoro se desfez. Isso abalou de tal modo o coração da moça que ela entrou num estado de profunda melancolia. Quem era o amado? Um *sapateiro*.

---

5. Agradeço este exemplo ao caro colega Dr. Abraham, de Berlim.

A menos que se prefira ver aqui o estranho jogo do acaso, devemos supor que a paciente conservou, sem qualquer alteração, a lembrança do amado durante trinta e cinco anos. 359

Facilmente poder-se-ia pensar que esses pacientes que provocam uma tal impressão de embotamento sejam, na realidade, ruínas de um incêndio. Mas é provável que não sejam. Muitas vezes, podemos provar diretamente que esses pacientes ainda revelam certa curiosidade, pois registram tudo o que se passa à sua volta, possuindo uma memória admirável. Este fato explica por que muitos pacientes readquirem lucidez durante algum tempo e voltam a desenvolver as forças mentais que parecem inteiramente perdidas. Esses períodos de lucidez ocorrem, por vezes, durante uma doença física grave ou então logo antes da morte. Tínhamos, por exemplo, um paciente com quem era impossível estabelecer e manter uma conversa lúcida, pois ele só conseguia produzir um misto confuso de delírios e palavras estranhas. Esse homem ficou seriamente doente e pensei que seu tratamento seria muito difícil. De modo algum! Ele estava completamente transformado: era um paciente amigo e dócil que seguia as ordens médicas com paciência e gratidão. Seus olhos haviam perdido o tom agressivo e diabólico e adquiriram um ar tranquilo e compreensivo. Certa manhã, entrei no quarto e o cumprimentei como de costume: "Bom dia, como vai?" O paciente, porém, me abordou com o antigo refrão: "Lá vem mais um desse bando de cachorros e macacos fazendo-se de salvador". Percebi de imediato que ele estava curado. A partir desse momento, era como se a sua razão tivesse desaparecido por completo. 360

Segundo essas considerações, podemos observar que a razão propriamente dita ainda subsiste, embora arrastada para algum canto, quando a mente se vê ocupada com ideias patológicas. 361

No entanto, qual o motivo que leva a mente a se esgotar no trabalho de elaboração de um *nonsense* patológico? Mesmo para essa questão tão difícil, a nova concepção pode nos fornecer uma chave. Hoje podemos afirmar que essas construções patológicas absorvem o interesse do doente porque constituem subprodutos das questões que mais ocupavam o seu espírito quando normal. Em outras palavras, o que hoje na doença é uma miscelânea incompreensível de sintomas era um dos campos de interesse mais centrais de sua personalidade normal. 362

363   A guisa de exemplo, gostaria de mencionar o caso de uma paciente que se encontrava há vinte anos na clínica. Ela sempre foi um grande enigma para os médicos, pois o absurdo de seus delírios ultrapassava tudo que a fantasia mais engenhosa seria capaz de produzir.

364   A paciente era costureira, nascida em 1845, de origem muito pobre; sua irmã enveredou desde cedo por um mau caminho, terminando como prostituta. A paciente, ao contrário, levou sempre uma vida muito respeitável, trabalhadora e recatada. Adoeceu em 1886, aos trinta e nove anos de idade, ou seja, num estágio da vida em que muitos sonhos se desfazem. Sua doença consistia em delírios e alucinações que rapidamente foram se tornando tão absurdos que ninguém podia compreender as queixas e desejos da paciente. Ela chegou à clínica em 1887. Já em 1888, a linguagem dos delírios degenerou tanto que era impossível qualquer compreensão. Falava, por exemplo, de situações terríveis: "à noite, a coluna dorsal é arrancada"; "as dores nas costas são provocadas por substâncias que atravessam as paredes cobertas de magnetismo". "O monopólio 'determina' os sofrimentos que não estão no corpo, mas pairam no ar". "Efetuam-se extratos através da inalação de substâncias químicas e legiões inteiras morrem sufocadas".

365   Em 1892, a paciente referia-se a si como "monopólio de notas", "rainha dos órfãos", "proprietária da clínica Burghölzli" e diz que "Nápoles e eu devemos suprir o mundo com macarrão".

366   Em 1896, ela se torna "a Germânia e a Helvécia exclusivamente de manteiga doce" e diz também: "Eu sou a Arca de Noé, a barca da salvação e a atenção".

367   Desde então o *nonsense* patológico aumentou consideravelmente. O último delírio era então de que ela seria a "maravilha do mar lilás-vermelho vivo e azul".

368   Esses exemplos mostram aos senhores como podem ser ininteligíveis as construções patológicas. Nossa paciente foi, portanto, durante anos, o exemplo clássico dos "delírios absurdos" da *dementia praecox*. Centenas de estudiosos da medicina mantiveram, em relação a nossa paciente, a impressão de um embotamento fora do normal. Entretanto, mesmo esse caso não resiste à mais nova técnica de análise. O que diz a paciente não é, de forma alguma, sem sentido. Ao contrário, seu sentido é tão pleno que quando alguém descobre a chave poderá compreendê-la sem grandes dificuldades.

Infelizmente o tempo de que aqui disponho não me permite descrever a técnica que possibilitou o desvelamento do segredo. Devo então me contentar com alguns exemplos que esclareçam a estranha alteração do pensamento e da linguagem dessa paciente. 369

Ela costumava afirmar, por exemplo, que era *Sócrates*. A análise desse delírio nos revelou o seguinte: Sócrates é o grande sábio, o grande erudito que foi acusado, difamado, morrendo na prisão por obra de homens maus. Ela é a melhor costureira, jamais "estragou uma linha", jamais deixou "um pedaço de pano no chão" e trabalhou sem cessar. Agora ela foi injustamente acusada, homens maus a prenderam e ela deve morrer na clínica. Por isso ela é "Sócrates". Como os senhores podem ver, trata-se de uma metáfora bastante simples, baseada numa analogia evidente. 370

Um outro exemplo: *"Eu sou o magistério mais refinado e o mundo artístico mais refinado"*. A análise nos mostrou que ela é a melhor costureira, a que escolhe os melhores modelos, os que mais chamam a atenção e gastam pouco material, ela coloca os adornos onde mais sobressaem. Ela é professora, artista na sua especialidade. Produz as melhores roupas, as quais ela, numa expressão épica, chama de "vestimentas do Museu Caracol". Sua clientela é constituída exclusivamente pelo círculo de pessoas que frequentam o *Haus zur Schnecke* e o museu (*Haus zur Schnecke* é um clube muito distinto. Fica ao lado do museu, no prédio da biblioteca que é um outro lugar de encontro do círculo distinto e elegante de Zurique), pois ela é a melhor costureira, que faz somente "vestimentas do Museu Caracol". 371

A paciente também se diz *Maria Stuart*. A análise apresenta a mesma analogia encontrada em Sócrates: o sofrimento de um inocente e a morte da heroína. 372

"Eu sou *Lorelei*." Análise: é uma famosa canção: *"Ich weiss nicht was soll es bedeuten"* ["Não sei o que significa"] etc. Toda vez que ela tenta falar de si, as pessoas não a entendem e dizem não saber o que significa, por isso ela é Lorelei. 373

"Sou *uma Suíça*." Análise: a Suíça é um país livre, ninguém pode destruir a Suíça de sua liberdade. A paciente não pertence à clínica, ela deve ficar livre como a Suíça, e por isso ela é uma Suíça. 374

375 "Eu sou *um grou.*" Análise: no poema *Kraniche des Ibykus* [Grous de Íbicos] existe um verso que diz: "[...] quem está livre da culpa e do erro, conserva a alma pura da criança". Ela foi trazida para a clínica, embora fosse inocente, jamais cometera um crime. Por isso, ela é um grou.

376 "Sou o *Sino de Schiller.*" O Sino é a obra-prima do grande poeta Schiller. Ela é a melhor costureira, a que mais se dedicou à arte da costura, e é, por isso, o Sino de Schiller.

377 "Eu sou *Hufeland.*" Análise: Hufeland foi o melhor médico. Na clínica, além de sofrer imensos tormentos, ela é tratada por maus médicos. No entanto, ela é uma personalidade tão distinta que deveria ter os melhores médicos, ou seja, médicos como Hufeland. Por isso ela é Hufeland.

378 A paciente emprega a forma "eu sou" de modo bastante arbitrário; ora para exprimir "me pertence" ou "me convém", ora "eu deveria ter". Isso ficou mais evidente na seguinte análise:

379 "Eu sou a *chave mestra.*" Análise: a chave mestra é a chave que abre todas as portas da clínica. Como ela é proprietária da clínica, há vários anos, ela já deveria possuir esta chave. Com a frase: "Eu sou a chave mestra", ela traduz de maneira simplificada essa ideia.

380 O conteúdo principal dos delírios está concentrado na expressão: "Eu sou o *monopólio*". Análise: a paciente se refere aqui ao monopólio de notas que há muito tempo lhe pertence. Ela se julga na posse do monopólio de todas as notas bancárias do mundo. Com elas, pode produzir para si riquezas incalculáveis, de modo a compensar a pobreza e inferioridade de sua via. Seus pais morreram cedo e por isso ela é a "rainha dos órfãos". Seus pais viveram e morreram na mais profunda indigência, e ela estende também para eles a sua bênção, que abrange tudo e todos. É como ela diz literalmente: "Comigo, meus pais estão vestidos, minha pobre mãe, que passou por tantas provações e sofrimentos – estou sentada à mesa com ela – a toalha branca, na abundância".

381 Essa é uma das alucinações plásticas tão comuns à paciente. Trata-se da cena de satisfação de um desejo, a contraposição entre a pobreza deste mundo e a riqueza no outro, que evoca a *Hannele* de Hauptmann, especialmente a cena em que Gottwald diz: "Ela estava

vestida com farrapos – agora possui roupas de seda. Andava descalça e agora tem sapatos de vidro nos pés. Logo estará morando num castelo de ouro e comendo carne assada todos os dias. – Até então ela viveu de batatas frias".

Os delírios de satisfações de desejo de nossa paciente vão ainda mais longe. A Suíça lhe deve uma quantia de 150.000 francos. Por causa da injusta internação, o diretor do Burghölzli tem de pagar uma indenização de 80.000 francos. Ela é proprietária de uma ilha longínqua, repleta de minas de prata, a "ilha de prata mais poderosa e rica do mundo". Ela acredita ser a "grande oradora", a que possui a "máxima eloquência", pois, como diz, "falar é prata, calar é ouro". A ela pertencem todos os bens da terra, os mais ricos alojamentos, as cidades e as terras; ela é proprietária do mundo, até mesmo três vezes "proprietária". Enquanto a pobre Hannele só consegue se elevar para ficar ao lado do esposo celeste, a paciente possui "as chaves do céu". Ela não é apenas uma rainha da terra, digna de louvor como Maria Stuart e a rainha Luísa da Prússia, mas é também a rainha do céu, a mãe de Deus, a própria divindade. Mesmo neste mundo terreno, onde ela nada mais foi do que uma pobre costureira desconhecida, conseguiu satisfazer suas vontades humanas, escolhendo para si três esposos das linhagens mais nobres desta cidade, e como quarto, o Imperador Francisco. Destes matrimônios, nasceram-lhe dois filhos, frutos da fantasia, um menino e uma menina. Do mesmo modo que ela vestiu, alimentou e deu de beber à pobreza de seus pais, ela também cuida do futuro dos filhos. Para o filho deixa em herança os grandes bazares da cidade de Zurique. Por isso, seu filho é um "czar"; todo dono de bazar é um czar. A filha se parece com a mãe; consequentemente, tornar-se-á a proprietária da clínica e substituirá a mãe. Com isso, a mãe será libertada da prisão. Por esta razão a filha recebe o título de "substituta de Sócrates", pois substitui Sócrates na prisão.

Os delírios da paciente, contudo, não se esgotam nos exemplos aqui mencionados. Espero, porém, que eles deem uma ideia da riqueza da vida interior da paciente, que não é tão obtusa e apática como parece. Essa impressão se deve ao fato de ela ter permanecido, como se diz, "imbecilizada", há vinte anos, sentada em sua sala de trabalho, remendando mecanicamente sua roupa e murmurando coisas sem sentido, que ninguém até hoje foi capaz de compreender. Agora podemos ver, sob um novo ângulo, seu palavreado complicado: consiste em fragmentos de inscrições enigmáticas, cacos de fantasias lendárias que se desprenderam da dura realidade para fundar um reino autônomo e distante do mundo, onde as mesas estão sempre postas e comemoram-se, em palácios de ouro, inúmeras festas. Da paisagem sombria da realidade a paciente conserva apenas alguns símbolos enigmáticos, que não precisam ser entendidos. Faz muito tempo que a paciente não mais precisa de nossa compreensão.

384   Essa paciente também não é um caso único. É exemplo de um tipo. Em doenças dessa espécie encontramos sempre comportamentos semelhantes, embora nem sempre no mesmo grau.

385   Os paralelos com a *Hannele* de Hauptmann mostram que também aqui houve o trabalho prévio de um poeta, na livre criação de sua fantasia. Desta aproximação não casual podemos concluir que existe algo comum entre o poeta e o doente mental que, na verdade, todo ser humano traz consigo: uma fantasia em constante criação que se esforça em polir arestas da realidade. Quem já se observou com atenção e com toda objetividade sabe que, dentro de si, habita um ser empenhado em encobrir e esconder tudo que possa ser difícil e problemático na vida, tentando criar um caminho livre e sem muitos obstáculos. A doença mental faz com que predomine tal atitude. E, uma vez predominando, a realidade vai, pouco a pouco, sendo encoberta, tornando-se um sonho distante. Enquanto isso, o sonho é que se torna realidade, acorrentando o doente, muitas vezes por toda a vida. Como pessoas normais inteiramente inseridas na realidade, não conseguimos ver a riqueza desse aspecto velado da psique. Percebemos somente a destruição. Infelizmente, na maior parte das vezes, não conseguimos nenhuma informação sobre o que se passa no lado obscuro da psique, uma vez que ruíram todas as pontes de ligação.

386   Ainda não sabemos se essa nova concepção da doença possui validade geral ou apenas restrita; no entanto, quanto mais cuidadosa e pacientemente investigamos nossos doentes, mais encontramos casos que, apesar de a demência parecer total, nos oferecem, ao menos, percepções fragmentárias de uma vida psíquica obscura, bem distante da pobreza mental admitida na concepção ainda hoje predominante na psiquiatria.

Também não estamos em condições de explicar de maneira conclusiva as conexões desse mundo obscuro. Não obstante, podemos agora afirmar, com segurança, que não existe nenhum sintoma na *dementia praecox* que possa ser qualificado como sem fundamento ou sem sentido psicológico. Mesmo as coisas mais absurdas são símbolos do pensamento, que são não só humanamente compreensíveis em termos humanos, mas também realidades que moram no íntimo de toda criatura humana. Nos dementes mentais, não estamos diante de nada novo e desconhecido, mas sim do fundamento de nosso próprio ser, da origem dos problemas que enfrentamos no dia a dia.

Apêndice

A interpretação psicológica dos processos patológicos[*]

388   O número de experiências feitas no campo da psicologia da *dementia praecox* aumentou consideravelmente desde que foi publicado pela primeira vez o estudo anterior. No ano de 1903, quando fiz a primeira análise de um caso de *dementia praecox*, pressenti as possibilidades futuras de descobertas neste campo. Essa intuição se confirmou.

389   Utilizando uma técnica aperfeiçoada de análise e apoiado em sua vasta experiência com neuróticos, Freud submeteu a famosa autobiografia de P. Schreber, *Denkwürdigkeiten eines Nervenkranken* [Memórias de um doente dos nervos], a uma investigação psicológica mais profunda[6]. Neste trabalho, Freud mostra de que formas infantis de impulsos e de pensamentos se compõe o sistema de delírios. Engenhosamente Freud reduziu às relações infantis do paciente com o pai as ideias delirantes do paciente com relação a seu médico, identificado com Deus ou com algum ser semelhante a Deus, como também certas ideias esdrúxulas e até blasfemas sobre o próprio Deus. Esse caso também revela as estranhas e grotescas combinações de ideias referentes ao caso que analisei anteriormente. O trabalho de Freud se restringe essencialmente a indicar os fundamentos que existem em toda parte indiferenciadamente, a partir dos quais, por assim dizer, todo produto psicológico se desenvolve historicamente[7]. Depois das

---

[*] Falta na primeira edição.

6. *Psychoanalytische Bemerkungen über einen autobiographisch beschriebenen Fall von Paranoia (Dementia paranoides)*.

7. Cf. tb. FERENCZI. *Über die Rolle der Homosexualität in der Pathogenese der Paranoia*.

experiências com a histeria, o método analítico-redutivo não mais apresenta os resultados que se poderiam esperar em relação à riqueza e as características próprias dos símbolos nessa espécie de doente.

Quem lê certos trabalhos da escola de Zurique – refiro-me aos de Maeder[8], Spielrein[9], Nelken[10], Grebelskaja[11], Itten[12] – fica impressionado com a enorme atividade simbólica que existe na *dementia praecox*. Embora alguns desses autores procedam ainda, fundamentalmente, segundo o método analítico-redutivo, reduzindo o complicado sistema de delírios aos seus componentes mais simples e gerais, como fiz nas páginas precedentes, não podemos fugir à impressão de que esse método não faz inteira justiça à extraordinária riqueza da simbolização fantástica, apesar de revelador em outros aspectos.

Por exemplo, um comentário sobre o *Fausto* que reduza o imenso material da segunda parte às duas fontes históricas, ou uma análise psicológica da primeira parte que mostre como o conflito dramático parte de um conflito preexistente na alma do poeta e como esse conflito subjetivo é, por sua vez, gerado a partir de problemas humanos universais, que todos nós trazemos em nossos corações, pode talvez nos ajudar muito. No entanto, não podemos negar uma certa decepção. Não lemos o *Fausto* para descobrir, por toda parte, que as coisas são "humanas, demasiado humanas". Já o sabemos suficientemente. E para quem não sabe, basta apenas andar, durante pouco tempo, pelo mundo e observar, ao menos uma vez, a vida com olhos abertos e sem preconceitos. Voltará então convencido da grandeza e do poder do "demasiado humano" e lerá vorazmente o seu *Fausto,* não para reencontrar o que acaba de deixar atrás de si, mas para descobrir de que maneira um homem como Goethe trata essas banalidades humanas e redime sua alma. Ao descobrir quem é o "proctofantasmista" a quem são referidos os acontecimentos históricos e a quantidade de símbolos da segunda parte e como tudo isso se encontra intimamente relacionado à alma humana do poeta, certamente passará a

---

8. *Psychologische Untersuchungen an Dementia praecox-Kranken*
9. *Über den psychologischen Inhalt eines Faltes von Schizophrenie (Dementia praecox).*
10. *Analytische Beobachtungen über Phantasien eines Schizophrenen.*
11. *Psychologische Analyse eines Paranoiden.*
12. *Beiträge zur Psychologie der Dementia praecox.*

considerar essa determinação bem menos importante do que o problema do significado dos símbolos para o poeta. O investigador que procede de modo puramente redutivo descobre o seu sentido apenas nesses aspectos gerais do humano e nada mais exige de uma explicação senão a redução do desconhecido ao conhecido e do complexo ao simples. Chamo esse tipo de compreensão de "compreensão retrospectiva". No entanto, existe um outro modo de compreensão que não é de natureza analítico-redutiva, mas *simbólica* ou *construtiva*. Chamo esse tipo de compreensão de "compreensão prospectiva" e o método que lhe corresponde de *método construtivo*.

392 Como sabemos, a explicação científica de hoje tem por base o princípio de causalidade. A explicação científica é, portanto, uma explicação causal. Por isso, toda vez que pensamos cientificamente, temos naturalmente a tendência de explicar e compreender de maneira causal e apenas considerar uma coisa explicada quando esta é reduzida analiticamente a um princípio de ordem geral, à sua causa. Neste sentido, o método de explicação psicológica de Freud é, em princípio, estritamente científico.

393 No entanto, quando aplicamos esse método ao *Fausto*, percebemos claramente que, para um entendimento verdadeiro da obra, precisamos de mais alguma coisa. Não é possível compreender o *Fausto* atendo-nos *somente* ao humano em geral. Na verdade, podemos perceber o humano em sua generalidade por toda parte. No caso de *Fausto*, porém, queremos justamente descobrir de que maneira esse homem se redime enquanto indivíduo, pois entender isso significa entender o símbolo que Goethe nos propõe. É bem verdade que podemos incorrer na pretensão de termos compreendido Goethe. Por isso, para que sejamos cautelosos e modestos, diremos de início apenas que, através de sua obra, nós entendemos a nós mesmos. Penso aqui na judiciosa definição de Kant, segundo a qual "entender" nada mais é do que "reconhecer uma coisa *na medida suficiente de nossa intenção*".

394 Evidentemente, esse entendimento é considerado subjetivo e, portanto, não científico por aqueles que identificam explicação científica e explicação causal. A validade dessa identificação é uma questão que precisa ser necessariamente discutida, sobretudo no campo da psicologia.

Falamos de um entendimento "objetivo" quando esclarecemos 395
alguma coisa segundo o princípio de causalidade. Na verdade, o entendimento é sempre um processo subjetivo ao qual atribuímos a qualidade de "objetivo" apenas para distingui-lo de um outro tipo de entendimento que costuma ser qualificado de "subjetivo". Hoje é consenso geral somente atribuir validade científica ao entendimento dito "objetivo", justamente por sua validade universal. Esse ponto de vista pode ser sem dúvida correto quando não se trata do processo psicológico, ou seja, quando diz respeito às ciências que não são propriamente psicologia.

Quem entende o *Fausto* objetivamente, isto é, segundo o princí- 396
pio de causalidade, é semelhante ao homem que procura entender uma catedral gótica – para dar um exemplo drástico – a partir de uma perspectiva histórica, técnica e, por fim, mineralógica. Contudo em que repousa o *sentido* desta obra maravilhosa? Onde se encontra a resposta à questão mais fundamental, ou seja, que fim salvífico o homem gótico vislumbra em sua obra, e como devemos entendê-la subjetivamente, em nós e por nós? Para o espírito científico, esta pergunta parece inútil ou, pelo menos, que nada tem a ver com a ciência. E isso, sobretudo, porque entra em choque com o princípio de causalidade, pois sua intenção é claramente especulativa e construtiva. No entanto, o espírito moderno superou esse espírito escolástico.

Se pretendemos conhecer mais profundamente a questão psico- 397
lógica, devemos ter em mente que todo conhecimento, no fundo, é condicionado pela subjetividade. O mundo também *é como nós o vemos*, e não o puramente objetivo; isso vale ainda mais para a psique. Um entendimento "objetivo" da psique é tão questionável como no caso do *Fausto* ou da catedral de Colônia. E é nesta exigência de entendimento "objetivo" que repousa o valor e o não valor da psicologia experimental e da psicanálise de hoje. Na medida em que o espírito científico pensa apenas pelo princípio da causalidade, ele se torna incapaz de desenvolver uma compreensão prospectiva, elaborando somente uma compreensão retrospectiva. É como Ahriman, o diabo persa, que possui o dom de perceber apenas tardiamente o que deveria ter sido feito. Mas esse espírito constitui a metade da psique. A outra metade, e a mais importante, é construtiva, e se não conseguimos compreender de modo prospectivo, então absolutamente nada

compreendemos. Se a psicanálise que segue a orientação de Freud obtém êxito ao elaborar uma conexão concludente e exaustiva entre o desenvolvimento sexual infantil de Goethe e o *Fausto*, ou, segundo a versão de Adler, entre o desejo infantil de poder do Goethe e sua obra, ela cumpre uma tarefa muito importante, a de mostrar como uma obra de arte pode ser reduzida ao esquema mais simples. Mas será que Goethe criou essa obra *com essa finalidade?* Queria ele que alguém a entendesse desta maneira?

398 Acredito que tenha ficado suficientemente claro que um tal entendimento, apesar de inquestionavelmente científico, é também, em sua essência, um entendimento secundário. Isso também vale para a psicologia em geral. Compreender a psique segundo o princípio da causalidade significa compreender somente uma metade. A interpretação causalística do *Fausto* pode nos explicar como a obra de arte foi realizada, mas não explica, de modo algum, o sentido tão vigoroso da criação do poeta, que se mantém vivo porque o vivenciamos de alguma maneira em nós e através de nós. Na medida em que para nós a vida é algo de novo a triunfar constantemente sobre todo o passado, devemos buscar o principal valor de uma obra de arte não em sua progressão causal, mas no efeito vivo que exerce sobre nosso espírito. Ao considerarmos o *Fausto* como uma coisa do passado, estamos, na verdade, desvalorizando-o; o *Fausto* apenas poderá ser entendido se for interpretado como algo em contínuo devir e sempre de novo vivenciável.

399 Devemos considerar a psique do mesmo modo: a psique humana é somente em parte algo *passado* e como tal sujeito ao ponto de vista causal. Por outro lado, porém, a psique é um *devir,* que apenas pode ser entendido de modo *sintético* ou *construtivo.* O princípio de causalidade investiga apenas de que maneira essa psique se tornou o que é agora, tal como ela hoje se apresenta. A perspectiva construtiva, ao contrário, pergunta como se pode construir uma ponte entre esta psique e o seu futuro[13].

400 Podemos ilustrar essas duas perspectivas com a diferença existente no tratamento do simbolismo do sonho. Um de meus pacientes, homem de pouquíssima força de vontade, preguiçoso e passivo, teve

---

13. Os § 400-403 apareceram, pela primeira vez, em 1915, na edição inglesa original e foram traduzidos para a Obra Completa.

o seguinte sonho: *um homem lhe deu de presente uma espada antiga, muito singular, que trazia estranhas inscrições arcaicas. O sonhador gostou imensamente do presente.* Na época do sonho, ele sofria de um leve mal-estar físico que o impressionou de maneira exagerada, provocando um estado de completo desespero e passividade. Ele perdeu todo interesse e prazer pela vida.

É absolutamente óbvio que o paciente se encontrava sob forte influência do complexo do pai e desejava adquirir o poder fálico (a espada) de seu pai. Foi esse justamente seu erro infantil; ele nada mais queria senão conquistar a vida de uma maneira sexualmente arcaica. Até este ponto a redução do simbolismo do sonho é satisfatória. Só que o paciente tinha consciência de tudo isso e podia, sem qualquer dificuldade, interpretar seu sonho nessa perspectiva. Essa interpretação não lhe trazia, portanto, nada de novo. 401

Ele associou o *homem* do sonho a um amigo de juventude que adoecera seriamente de tuberculose, e foi desenganado. O paciente disse o seguinte: "Foi maravilhoso ver como esse meu amigo suportou a dor; tinha uma paciência, uma coragem e esperança impressionantes. Costumava dizer que não queria morrer, que havia decidido viver. Foi um verdadeiro exemplo de coragem". Ele fez as seguintes associações com a palavra espada: "uma velha espada de bronze que, desde tempos imemoriais, vem passando de geração em geração. As inscrições me lembram línguas arcaicas e civilizações antigas. A espada é uma velha herança da humanidade, uma arma, um instrumento de defesa e ataque, uma proteção contra o perigo de vida". 402

Agora nos encontramos em condições de compreender: seu jovem amigo ofereceu um exemplo inestimável de como é possível vencer o perigo de vida por meio de uma decisão firme e corajosa. As palavras "eu quero" são a herança mais antiga da humanidade, ajudando esta a enfrentar inúmeros perigos. Ela constitui a proteção da humanidade civilizada contra o animal, que apenas possui instintos e obedece cegamente às leis da natureza. Este sonho abriu para o paciente um caminho novo, no sentido de uma perspectiva mais idealista que o redimiu da autocomiseração da infância, conduzindo-o a uma atitude que sempre auxiliou a humanidade na iminência das ameaças e perigos. 403

404   Enquanto o método causal chega aos princípios universais da psicologia humana através da análise e da redução, dos acontecimentos individuais, o método construtivo alcança os objetivos universais por meio da síntese de tendências individuais. Como a psique é o ponto de interseção, ela precisa ser definida tendo em vista ambos os aspectos. De um lado, ela oferece um quadro de tudo o que passou e, na medida em que a própria alma gera o futuro, ela apresenta também um quadro do conhecimento do germe de tudo que está por vir.

405   A psique a cada momento é, por um lado, o resultado e a culminância de tudo que foi – como se vê do ponto de vista causal – e, por outro, é expressão do que está por vir. Mas como o futuro, em sua essência, é algo sempre novo e único, apenas aparentemente igual ao passado, a expressão que se torna presente é sempre incompleta ou um germe, por assim dizer, do que está por vir. Assim (na medida em que apreendemos o conteúdo atual da psique como uma expressão simbólica)* do que está por vir, surge a necessidade de pôr um interesse *construtivo* nesta expressão. Sinto-me tentado a dizer: um interesse "científico". No entanto, nossa ciência identifica-se com o princípio de causalidade. Por outro lado, quando observamos a psique numa perspectiva causal, ela sempre nos desilude, apresentando-se como um contínuo devir. Assim, se pretendemos captar o outro lado da psique, jamais poderemos fazê-lo através da utilização exclusiva do princípio de causalidade, e sim através da perspectiva construtiva. A perspectiva da causalidade reduz o fenômeno ao mais simples, enquanto que a perspectiva construtiva elabora algo mais complexo e elevado. Por isso, a perspectiva construtiva deve ser necessariamente especulativa.

406   A compreensão construtiva difere da especulação escolástica visto que jamais afirma que alguma coisa possui valor universal, mas "somente" uma validade subjetiva. Engana-se o filósofo especulativo que acredita ter compreendido o mundo, de uma vez por todas, com seu sistema, pois a princípio ele "somente" compreendeu a si mesmo, projetando ingenuamente esta visão sobre o mundo. Até os tempos modernos, a projeção constitui o principal erro da Escolástica. O "cientis-

---

* No original, esta frase encontra-se truncada; o editor alemão completou aproximativamente a linha que se perdeu.

mo" dos tempos modernos tentou reagir a isso, aniquilando ao máximo a especulação e caindo, por isso, no outro extremo. Sua pretensão é criar uma psicologia "objetiva". Perante esses esforços, a ênfase dada por Freud à psicologia individual constitui um mérito imortal. Pela primeira vez, ressaltou-se devidamente o significado essencial do subjetivo para o desenvolvimento do processo mental objetivo.

407 A especulação subjetiva, que não possui qualquer exigência de validade objetiva, é idêntica à compreensão construtiva. Consiste numa criação subjetiva que, vista de fora, pode facilmente parecer uma *fantasia infantil* ou, ao menos, um produto inequívoco desta. Assim deve ser julgada numa perspectiva "objetiva" na medida em que se equipara "objetivo" com "científico" ou "causal". No entanto, visto de dentro, a compreensão construtiva significa *redenção*. "Criar é a grande redenção do sofrimento e a possibilidade de se viver no bem-estar"[14].

408 Aplicando-se os pontos de vista discutidos nesta reflexão à psicologia de doentes mentais como o caso Schreber, temos, na perspectiva "objetivo-científica", a redução da estrutura de fantasia do doente aos fundamentos mais simples e gerais. Foi o que Freud fez. Mas é apenas a metade do trabalho. A outra metade consiste na compreensão construtiva do sistema de Schreber. É então que surge a questão: que objetivo o paciente tentou alcançar com a criação de seu sistema?

409 O pensador de hoje, estritamente científico, achará essa questão absurda. O psiquiatra certamente abrirá um sorriso, pois ele se encontra profundamente convencido da validade universal de seu causalismo, de per si tão evidente, e vê a psique como algo meramente derivado e reativo. Infelizmente, a imagem que se encontra inconscientemente em seu espírito de que a psique é igual à secreção cerebral é demasiado evidente.

410 Mas se observarmos a realidade sem preconceitos e nos perguntarmos o que pretende o sistema de delírios, perceberemos logo de início que este realmente pretende alguma coisa e, em segundo lugar, que o doente põe sua força de vontade a serviço do sistema. Existem doentes que elaboram seus delírios com fundamentação científica, valendo-se, muitas vezes, de um imenso material de comparações e compro-

---

14. *Also sprach Zarathustra*, p. 124.

vações. Schreber pertence a essa categoria. Outros procedem de maneira menos fundamentada e erudita, contentando-se com acumular sinônimos para exprimir o que desejam. Um bom exemplo é o caso acima mencionado da paciente que se atribui os "títulos" mais esdrúxulos.

411   Freud compreendeu retrospectivamente como uma satisfação fantasiosa de desejos infantis esse esforço evidente feito pelos doentes para exprimir alguma coisa com seus delírios. Adler o reduz ao desejo de poder. Para ele o sistema de delírios significa um "protesto masculino", um meio de salvaguardar a superioridade ameaçada. Esse esforço é caracteristicamente infantil como também o meio empregado, isto é, o sistema de delírios, pois não consegue alcançar o fim pretendido. Não é difícil entender por que Freud rejeita o ponto de vista de Adler. Com algumas razões Freud inclui esta ambição de poder no conceito de desejo infantil.

412   Bem diferente é a perspectiva construtiva! Aqui o sistema de delírios, no que diz respeito ao seu material, não é nem infantil nem em si mesmo "patológico", mas *subjetivo*, ou seja, justifica-se somente no âmbito do subjetivo. A perspectiva construtiva rejeita absolutamente a visão segundo a qual o processo de formação das fantasias é simplesmente o desejo infantil simbolicamente velado, ou a preservação obstinada e patológica da ficção da própria superioridade, na medida em que esta compreensão pretende ser uma explicação definitiva. A atividade mental subjetiva pode ser observada de fora, aliás como tudo mais. Infelizmente, porém, esse julgamento é inadequado, pois pertence à essência do subjetivo e não poder ser avaliado objetivamente. Não se pode medir uma extensão com a medida litro. O subjetivo permite somente uma compreensão e um julgamento subjetivos, ou seja, construtivos. Qualquer outro julgamento é inútil e não atinge o coração do fenômeno.

413   Naturalmente, o fato de a perspectiva construtiva dar tanta carta branca ao subjetivo para o espírito "científico" é a mais escandalosa violação da razão. Ele só poderá resistir enquanto a construção não for confessadamente *subjetiva*. A compreensão construtiva também *analisa*, embora não *reduza*. Ela divide o delírio em componentes *típicos*. O que é válido para cada tipo depende de cada condição da experiência e do saber. Mesmo os sistemas mais individuais de delírios não são de todo únicos, oferecendo analogias evidentes com outros sistemas. Da

análise comparativa de vários sistemas resultam as formações típicas. Se cabe aqui falar de redução, esta significa apenas uma redução a tipos gerais e não a algum princípio descoberto indutiva ou dedutivamente como, por exemplo, o princípio da "sexualidade" ou o princípio do "desejo de poder". Esse paralelo entre várias formações típicas serve somente para ampliar a base sobre a qual a construção se funda. Ao mesmo tempo, esse paralelo também serve para auxiliar uma comunicação objetiva. A necessidade de uma comunicação objetiva é grande, pois quando alguém procede de maneira subjetiva, provavelmente prosseguirá envolvido pela linguagem e pela estrutura mental do paciente, edificando uma estrutura que pode ser inteligível para o paciente e para o investigador, mas nem sempre o será para o público de cientistas que, por certo, não poderá penetrar na singularidade da linguagem e do pensamento desse caso individual.

Os trabalhos da escola de Zurique anteriormente mencionados contêm um levantamento rico e minucioso de materiais individuais. Nesses materiais, podemos encontrar várias construções típicas que são, sem dúvida alguma, *análogas às construções mitológicas*. Essa relação oferece uma fonte nova e, sobretudo, de grande valor para o estudo comparativo dos sistemas de delírios. Não é muito fácil aceitar essa possibilidade de comparação, mas a questão é somente verificar se os materiais são ou não afins. Pode-se objetar que as estruturas patológicas e as simbólicas não são, de imediato, comparáveis. No entanto, essa objeção não pode se impor *a priori*, pois somente uma comparação detalhada pode decidir se realmente existe ou não um paralelo possível. No momento sabemos apenas que ambas são construções da fantasia e da mesma maneira que todos os produtos dessa natureza repousam essencialmente na atividade do inconsciente. Apenas a experiência poderá nos ensinar se a comparação é válida ou não. Considero os resultados obtidos até agora de tal forma encorajadores que acho muito válido prosseguir por este caminho. 414

Embora não tenha exposto detalhadamente a essência do método construtivo, fiz uma aplicação prática num caso publicado pelo Dr. Plournoy, nos *Archives de psychologie*[15]. Trata-se de uma jovem 415

---

15. *Quelques faits de l'imagination créatrice subconsciente*. V, 1906.

senhora, bastante neurótica, que descreveu nesse texto de Flournoy, como descobriu, de repente, uma relação entre estruturas de fantasia que emergiam do inconsciente para a consciência. Submeti essas fantasias que aí se encontram narradas com todos os detalhes ao método construtivo e expus os resultados desta investigação em meu livro *Wandlungen und Symbole der Libido*[16] [Símbolos da transformação]. Infelizmente, esse livro sofreu inúmeros mal-entendidos, talvez inevitáveis. Tive a satisfação de receber os aplausos do Dr. Th. Flournoy, responsável pela publicação do livro, e que conheceu pessoalmente o caso. Espero que os próximos trabalhos possam tornar a perspectiva da Escola de Zurique compreensível para um público ainda mais amplo. Aqueles que porventura se tiverem dado ao trabalho de tentar entender a essência do método construtivo poderão facilmente aquilatar as dificuldades do trabalho de pesquisa e como elas são ainda maiores quando se trata de apresentá-los de maneira objetiva.

416   Dentre as várias dificuldades e possibilidades de um mal-entendido gostaria de ressaltar uma particularmente característica: um estudo mais aprofundado do caso Schreber, ou qualquer outro semelhante, descobrirá, sem muita dificuldade, que esses doentes estão absorvidos pelo desejo de criar uma nova mundividência em geral bastante estranha. O objetivo deles é manifestamente criar um sistema, cujas fórmulas lhes permitam a assimilação de fenômenos psíquicos desconhecidos, ou seja, lhes possibilitem ordenar o seu próprio mundo. Esse ordenamento é, de início, meramente subjetivo, embora seja necessariamente um estágio de transição enquanto vai se adaptando sua personalidade ao mundo. No entanto, o doente permanece neste estágio e vê o mundo com sua compreensão subjetiva, e por isso é considerado doente. Ele não consegue se libertar do subjetivismo, não encontrando nenhum elo com o pensamento objetivo, ou seja, com a sociedade. O doente, contudo, não alcança uma compreensão real de si mesmo, enquanto sua compreensão é *apenas* subjetiva. Uma compreensão *apenas* subjetiva não é de modo algum uma compreensão verdadeira e definitiva. Essa só se tornará verdadeira e *efetiva* quando "estiver de acordo com outros seres racionais", segun-

---

16. *Symbole der Wandlung* [*Símbolos da transformação*. Petrópolis: Vozes, 1986, vol. V].

do a definição de L. Feuerbach, pois então se torna objetiva e pode estabelecer uma ligação com a vida[17].

Estou certo de que muitas pessoas resistirão, argumentando, em primeiro lugar, que o processo de adaptação não ocorre por via da construção prévia de uma cosmovisão [*Weltanschauung* em alemão] e, em segundo lugar, que a tentativa de se adaptar por meio de uma cosmovisão já é sinal de uma disposição mental patológica. Sem dúvida, existem muitas pessoas capazes de se adaptar ao mundo sem qualquer tipo de concepção "filosófica" prévia do mundo. E se chegam a elaborar uma concepção mais geral, isso só acontece posteriormente. No entanto, existem também muitas pessoas que somente conseguem se adaptar através de uma formulação intelectual anterior. São pessoas que não chegam a se estruturar ou sintonizar com aquilo que não entendem, ou acreditam não entender, e onde a adaptação, na maior parte das vezes, é apenas possível depois de uma compreensão intelectual. Os doentes que aqui consideramos pertencem a esse segundo caso.

A experiência médica até o presente momento ensina que existem dois grandes grupos de distúrbios nervosos funcionais: um que abrange todas as formas de doença comumente chamadas "histéricas", e outro que abrange todas as formas denominadas pela escola francesa de *psicastenia*. Embora essa distinção seja bastante imprecisa pelo que pude observar, podemos identificar dois tipos psicológicos, manifestamente diferentes, que possuem psicologias diametralmente opostas. Denominei esses tipos de *introvertidos* e *extrovertidos*. A histeria pertence ao *tipo extrovertido*, a *psicastenia* e a *dementia praecox* pelo que dela se conhece, ao *tipo introvertido*. A terminologia "introversão" e "extroversão" está ligada à minha concepção de energia dos fenômenos psíquicos. Pressuponho um impulso fundamental, hipotético, que chamei de *libido*. Ao contrário do uso clássico do termo feito na medicina, a "libido" não possui somente um significado sexual. Poderíamos talvez usar, como me sugeriu certa vez Claparède, a palavra "interesse", se esse termo não tivesse hoje um emprego tão vasto. Poderíamos também nos servir do conceito de

417

418

---

17. Esta compreensão "objetiva" não é igual à compreensão causalística.

Bergson de "élan vital", se o sentido dessa expressão fosse menos biológico e mais psicológico. Libido é um termo que traduz a energia de *valores psicológicos*. O valor psicológico é algo que produz um efeito. Portanto, é possível considerá-lo uma energia, sem pretender uma medida precisa.

419   O tipo introvertido se caracteriza pelo fato de sua libido estar voltada, sobretudo, para a própria personalidade: ele encontra o valor absoluto em si mesmo. O tipo extrovertido, ao contrário, dirige sua libido principalmente para fora, encontrando o valor no objeto. O introvertido considera tudo segundo o valor de sua própria personalidade, enquanto que o extrovertido depende do valor do objeto. Infelizmente fugiria ao nosso escopo aprofundar aqui de modo mais detalhado as diferenças entre os tipos. Gostaria apenas de enfatizar que a questão dos tipos é vital para toda a psicologia e que qualquer progresso futuro deverá provavelmente surgir a partir do desenvolvimento desta questão. A diferença entre os tipos é extremamente grande. Até hoje, existe apenas um estudo breve e provisório feito por mim sobre a doutrina dos tipos e sua importância para a compreensão da *dementia praecox*[18]. Do ponto de vista psiquiátrico, Gross[19] foi o primeiro a chamar atenção para a existência de dois tipos psicológicos: são eles os tipos de consciência restrita, mas profunda; e os tipos de consciência ampla, mas superficial. O primeiro corresponde ao meu tipo introvertido e o segundo ao extrovertido. No texto a que me referi, reuni ainda um material suplementar do qual gostaria de ressaltar a excelente descrição dos tipos psicológicos feita por William James em seu livro sobre o pragmatismo. Fr. Th. Vischer também estabeleceu uma diferença particularmente pitoresca entre os "Sinnhuber" [fixados ao sentido das coisas] e os "Stoffhuber" [fixados à matéria]. No campo da psicanálise, Freud corresponde nitidamente à psicologia do extrovertido e Adler à do introvertido. A oposição irreconciliável entre as visões de Freud e Adler, sobretudo as que este último expôs no livro *O temperamento nervoso*, pode ser facilmente explicada pela existência de duas psicologias diametralmente opostas que, na verdade, abordam as mesmas coisas em sentidos opostos. Um

---

18. *Contribution à l'étude des types psychologiques* [alemão em OC, 6, Apêndice].
19. *Die zerebrale Sekundärfunktion*.

extrovertido e um introvertido dificilmente haverão de se entender nas delicadas questões da psicologia.

Um extrovertido raramente concebe a necessidade que o introvertido possui de se adaptar ao mundo através de um sistema. Contudo, essa necessidade existe realmente, pois do contrário não existiriam cosmovisões, dogmas ou coisas deste gênero. A humanidade civilizada seria então constituída apenas por empíricos e a ciência se reduziria às ciências experimentais. Sem dúvida, o causalismo e o empirismo constituem as duas forças reguladoras de nossa vida espiritual presente. Mas algo de novo pode vir a acontecer.

A diferença entre os tipos é o primeiro grande obstáculo para um entendimento. O segundo é que o método construtivo, para se manter fiel à sua natureza, deve se ajustar às pistas fornecidas pelo próprio sistema de delírios. Os doentes devem ser levados a sério e acompanhados de maneira consequente. Deste modo, o investigador se coloca no ponto de vista da psicose. Esta condição dá margem a que o próprio investigador seja considerado louco. Ele corre no mínimo o risco de um equívoco, o de possuir uma cosmovisão própria, atualmente considerado uma terrível desgraça. A constatação dessa possibilidade é tão reprovável quanto a ausência de caráter científico. Entretanto, toda pessoa tem uma visão do mundo, embora não se dê conta disso. E aqueles que disso não sabem, a possuem num estágio inconsciente, o que é ainda mais inadequado, pois tudo que permanece intacto na psique, sem se desenvolver, fica em estado primitivo. Um famoso historiador, cujo nome não vem ao caso, nos ofereceu um excelente exemplo de como teorias universais podem sofrer a influência de concepções arcaicas e inconscientes. Ele pressupôs como evidente que os seres humanos, no início, propagaram-se através do incesto, pois na primeira família a única possibilidade de união de um irmão era com a irmã. Essa teoria fundamenta-se exclusivamente na crença, que ainda persiste no *inconsciente*, de que Adão e Eva foram os primeiros e únicos pais da humanidade! Portanto, acredito ser bem mais sábio tentar criar uma moderna cosmovisão ou pelo menos fazer uso de um sistema adequado do que incorrer em erros desse gênero.

Ser suspeito de possuir uma *cosmovisão* é ainda aceitável. Mas existe um perigo ainda maior que é o do público acreditar que a concepção singular do investigador, adquirida pelo método construtivo, possa ser encarada como uma visão teórica e objetiva, válida para o mundo em sua essência. Gostaria de frisar ainda uma vez que a incapacidade de se diferenciar entre uma cosmovisão puramente psicológica e uma teoria não psicológica que trata de coisas objetivas constitui a repetição do mesmo equívoco escolástico. É imprescindível, para aquele que se interesse pelo método construtivo, poder fazer essa diferença. O método construtivo não elabora aquilo que se poderia chamar de uma teoria científica, mas uma *linha de desenvolvimento psicológico,* um *caminho.* Neste sentido, remeto o leitor a meu livro acima mencionado.

423   O método analítico-redutivo possui a vantagem de ser bem mais simples do que o método construtivo. O primeiro reduz o fenômeno aos fundamentos universais, já conhecidos, que são de natureza muito simples. O segundo deve trabalhar um material altamente complexo no sentido de um objetivo que se desconhece. Esse trabalho obriga o investigador a considerar todas as forças operantes na psique humana. As necessidades religiosas e filosóficas da humanidade, que o método redutivo tenta decompor ao mais elementar, segundo o princípio do "nada mais do que", são aceitas como tais e consideradas elementos indispensáveis para quem considere a essência do impulso psíquico como algo construtivo. Pertence à natureza da psique humana ir além dos conceitos empíricos, pois o homem jamais se contentou com a simples experiência. O desenvolvimento espiritual da humanidade ocorreu graças à especulação e não por se restringir à pura experiência. Sei que meu pensamento estabelece um paralelo com o pensamento de Bergson, na medida em que o conceito de libido, que apresentei no livro acima citado, é um conceito paralelo ao "élan vital" e o método construtivo corresponde ao "método intuitivo" de Bergson. A grande diferença é que me limito apenas ao trabalho prático e psicológico. Quando há um ano e meio li Bergson pela primeira vez, senti uma imensa alegria ao encontrar, numa linguagem tão diferente e numa conceituação filosófica magnificamente clara, o que havia orientado meu trabalho prático.

424   Quem trabalha especulativamente com o material psicológico corre o risco de se tornar vítima de um equívoco comum, de que a linha de desenvolvimento psicológico possui o valor de uma teoria ob-

jetiva. É por isso que tantas pessoas são levadas a julgar se essas teorias são ou não corretas. Outros, mais brilhantes, chegam inclusive a atribuir os conceitos fundamentais a Heráclito ou a pensadores ainda mais antigos. Devo dizer que os conceitos fundamentais do método construtivo podem ser encontrados ainda bem antes da filosofia histórica, nas concepções dinamistas dos povos primitivos. Se o resultado do método construtivo fosse uma teoria científica, essa teoria seria muito precária, pois consistiria numa retomada de obscuras superstições. A extrema antiguidade de seus conceitos fundamentais atesta, com justiça, que o método construtivo não é menos do que uma teoria científica. Assim, quando o método construtivo nos tiver propiciado um número ainda maior de experiências, poderemos, sem dúvida, começar a construir uma *teoria científica,* uma *teoria da linha de desenvolvimento psicológico.* Mas agora devemos nos contentar com traçar, nos casos individuais, as linhas dessa evolução.

P.S.: A publicação desta segunda edição de *"O conteúdo da psicose"* ocorreu num momento de transição para novas concepções que podem ser aplicadas, apenas em parte, no campo da *dementia praecox*. Devemos trabalhar no futuro sobre o sistema de delírios com base no método construtivo. Esperamos que com esse método seja possível uma compreensão melhor de seus significados do que com o método analítico-redutivo.

III
Crítica a E. Bleuler: sobre a teoria do negativismo esquizofrênico*

---

*Publicado pela primeira vez no *Jahrbuch für psychoanalytische und psychopathologische Forschungen*, III. Leipzig/Viena, 1911, p. 469-474.

O trabalho de Bleuler apresenta uma valiosa análise *clínica* do conceito de "negativismo". Além da formulação pormenorizada e apurada de suas várias formas de manifestação, o autor introduz um novo conceito psicológico que merece atenção especial: é o conceito de *ambivalência* ou *ambitendência*, segundo o qual se pode formular o fato psicológico de que toda tendência é contrabalançada por outra que lhe é contrária. (Devemos acrescentar que o ato positivo se realiza por uma relativamente pequena preponderância de um dos lados.) Como toda tendência, assim também todas as tonalidades afetivas são contrabalançadas. Isto dá à ideia de tonalidade afetiva o caráter de *ambivalência*. Esta formulação se baseia na observação clínica do negativismo catatônico, que evidencia, sobremaneira, a existência de tendências e valores contrários. Esses fatos são bem conhecidos na psicanálise, que os subordina ao conceito de *resistência*. Na verdade, a resistência não pode ser pensada no sentido de que todo ato psíquico positivo necessariamente se correlacione com o seu oposto. O trabalho de Bleuler, no entanto, muitas vezes dá a impressão de que o autor defende a posição de que a ideia ou tendência do esquizofrênico implica, *cum grano salis*, pura e simplesmente o seu contrário. Bleuler diz por exemplo:

"As causas da predisposição para os fenômenos de negativismo são:

1. *Ambitendência, o* que faz com que cada impulso seja acompanhado simultaneamente pelo impulso contrário.

2. *Ambivalência,* que reprime duas tonalidades afetivas contrárias à mesma ideia, fazendo com que o mesmo pensamento apareça positiva e negativamente.

3. *Cisão esquizofrênica da psique,* que impede psiquismos contraditórios e intervenientes de chegarem a uma conclusão de tal maneira que tanto o impulso mais inadequado pode transformar-se em ação quanto o adequado, e a toda ideia correta, ou ausência desta, corresponde uma ideia incorreta."

"Devido a essas predisposições, os fenômenos de negativismo podem ocorrer diretamente, de maneira que psiquismos positivos e negativos se substituem um ao outro, *indiscriminadamente*"[1] etc.

426   Quando, na psicanálise, investigamos um caso de manifestação evidente de ambivalência, ou seja, de uma reação negativa mais ou menos inesperada em lugar de uma positiva, podemos perceber que existe uma sequência causal psicológica rígida que condiciona a reação negativa. A sequência causal tende a perturbar a intenção da sequência contrária, o que significa que se trata de uma *resistência provocada pelo complexo*. Esse fato, que até hoje não foi refutado por nenhuma observação, parece-me estar em contradição com o sentido da formulação anterior[2]. A psicanálise comprovou satisfatoriamente que a resistência jamais é indiscriminada ou destituída de sentido, não sendo, portanto, um jogo aleatório de contrários. Acredito ter demonstrado que o *caráter sistemático da resistência também vale para a esquizofrenia*. Enquanto essa constatação, baseada numa ampla experiência, não for refutada por outras observações, a teoria do negativismo deverá se orientar por ela. Num certo sentido, Bleuler percebeu isso quando disse: "Na maior parte das vezes, a reação negativista não parece mero acaso, *mas é realmente preferida à correta*"[3]. Isto é uma aceitação da natureza de resistência do negativismo. Esta constatação deita por terra o significado causal da ambivalência no que diz respeito ao negativismo. O que, do ponto de vista causal, possui importância é apenas a *tendência, para resistência*. A ambivalência não pode, de modo algum, ser considerada no mesmo nível da

---

1. O grifo é meu.
2. Cf. a constatação feita por mim em "A psicologia da *dementia praecox*" (cap. I deste volume, § 179).
3. O grifo é meu.

"cisão esquizofrênica da psique". Ela é um conceito que revela e exprime a íntima associação, sempre presente, entre os contrários[4].

O mesmo vale para a ambitendência. Ambos os conceitos não são específicos da esquizofrenia, englobando também as neuroses e as pessoas normais. Para o negativismo catatônico, resta somente o *contraste intencionado,* isto é, a *resistência.* Como nos mostrou a discussão precedente, resistência e ambivalência são duas coisas distintas; a resistência constitui o fator dinâmico que manifesta a ambivalência latente em todos os casos. O que caracteriza, portanto, o estado psicológico não é a ambivalência, e sim a resistência. Esse fato pressupõe, evidentemente, a existência de um conflito entre duas correntes contraditórias, capaz de intensificar a ambivalência que normalmente existe, até como conflito explícito dos componentes contrários[5]. Em outras palavras: trata-se de um conflito entre vontades, que evidencia a condição neurótica de "desunião consigo mesmo". Essa condição consiste na "cisão da psique", a única que conhecemos. Assim, ela não constitui uma causa da predisposição, mas uma consequência do conflito interno, da "incompatibilidade do complexo" (Riklin).

A *resistência,* enquanto fato fundamental da dissociação esquizofrênica, é algo que não está necessariamente implicado no conceito de tonalidade afetiva, como acontece no caso da ambivalência. Trata-se de um fato secundário, com uma história psicológica própria e praticamente independente, e, em cada caso, é idêntica à história anterior do complexo. Assim, na medida em que o complexo é a causa estruturante da *resistência,* a teoria do negativismo deve coincidir com a teoria do complexo. Bleuler considera como causas estruturantes do negativismo:

a) O retraimento autista do paciente em suas fantasias.

b) A existência de uma "ferida na vida" (complexo) que precisa se proteger de qualquer lesão.

c) Compreensão errada do meio ambiente e de suas intenções.

---

4. Cf. o trabalho de FREUD. *Der Gegensinn der Urworte.*
5. O que Freud chamou adequadamente de "separação dos pares de opostos".

d) Relacionamento frontalmente hostil com o meio.

e) Irritabilidade patológica dos esquizofrênicos.

f) A "pressão das ideias" e outros impedimentos da ação e do pensamento.

g) Muitas vezes, a sexualidade com sua tonalidade afetiva ambivalente constitui uma das raízes das reações negativistas.

429   Em relação à alínea *a*: o "retraimento autista nas fantasias"[6] é o mesmo que anteriormente chamei de proliferação acentuada das fantasias relacionadas ao complexo. O reforço do complexo corresponde ao aumento da resistência.

430   Em relação à alínea *b*: a "ferida na vida" significa o complexo que, naturalmente, já se encontra presente em todo caso de esquizofrenia e, necessariamente, sempre implica o fenômeno do autismo ou autoerotismo, pois o complexo e o egocentrismo involuntário são inseparáveis e recíprocos. Neste sentido, as alíneas *a* e *b* são realmente idênticas[7].

431   Em relação à alínea *c*: é um fato comprovado que a "compreensão errada do meio ambiente" consiste numa *assimilação do complexo*.

432   Em relação à alínea *d*: como a psicanálise demonstra de maneira inequívoca, o "relacionamento hostil com o meio" constitui um máximo de resistência. A alínea *d* coincide, portanto, com a *a*.

433   Em relação à alínea *e*: na psicanálise, a "irritabilidade" se apresenta como uma das *consequências mais comuns do complexo*. Chamei sua forma sistemática de "sensibilidade do complexo". A forma generalizada, se é que se pode falar assim, significa um estancamento do afeto (= estancamento da libido), consequência das resistências crescentes. Um exemplo clássico é a chamada neurastenia.

434   Em relação à alínea *f*: também devemos incluir, juntamente com a "pressão de ideias" e os distúrbios intelectuais semelhantes, a "confusão e falta de lógica do pensamento esquizofrênico", que Bleuler considera como uma das "causas da predisposição". Presumo conhe-

---

6. Autismo (Bleuler) = autoerotismo (Freud). Já há muito tempo considero o conceito de *introversão* adequado a esse mecanismo.
7. Cf. minha exposição sobre o complexo em "A psicologia da *dementia praecox*", secções II e III (cap. I deste volume, § 77-142).

cida minha reserva quanto à "intencionalidade" da atitude esquizofrênica. Experiências ulteriores mais aprofundadas convenceram-me de que as leis da psicologia freudiana do sonho e de sua teoria da neurose prestam um grande auxílio na questão da falta de clareza do pensamento esquizofrênico. O seu princípio fundamental de que todo *sofrimento causado pelo complexo operante necessita da censura de sua exposição*[8] também se aplica ao distúrbio de pensamento nos esquizofrênicos. Enquanto não se comprovar que esse princípio não se aplica à esquizofrenia, parece insensato elaborar-se um novo princípio de explicação, ou seja, não há motivo algum para se pressupor que o distúrbio de pensamento na esquizofrenia seja um distúrbio primário. A observação da atividade mental hipnagógica e do processo de associação no estado de atenção relaxada revelou produtos psíquicos que são, pelo que sabemos até hoje, idênticos aos produtos mentais dos esquizofrênicos. Por exemplo, basta um relaxamento considerável da atenção para que apareçam imagens absolutamente idênticas às fantasias e aos modos de expressão característicos da esquizofrenia. Como se sabe, reduzi os distúrbios de atenção típicos da esquizofrenia a um comportamento específico do complexo, e desde 1906 venho podendo confirmar este princípio nas várias experiências. Possuo boas razões para considerar o distúrbio de pensamento, na esquizofrenia, como uma *consequência do complexo*.

O sintoma caracterizado como "pressão das ideias" é, em seu fundamento, um "pensamento compulsivo" que, como Freud tão bem demonstrou, constitui, em primeiro lugar, um *pensamento do complexo* e, em segundo, uma *sexualização do pensamento*. Em determinadas ocasiões, a "pressão das ideias" é acompanhada por um momento de "mania", o que pode ser observado em toda liberação ou produção vigorosa da libido. Numa análise mais detalhada, a "pressão das ideias" se apresenta como uma "consequência da introversão esquizofrênica que, necessariamente, conduz à "sexualização" (= autonomização) do pensamento, isto é, à "autonomia do complexo"[9].

---

8. Daí a substituição do complexo pelo simbolismo que lhe corresponde.
9. Cf. "A psicologia da *dementia praecox*", secções IV e V (cap. I deste volume, § 143-314).

436   Em relação à alínea *g*: do ponto de vista psicanalítico, esta passagem a respeito da sexualidade é de difícil compreensão. Se considerarmos que, em todos os casos, a história do desenvolvimento da *resistência* coincide com a história prévia do complexo, surgirá a questão se o complexo é ou não sexual. (É evidente que devemos entender sexualidade em seu sentido próprio de "psicossexualidade".) A psicanálise respondeu e responde a essa pergunta do seguinte modo: *a sexualidade sempre brota de um desenvolvimento sexual específico*. Como sabemos, isso leva a um conflito, ou seja, ao complexo. Todo caso de esquizofrenia passível de análise confirma esse princípio. Sendo assim, o princípio possui, pelo menos, o valor de uma hipótese de trabalho a ser seguida. No estágio atual de nosso conhecimento, não é muito fácil compreender por que Bleuler apenas admite a influência da sexualidade sobre o fenômeno do negativismo como ocasional, já que a psicanálise demonstrou que a *resistência* é a fonte do negativismo, gerada, tanto na esquizofrenia como nas outras neuroses, por um desenvolvimento sexual específico.

437   Hoje em dia, praticamente não existe mais dúvida de que a esquizofrenia (onde prepondera o mecanismo de introversão) possui, em sua essência, os mesmos mecanismos das demais "psiconeuroses". Em minha opinião, os sintomas isolados devem ser observados, além do ponto de vista clínico-descritivo (excetuando-se o da anatomia), dentro da perspectiva psicanalítica, sobretudo quando a investigação visa, principalmente, seus momentos genéticos. É neste sentido que tentei esboçar aqui de que maneira a formulação de Bleuler se apresenta à luz da teoria do complexo, pois a visão que com ela se conquistou tão trabalhosamente não me parece algo que deva ser abandonado.

IV
A importância do inconsciente na psicopatologia*

---

* Escrito em inglês e lido na seção de neurologia e medicina psicológica, por ocasião da reunião anual da Associação Médica Britânica, julho de 1914, em Aberdeen. Publicado em *British Medical Journal*, II. 1914, p. 964-966. Londres. [O texto foi traduzido para a edição da Obra Completa por Hans Thiele-Dohrmann.]

Não podemos esquecer de que, do ponto de vista do funcionamento do cérebro a expressão "inconsciente" possui duas dimensões, a fisiológica e a psicológica. Discutirei aqui apenas a segunda. Para a nossa finalidade, o inconsciente pode ser definido como a soma dos processos psíquicos que não são percebidos e, portanto, são inconscientes.

O inconsciente abrange todos os processos psíquicos que não possuem a intensidade suficiente para ultrapassar o limiar que divide a consciência do inconsciente. Esses processos, por conseguinte, permanecem sob a superfície da consciência, manifestando-se, algumas vezes, de modo subliminar.

Desde Leibniz, todo psicólogo sabe que os elementos constitutivos da consciência, isto é, as ideias e sensações – o chamado conteúdo da consciência – são bastante complexas e referem-se a elementos mais simples e inconscientes. A consciência surge do entrelaçamento entre esses dois níveis. Leibniz fez alusão às *perceptions insensibles*, as percepções vagas, denominadas por Kant de "representações sombrosas", que apenas chegam à consciência de maneira indireta. Outros filósofos posteriores atribuíram o primeiro plano ao inconsciente, considerando-o fundamento da consciência.

Fugiria ao nosso escopo uma discussão acerca das várias teorias especulativas e das intermináveis discussões filosóficas a respeito da natureza e das propriedades do inconsciente. Assim, nos contentamos com a definição acima enunciada onde o inconsciente é entendido como a soma de todos os processos psíquicos que se encontram no limiar da consciência. Essa definição nos parece suficiente para os objetivos que temos em vista neste trabalho.

442   A questão da importância do inconsciente para a psicopatologia pode ser brevemente formulada da seguinte maneira: "Como o material psíquico inconsciente se comporta nos casos da neurose e da psicose?"

443   Para que se possa compreender melhor a situação no caso das doenças mentais, seria interessante observar, de início, o comportamento do material psíquico inconsciente numa pessoa normal e então identificar, em especial, o que possivelmente é inconsciente. Para tanto, faz-se necessário, em primeiro lugar, um inventário completo do conteúdo da consciência que, por exclusão, fornecerá o que está no inconsciente. Neste sentido, devemos investigar todas as atividades, interesses, sofrimentos, preocupações e alegrias que estruturam o conteúdo da consciência, de maneira que tudo que for descoberto será excluído do conteúdo possível do inconsciente, já que o inconsciente só pode conter o que não se encontra na consciência.

444   Tomemos o seguinte exemplo concreto: um comerciante, feliz em seu casamento, pai de duas crianças, consciencioso e dedicado em seu trabalho busca, a todo custo, melhorar sua condição social. Ele se mostra autoconfiante, esclarecido no que diz respeito aos assuntos ligados à religião, fazendo parte, inclusive, de um grupo de ideias liberais.

445   Como se apresenta o conteúdo do inconsciente numa pessoa assim?

446   De acordo com a perspectiva teórica acima referida, o aspecto da personalidade que não se encontra na consciência acha-se no inconsciente. Este comerciante acredita possuir todas as qualidades que acabamos de enumerar, nem mais nem menos. Assim, ele não se dá conta de que um homem nem sempre é somente trabalhador, dedicado, consciencioso, mas às vezes também pode ser negligente, indiferente, descuidado, pois algumas dessas características negativas constituem uma herança comum a toda a humanidade e uma parte significativa de todo caráter. O excelente comerciante se esquece de que já deixou inúmeras cartas sem resposta, embora pudesse perfeitamente ter respondido a elas. Ele também se esquece de que deixou de buscar o livro que sua esposa havia encomendado, embora isso não lhe custasse nada. Coisas desse tipo acontecem frequentemente com ele. Com isso podemos concluir que ele também é descuidado e negligen-

te. Embora esteja convencido de ser um cidadão leal e fiel a seus deveres, deixou de declarar todos os seus rendimentos e, quando elevaram seus impostos, votou nos socialistas.

Ele se julga um homem independente em suas decisões. No entanto, há pouco tempo, fez um bom negócio na bolsa de valores. Mas quando deveria ter acertado os detalhes da transação, não o fez porque era sexta-feira, dia 13. Mostrou-se supersticioso e de modo algum livre em suas decisões.

Não nos causa nenhuma surpresa perceber que esses erros compensatórios constituem uma parte essencial do inconsciente. É evidente que o oposto também é verdadeiro, ou seja, que as virtudes inconscientes compensam certos defeitos conscientes. Daí decorre uma regra bem simples: o esbanjador consciente é inconscientemente um avaro; o filantropo, um egoísta e misantropo. Contudo, embora essa regra elementar seja, de certo modo, verdadeira, as coisas infelizmente não são tão simples. Existem disposições importantes, veladas ou manifestas, que abalam essa regra da compensação, variando-a enormemente em cada caso. Por exemplo, uma pessoa pode ser um filantropo em virtude de muitos motivos, mas o modo como essa filantropia se manifesta depende das disponibilidades e razões específicas. Não basta apenas saber que alguém é filantropo para que se possa diagnosticar um egoísmo inconsciente. Também é necessário investigar de maneira cuidadosa os motivos que o levam a se comportar dessa maneira.

A tarefa fundamental do inconsciente nas pessoas normais consiste em estabelecer uma compensação e um equilíbrio, onde todas as tendências extremistas da consciência são atenuadas e suavizadas pelo impulso inconsciente contrário. Essa atividade compensatória se exprime, como tentei mostrar no exemplo do comerciante, por meio de atitudes inconscientes, aparentemente insensatas, que Freud chamou com tanta razão de ações sintomáticas.

Devemos muito a Freud pela especial atenção que deu à importância dos sonhos, pois com isso pudemos descobrir muita coisa acerca dessa função compensatória. Um exemplo histórico extraordinário é o sonho de Nabucodonosor, no quarto capítulo do Livro de Daniel. No auge de seu poder, Nabucodonosor teve um sonho premonitório de sua derrocada. Sonhou com uma árvore que, após ter crescido até o céu, caiu por terra. Esse exemplo revela claramente como o sonho compensava o exagerado sentimento de poder que o rei possuía.

451 Se, a partir do que foi dito, observarmos então os distúrbios do equilíbrio mental, poderemos reconhecer, sem maior dificuldade, a importância do inconsciente para a psicopatologia. Investiguemos então onde e quando o inconsciente se manifesta nas condições mentais de anormalidade. Nessas condições, a atividade inconsciente aparece com maior nitidez nos distúrbios de natureza psicogênica, tais como a histeria, a neurose obsessiva etc.

452 Já há muito tempo sabemos que certos sintomas desses distúrbios são provocados por processos psíquicos inconscientes. A manifestação do inconsciente em pacientes comprovadamente perturbados é bastante notável, embora pouco reconhecida. Da mesma forma que as intuições em pessoas normais não resultam de combinações lógicas do entendimento consciente, as alucinações e ideias delirantes dos doentes mentais não surgem de processos conscientes e sim inconscientes.

453 Antigamente, quando predominava o materialismo na psiquiatria, acreditava-se que as alucinações, ideias delirantes, estereotipias etc., eram provocadas pelo adoecimento das células cerebrais. Os defensores desta corrente não percebiam que as alucinações e as ideias delirantes não eram produtos exclusivos desses casos, mas que também ocorriam em certos distúrbios funcionais de pessoas normais. Os primitivos têm visões e escutam vozes, mas seus processos mentais não sofrem distúrbio. Acho muito superficial e inadequado atribuir esses fenômenos a uma doença nas células cerebrais. As alucinações mostram claramente de que maneira uma parte do conteúdo inconsciente consegue ultrapassar o limiar da consciência. Essa mesma observação pode ser aplicada às ideias delirantes que se apoderam inesperadamente dos pacientes.

454 A expressão "equilíbrio mental" não é apenas uma figura de linguagem, pois se trata realmente de uma perturbação do equilíbrio entre o conteúdo consciente e o inconsciente. O que, na verdade, acontece é uma irrupção anormal da atividade regular do inconsciente para a consciência, perturbando assim o ajustamento do indivíduo ao meio.

455 Quando investigamos a história de vida de uma pessoa em que isto aconteceu, descobrimos com frequência que ela já vivia num es-

tado peculiar de isolamento, fechada com maior ou menor intensidade para o mundo real. Esse estado de isolamento pode ser atribuído a certas singularidades inatas ou adquiridas na infância, as quais sempre se manifestam ao longo da vida. Muitas vezes, na anamnesia de dementes precoces, ouvimos observações como as seguintes: "Ele sempre teve esse jeito cismado, esta tendência a se fechar. Depois da morte da mãe, foi se isolando cada vez mais do mundo, afastando-se dos amigos e conhecidos". Ou então: "Desde criança ele inventa as coisas mais estranhas. Mais tarde, quando se tornou engenheiro, fazia os planos mais ambiciosos".

Isso mostra claramente como o inconsciente produz um antídoto que equilibra a unilateralidade da atitude consciente. No primeiro caso mencionado, é provável encontrarmos como conteúdo inconsciente um enorme desejo de relacionamento humano e uma nostalgia da mãe, dos amigos, das relações pessoais etc., enquanto que, no segundo, uma autocrítica inconsciente tentará estabelecer um equilíbrio com o excesso de ambição. Também nas pessoas normais, uma atitude unilateral da consciência jamais pode prevalecer sem que as influências corretivas naturais do inconsciente produzam algum efeito sobre a vida cotidiana. Nas pessoas anormais, é bastante característica sua recusa em aceitar a influência compensatória do inconsciente. Na verdade, elas intensificam as atitudes unilaterais segundo o princípio psicológico tão conhecido de que o pior inimigo do lobo é o lobecão [= cruza de cão e lobo], o que mais despreza o negro é o mulato, e o maior dos fanáticos, o convertido; pois o fanático é justamente aquele que ataca externamente uma coisa que internamente considera correta. 456

A pessoa mentalmente desequilibrada tenta se defender contra seu próprio inconsciente, lutando contra suas influências compensatórias. O homem que vivia no isolamento se afasta cada vez mais do mundo real, e o engenheiro ambicioso persiste em suas invenções exageradas e cada vez mais patológicas para provar o equívoco da atividade compensatória da autocrítica. O resultado dessa luta é um estado de excitação que provoca, por sua vez, uma grande desarmonia entre as tendências conscientes e as inconscientes. Os pares de oposição se separam e a consequente cisão conduz à doença, pois o 457 inconsciente começa a se sobrepor violentamente à consciência. Surgem então pensamentos e humores estranhos e incompreensíveis, alucinações que trazem nitidamente a marca do conflito interno.

458 Os impulsos corretivos ou compensações que começam a se manifestar na consciência deveriam significar o início de um processo de cura, porque a atitude anteriormente isolada estaria em vias de superação. Mas, na realidade, isso não ocorre porque os impulsos corretivos do inconsciente se manifestam de tal modo que a consciência não é capaz de aceitá-los.

459 Quando o homem em estado de isolamento começa a ouvir vozes estranhas que o acusam de homicídio e outros crimes, ele entra em desespero, buscando um contato com o meio ambiente, coisa que antes lhe causava tanto medo. Com efeito, dá-se a compensação, mas em detrimento do indivíduo.

460 O inventor patológico não aprende com os erros anteriores. Continua elaborando planos alucinados e recusando o valor da autocrítica. Ao tentar alcançar o impossível, mergulha no absurdo. Passado algum tempo, ele percebe que as pessoas fazem comentários a seu respeito, observando-o com ironia. Ele acha então que uma grande conspiração está sendo armada com o objetivo de frustrar e ridicularizar suas invenções. Por meio desta impressão, o inconsciente age corretivamente como o faria a autocrítica, embora, mais uma vez, isso tenha ocorrido em detrimento do indivíduo, na medida em que a crítica é projetada para o meio.

461 Outro exemplo da forma particularmente característica de compensação inconsciente é a paranoia do alcoólatra. Ele deixa de amar sua mulher: a compensação inconsciente tenta trazê-lo de volta para o seu dever. Como ele passa a sentir um ciúme exacerbado da mulher, a compensação só se dá parcialmente. Sabemos que uma pessoa pode levar seu ciúme ao extremo, a ponto de matar a mulher e a si próprio. Em outras palavras: o amor pela mulher não morreu inteiramente, apenas tornou-se inconsciente, só poderá aparecer, no âmbito da consciência, sob a forma de ciúme.

462 Algo semelhante acontece com as pessoas que passam de uma religião para outra. Aqueles que se convertem do protestantismo para o catolicismo possuem, reconhecidamente, uma tendência para o fana-

tismo, pois não abdicam por completo de sua fé protestante. Esta desaparece no inconsciente, agindo continuamente como um estímulo contrário ao catolicismo recente. É por isso que os novos convertidos se sentem compelidos a defender com fanatismo a fé adquirida. O mesmo acontece com os paranoicos que precisam se defender de toda crítica externa porque seu sistema de delírio interior se acha fortemente ameaçado.

A maneira curiosa como essas influências compensatórias irrompem na consciência explica-se, em primeiro lugar, pelo fato de que elas precisam lutar contra as resistências existentes, apresentando-se, por isso, de forma bastante distorcida para o paciente. Em segundo lugar, essas influências só conseguem se manifestar na linguagem do inconsciente, ou seja, por meio do material inconsciente cuja natureza é muito heterogênea. Isso ocorre porque tudo aquilo que não mais possui valor para a consciência ou não se lhe aplica adequadamente se torna inconsciente. Esse material abrange todas as fantasias infantis já esquecidas, sempre presentes na consciência humana e das quais restam apenas as lendas e mitos. Fugiria ao nosso escopo aprofundar aqui as razões pelas quais esse material é tão frequente na *dementia praecox*.

Espero que esta exposição, embora incompleta, tenha conseguido ressaltar a importância que atribuo ao inconsciente para a psicopatologia. É inteiramente impossível transmitir, num ensaio tão breve, uma ideia precisa de todo o trabalho que vem sendo feito neste campo.

Em resumo, podemos dizer que a função do inconsciente nos distúrbios mentais consiste, essencialmente, numa compensação do conteúdo da consciência. No entanto, devido à unilateralidade característica da atividade da consciência nesses casos, os meios compensatórios se revelam inúteis. Essas tendências inconscientes irrompem inevitavelmente na consciência, mas como elas se adaptam aos objetivos unilaterais da consciência, acabam aparecendo apenas de maneira distorcida e inaceitável.

V
O problema da psicogênese nas doenças mentais*

---

* Conferência realizada na seção de psiquiatria da reunião anual da Royal Society of Medicine aos 11 de julho de 1811 em Londres. Publicada em *Proceedings of the Royal Society of Medicine*, XII/3, 1919, p. 63-76. Londres. O original foi revisto para a edição da Obra Completa e a tradução do inglês foi feita por Hans Thiele-Dohrmann.

Aprofundar o problema da psicogênese nas doenças mentais é uma empresa arriscada, pois sei que abordo uma questão bastante impopular. Os relevantes progressos no campo da anatomia cerebral e da fisiologia patológica, bem como a prevenção hoje generalizada em favor das ciências naturais, nos ensinaram a procurar por toda parte causas materiais e a nos contentar com tê-las descoberto. A explicação metafísica da natureza que prevaleceu outrora caiu em descrédito devido a seus inúmeros erros e isso a tal ponto que se perdeu de vista o valor de sua perspectiva psicológica. Nos primeiros decênios do século XIX, a psiquiatria transformou a explicação metafísica da natureza em teorias de etiologia moral, entendendo a doença mental como consequência de faltas morais. Somente com Esquirol é que a psiquiatria se tornou propriamente uma ciência natural.

466

O progresso das ciências naturais propiciou uma cosmovisão geral, a do materialismo científico, que do ponto de vista psicológico baseia-se numa valorização excessiva da causalidade física. O materialismo científico recusa-se, em princípio, a admitir qualquer nexo causal que não seja o físico. O dogma materialista formulado na psiquiatria diz: "As doenças mentais são doenças cerebrais". Este dogma ainda prevalece hoje, embora, na filosofia, o materialismo esteja em franca decadência. A validade quase indiscutida deste dogma materialista na psiquiatria reside, essencialmente, no fato de a medicina ser uma ciência natural e de o psiquiatra como médico ser um cientista. O estudante de medicina sobrecarregado pelos estudos especializados não tem condições de fazer digressões no campo da filosofia, ficando, portanto, sujeito exclusivamente à influência dos princípios materialistas. Em consequência, as pesquisas psiquiátricas voltam-se,

467

em sua grande maioria, para os problemas anatômicos, quando não se ocupam com as questões de diagnóstico e classificação. Assim, o psiquiatra normalmente considera a etiologia física em primeiro plano, atribuindo à etiologia psicológica um papel secundário e subsidiário. Com essa atitude, ele se atém apenas aos nexos causais físicos, desconsiderando sua determinação psíquica. Esta postura não permite a apreciação da importância decisiva dos fatores psicológicos. Frequentemente, muitos médicos me asseguraram que não se podia constatar em seus pacientes qualquer sinal de conflitos psíquicos ou sintomas psicogênicos. No entanto, com a mesma frequência, descobri que, embora eles investigassem cuidadosamente todas as ocorrências de natureza somática, não percebiam, de forma alguma, as ocorrências de natureza psíquica, não por negligência, mas pela típica desvalorização do alcance do fator psicológico.

468 Certa vez, por exemplo, fui consultado num caso em que dois famosos neurologistas haviam diagnosticado um sarcoma na membrana da medula espinhal. A paciente, uma senhora de cerca de cinquenta anos, sofria de curiosas erupções cutâneas simétricas e dava gritos convulsivos. Tanto o exame físico como a anamnesia foram realizados pelos médicos com extraordinário cuidado. Um pedaço de pele foi extraído e examinado histologicamente. Contudo, não se considerou, de forma alguma, que a paciente era um ser humano, dotado de uma psique humana. Por causa dessa desvalorização típica do ponto de vista psicológico não se chegou a investigar a causa da doença.

469 A paciente era viúva. Morava com o filho mais velho a quem muito amava, apesar das inúmeras brigas e mútuas dificuldades. Num certo sentido, ele substituía o marido. Viver sob essas condições foi-se tornando para ele cada vez mais insuportável até que decidiu morar em outro lugar. A primeira crise de gritos convulsivos ocorreu no dia em que ele a deixou. Esse foi o começo de uma longa enfermidade. Por meio da anamnesia psicológica, observou-se que as melhoras e pioras, ao longo da doença, correspondiam a determinadas mudanças no relacionamento com o filho. O erro no diagnóstico incorreto naturalmente não contribuiu para melhorar os sintomas, mas para agravar ainda mais o estado da paciente. Como os fatos posteriores comprovaram, tratava-se de um caso comum de histeria. Ambos

os médicos estavam hipnotizados pela crença em causas físicas e na natureza física da doença, não lhes ocorrendo investigar as condições psíquicas da paciente. Por isso puderam assegurar-me que não havia "nada de psíquico" no caso.

Essa espécie de erro é facilmente compreensível quando nos lembramos de que tanto o psiquiatra como o neurologista são formados apenas em ciências naturais. Todavia, os conhecimentos psicológicos são indispensáveis para esses ramos da medicina. A falta de uma formação psicológica é, muitas vezes, compensada posteriormente, sobretudo no caso dos médicos clínicos, com a experiência prática da vida e suas vivências e emoções fundamentais. Infelizmente não é esta a regra geral. O estudante, em todo caso, ouve falar muito pouco ou nada sobre psicopatologia. Mesmo se tivesse tempo e pudesse frequentar um curso de psicologia, só aprenderia um tipo de psicologia que nada tem a ver com a prática médica. Ao menos, esta é a situação na Europa. Em geral, os psicólogos são homens de laboratório e não médicos clínicos, muito menos psiquiatras ou neurologistas experientes. Por isso não admira que o ponto de vista psicológico seja posto de lado na anamnesia, no diagnóstico e no tratamento. Entretanto, esse ponto de vista é da maior importância, não apenas no campo da neurose, onde, desde os tempos de Charcot, vem sendo cada vez mais reconhecido, como também no campo das doenças mentais.

Quando falo de psicogênese das doenças mentais, refiro-me essencialmente àquelas doenças designadas, de maneira vaga e equívoca, como *dementia praecox*. Esta denominação inclui todas as condições de caráter alucinatório, catatônico, hebefrênico e paranoico que não apresentam os processos característicos de lesão cerebral como acontece na paralisia geral, na demência senil, na demência epiléptica e nas intoxicações crônicas e não pertencem ao grupo maníaco-depressivo. Como os senhores sabem, existem inúmeros casos de *dementia praecox* que, de fato, apresentam alterações nas células cerebrais. No entanto, essas alterações não são regulares nem explicam a sintomatologia específica. Ao compararmos os sintomas comuns de *dementia praecox* com os distúrbios caracterizados por lesões cerebrais orgânicas, constatamos diferenças surpreendentes. Não existe, na *dementia praecox*, qualquer sintoma que possa ser considerado sintoma orgânico. É um grande equívoco colocar num mesmo plano a paralisia geral, a demência senil e a *dementia praecox*. O fato de às vezes ocorrer uma lesão cerebral não justifica que se inclua a *dementia praecox* no grupo das doenças orgânicas. Confesso que os internos na clínica revelam um quadro tão degenerado que não é difícil compreender por que a expressão *dementia praecox* foi utilizada. A visão de uma enfermaria de doentes incuráveis confirma o preconceito materialista do psiquiatra. Sua clientela abrange os piores casos que se possa imaginar. Assim é natural que os fenômenos de degeneração e destruição causem nele uma impressão tão forte. O mesmo se pode dizer da histeria; como os piores casos estão na clínica, o psiquiatra vê apenas as formas mais degeneradas e desesperadoras. É evidente que uma amostra assim leva a essa visão preconceituosa. Existe uma diferença considerável entre a descrição da histeria feita num manual de psiquiatria e a histeria real do consultório clínico. O psiquiatra lida somente com um mínimo da histeria, ou seja, com uma seleção dos casos mais graves. Ao lado destes, porém, existem milhares de casos menos graves que não chegam às clínicas, mas são verdadeiros casos de histeria. A mesma coisa acontece com a *dementia praecox*. Existem casos menos graves dessa doença que, embora nunca cheguem às clínicas, ultrapassam em muito os casos mais graves. Os casos menos graves são diagnosticados, de maneira vaga e equivocada, como "neurastenia" ou "psicastenia". O médico clínico, em geral, não consegue perceber que o neurastênico nada mais é do que um caso mais simples de uma doença pavorosa chamada *dementia praecox*, cujo prognóstico é quase sempre sem esperança. Do mesmo modo, ele não quereria considerar sua sobrinha histérica como a mentirosa, impostora e de caráter moral duvidoso dos manuais. Os casos graves de histeria acarretam má reputação não só ao paciente como a todos os parentes. Por isso, em geral, as pessoas não se incomodam com admitir algum estado de nervosismo, mas ninguém aceita confessar a existência de histeria.

472   Em relação aos efeitos manifestamente destrutivos e degenerativos da *dementia praecox*, devo salientar que os piores casos de catatonia e demência são, muitas vezes, produtos da própria clínica, provocados pela influência psicológica do meio e nem sempre por um processo destrutivo que independe das circunstâncias externas. É um fato conhecido que os piores casos de catatonia se acham nas clínicas

mal organizadas e superlotadas. Sabemos também que a remoção para uma enfermaria mais barulhenta ou desfavorável exerce, muitas vezes, uma influência prejudicial. O mesmo pode-se dizer em relação às medidas coercitivas e à inatividade forçada. Todas as condições que deixariam uma pessoa normal desesperada provocam no doente um efeito igualmente devastador. Tendo isso em mente, a moderna psiquiatria tenta evitar o caráter de prisão e dar à clínica a aparência de uma casa de saúde. As enfermarias são arrumadas o mais possível como uma casa, os médicos evitam a coerção e se assegura a maior liberdade possível aos pacientes. Flores e cortinas exercem uma influência agradável não apenas sobre as pessoas normais, mas também sobre os doentes. Na verdade, hoje quase não se vê mais a triste imagem dos doentes mentais sujos, sentados em fila ao longo das paredes de um hospício. E por que isso? Porque percebemos que esses pacientes reagem ao meio da mesma maneira que as pessoas normais. A demência senil, a paralisia geral e a epilepsia, ao contrário, desenvolvem-se independentemente se os pacientes convivem com casos semelhantes ou não. Já os casos de *dementia praecox* em geral melhoram ou pioram, de maneira surpreendente, dependendo das condições psicológicas. Todo psiquiatra conhece casos desse tipo que confirmam a importância do fator psicológico e mostram, com clareza, que a *dementia praecox* não pode ser considerada simplesmente como doença orgânica, pois tais melhoras e recaídas não seriam possíveis.

Devo também mencionar os casos frequentes em que a irrupção da doença ou um novo surto aparecem em determinadas condições emocionais. Um de meus pacientes, um homem por volta dos seus trinta e cinco anos, teve dois surtos de catatonia ao voltar à cidade em que morava enquanto estudante. Vivera um caso de amor inesquecível com final infeliz. Durante muitos anos, evitou voltar a essa cidade, mas como tinha parentes que lá habitavam, não pôde protelar indefinidamente sua visita. No período de seis anos, ele foi duas vezes lá e, em ambas as ocasiões, adoeceu quase que imediatamente devido à pressão de suas recordações. Nas duas vezes, teve um ataque de catatonia e precisou ser internado. No mais, ele era uma pessoa bem-sucedida em seu trabalho e não apresentava externamente nenhum sinal de perturbação mental, embora levasse uma vida bastante solitária.

474   É normal repetir-se um ataque na proximidade de um noivado, casamento ou qualquer acontecimento emocional desse tipo. A irrupção e o desenvolvimento da doença são muitas vezes determinados por motivos psicológicos. Lembro-me de uma senhora que teve um surto logo depois de uma briga com outra. A paciente sempre teve um temperamento irritadiço e colérico. Nessa briga, mostrou-se tão agressiva que a outra a chamou de "louca", o que a irritou ainda mais. Ela então respondeu: "Se você me chama de louca, deveria saber antes o que significa ser louca". Depois dessas palavras, entrou em grande fúria. Tudo isso provocou um escândalo na rua, precisando a polícia intervir e a levar para a clínica. Aos poucos foi se acalmando, embora insistisse com extrema energia em sua saída imediata. Contudo, não parecia aconselhável deixá-la sair depois de poucas horas, pois ainda estava muito excitada. Nós a deslocamos do ambulatório para o setor de observação. Ela se recusou a obedecer às enfermeiras e tentou abrir a porta com violência, pois temia que quisessem mantê-la para sempre na clínica. Sua excitação se tornou de tal maneira turbulenta que foi necessário removê-la para outra enfermaria. Logo que percebeu o tipo de pacientes que ali se encontravam, começou a gritar que nós a havíamos trancado junto dos loucos a fim de enlouquecê-la. Disse novamente: "Se vocês querem que eu enlouqueça, deviam saber primeiro o que significa ser louca". Logo depois, caiu num estado de transe catatônico com ideias delirantes desenfreadas e acessos de ira que duraram mais ou menos dois meses.

475   Em minha opinião, sua catatonia nada mais era do que uma emoção patológica exacerbada, devido à internação na clínica. Durante o estágio agudo da doença, ela se comportou da mesma maneira que em geral se espera de um louco. Tratava-se de uma perfeita representação da "loucura", em todos os seus detalhes. Certamente não era uma histeria, pois lhe faltava qualquer relacionamento emocional.

476   É bastante improvável que existisse uma lesão cerebral primária de natureza orgânica e que a perturbação mental, as emoções violentas, as alucinações e ideias delirantes subsequentes fossem secundárias. Tratava-se, ao contrário, de uma defesa instintiva contra o aprisionamento. Os animais selvagens também apresentam reações violentas semelhantes quando são enjaulados. Apesar das causas psicogênicas manifestas, era um caso típico de catatonia com excitações,

alucinações e ideias delirantes impossível de ser confundido com um caso que tivesse outras causas que não as psicológicas. A paciente jamais havia tido um surto desse tipo. É verdade que ela sempre se mostrou irritada, mas sua irritação tinha sempre uma razão determinada e desaparecia rapidamente. O único surto real de catatonia se deu no hospital.

Gostaria ainda de lembrar um outro caso parecido. O paciente era um jovem professor que começou a se mostrar preguiçoso, sonhador e negligente, além de apresentar, em seu comportamento, algumas extravagâncias. Foi então levado à clínica a título de observação. De início, mostrou-se calmo e acessível. Achava que logo sairia de lá, pois estava convencido de sua normalidade. Ele foi levado para uma enfermaria tranquila. Mas quando lhe dissemos que ele ainda deveria permanecer por algumas semanas em observação, ele ficou furioso e disse para o médico: "Se os senhores querem me manter aqui como um louco, então eu vou mostrar a vocês o que significa ser louco!" Entrou imediatamente num forte estado de excitação e, em poucos dias, ficou totalmente confuso, apresentando ideias delirantes e alucinações. Esse estado durou algumas semanas.

477

Um outro exemplo nos dá o seguinte caso: um rapaz ficou quase dois meses na clínica. Sua moral parecia duvidosa. Tal diagnóstico se baseava no fato de ele dar a impressão de ser mentiroso e impostor. Recusava-se a trabalhar e era muito preguiçoso. Pareceu-nos que não era apenas um caso de moral duvidosa, pois a possibilidade de uma *dementia praecox* não estava excluída. Contudo, ele não apresentava nenhum sintoma específico, a não ser uma indiferença moral. Seu comportamento era de uma irritabilidade desagradável, mostrava-se pérfido e, muitas vezes, brutal e violento. A enfermaria calma não era o lugar mais adequado para ele. Mas, apesar de seu comportamento trabalhoso e das inúmeras queixas das enfermeiras e dos outros pacientes, tentei mantê-lo nessa enfermaria. Certo dia em que me ausentara da clínica, meu substituto o removeu para a enfermaria dos pacientes ligeiramente excitados. Ele ficou tão mal que teve de ser narcotizado. A seguir, tinha medo de ser assassinado ou envenenado e começou a ter alucinações. É evidente que a irrupção da psicose foi provocada por condições externas que exerceram uma influência prejudicial sobre seu estado mental. Seria absolutamente inadequado atribuir a psicose

478

ao agravamento súbito de uma lesão cerebral já existente. O caso oposto também é frequente: a melhora significativa de um estado crônico, quando também melhoram as condições externas.

479 Se a *dementia praecox* pudesse ser atribuída, em sua essência, a um processo de lesão orgânica, os pacientes necessariamente se comportariam da mesma maneira que aqueles que na verdade sofrem alterações cerebrais. O estado de um paciente que sofre de paralisia geral não melhora nem piora quando se lhe alteram as condições psicológicas. Em clínicas mal administradas, esses casos tampouco sofrem um agravamento significativo. No entanto, os casos de *dementia praecox* pioram sensivelmente quando as circunstâncias externas são desfavoráveis.

480 Como o fator psicológico desempenha, manifestamente, um papel decisivo no desenvolvimento da *dementia praecox*, não seria de todo improvável que o primeiro surto tenha uma causa psicológica. Sabemos que muitos casos têm origem numa fase psicológica crítica, num choque ou num violento conflito moral. O psiquiatra tem sempre a tendência de considerar essas circunstâncias como fatores auxiliares, que fazem vir à tona uma doença orgânica latente. Ele acha que se as vivências psíquicas fossem realmente as causas da doença, todas as pessoas deveriam sofrer o seu efeito patológico. Como isso não acontece, então as causas psíquicas são consideradas apenas como fatores auxiliares. Esse julgamento é, sem dúvida alguma, unilateral e preconceituoso. Hoje já não se acredita mais que a tuberculose seja causada somente por um bacilo específico. Existem muitas causas. A moderna etiologia não é mais de causalismo, mas de *condicionalismo*. Assim, uma causa psíquica jamais pode gerar uma doença mental sem que tenha por base uma predisposição específica. Por outro lado, pode acontecer também que haja uma predisposição e não se revele nenhuma psicose enquanto se evitarem conflitos mais sérios e choques emocionais. Podemos constatar com relativa segurança que a predisposição psíquica leva a um conflito e, com isso, num círculo vicioso, à psicose. Vistos de fora, esses casos parecem estar determinados por uma tendência degenerativa do cérebro. Em minha opinião, a maioria das pessoas que sofrem de *dementia praecox* possui uma tendência inata para conflitos psicológicos, embora esses conflitos não sejam incondicionalmente patológicos e sim expe-

riências comuns a todos os homens. Uma vez que a predisposição consiste numa excitabilidade anormal, esses conflitos vão se diferenciar das tensões normais apenas por sua intensidade emocional. É por sua intensidade que esses conflitos estão fora de toda proporção com as demais faculdades mentais do indivíduo. Por isso eles não podem ser controlados como normalmente fazemos com a distração, a razão e o autocontrole. O que leva à doença é somente a impossibilidade de a pessoa se libertar de um conflito avassalador. No momento em que o indivíduo percebe que sozinho não pode resolver suas dificuldades e ninguém pode ajudá-lo é que ele entra em pânico e se vê tomado por um caos de emoções e pensamentos estranhos. Essa experiência diz respeito ao período de incubação da doença e raramente chega aos ouvidos do psiquiatra, uma vez que isso acontece muito antes de se pensar em consultar um médico. Se o psiquiatra conseguir resolver o conflito, então o paciente pode se salvar de uma psicose.

No entanto, alguém poderia objetar ser impossível provar que esse constitui o estágio inicial da doença e que uma psicose se desenvolveria se o conflito não fosse solucionado. Certamente não posso provar, de maneira conclusiva, o contrário. Se, por acaso, pudéssemos reconduzir um caso indiscutível de *dementia praecox* à adaptação normal e os efeitos das medidas terapêuticas pudessem ser avaliadas com precisão, teríamos então uma prova satisfatória. Contudo, mesmo uma tal comprovação poderia ser contestada com o argumento de que a cura aparente não passa de uma redução acidental dos sintomas. É quase impossível apresentar uma prova satisfatória, embora muitos especialistas acreditem que uma psicose pode ser evitada, em determinadas circunstâncias.

Ainda é cedo para se falar de uma psicoterapia das psicoses. Não me sinto muito otimista a esse respeito. Por enquanto, considero mais importante investigar as funções e o significado do fator psicológico na etiologia e evolução das psicoses. A maior parte das psicoses por mim investigada é de tal modo complexa que não poderia descrevê-las no espaço reduzido de uma conferência. Algumas vezes, porém, deparamo-nos com casos relativamente mais simples cuja origem se pode demonstrar. Lembro-me, por exemplo, do caso de uma moça, filha de camponeses, que, de repente, teve um surto de *dementia praecox*. O clínico que a examinou me disse que ela fora sempre muito calma e retraída. Seus sintomas apareceram de forma repentina e inesperada e ninguém jamais poderia supor que ela sofresse de algum tipo de anomalia mental. Uma noite, ela ouviu a voz de Deus, falando-lhe sobre guerra, paz e os pecados dos homens. Teve então uma longa conversa com Deus. Na mesma noite, apareceu também Jesus. Quando a vi, ela estava muito calma, mas sem nenhum interesse pelo que a cercava. Passava o dia inteiro em pé junto ao forno, gingando o corpo de um lado para o outro, sem falar com ninguém, a não ser quando interpelada. As respostas eram curtas e claras, embora sem qualquer sentimento. Cumprimentou-me sem a menor reação emocional, como se me visse todos os dias. Embora desprevenida para a minha vinda, não parecia, de modo algum, surpresa ou curiosa a meu respeito ou sobre o porquê de minha visita. Pedi-lhe que me contasse sobre o que havia acontecido. Taciturna e desprovida de qualquer emoção, disse que havia tido uma longa conversa com Deus, cujo tema ela, evidentemente, tinha esquecido. Cristo parecia um homem comum, de olhos azuis. Ele também lhe falou, mas ela não mais se lembrava do que ele havia dito. Eu disse a ela que seria uma perda inestimável se ela esquecesse inteiramente a conversa e que deveria ter escrito. Ela respondeu que havia anotado e me trouxe um calendário. No calendário, porém, havia somente uma cruz, assinalando o dia em que ouviu pela primeira vez a voz de Deus. Suas respostas eram curtas, evasivas, indiretas e sem emoção. Todo o seu comportamento revelava absoluta indiferença. Ela era inteligente, com formação para professora, embora não tivesse qualquer reação intelectual ou emocional. Deveríamos ter conversado sobre o forno e não sobre um fenômeno tão incomum.

483   Foi impossível obter alguma informação mais coerente. Tive que fazer um esforço imenso para obter alguns dados, não porque houvesse algum tipo de resistência ativa, como acontece na histeria, mas por causa de sua absoluta falta de interesse. Era-lhe de todo indiferente se alguém a abordava ou não com perguntas, se suas respostas eram ou não satisfatórias, não manifestando qualquer tipo de relacionamento emocional com o meio que a cercava. Sua indiferença era tanta que toda pergunta parecia cair no vazio. Ela afirmou com serenidade que jamais havia tido qualquer experiência religiosa perturbadora, ou outras dificuldades e conflitos com os parentes e demais

pessoas. Fiz a mesma pergunta à sua mãe. Ela disse apenas que, na véspera do surto, a filha tinha ido a uma cerimônia religiosa com a irmã. Voltou para casa muito excitada, dizendo ter-se convertido. O médico interessado no caso já havia tentado descobrir mais detalhes, pois estava convencido de que uma perturbação dessa ordem não poderia surgir do nada. No entanto, ao se deparar com a sua mais absoluta indiferença, começou a acreditar que realmente não havia mais nada por detrás dessa indiferença. Seus parentes disseram somente que, desde os dezesseis anos, ela havia se tornado extremamente calma, retraída e tímida. Sua infância foi saudável, alegre, sem qualquer sinal de anormalidade e não havia na família nenhuma doença hereditária. A etiologia era bastante impenetrável.

A paciente me disse que não ouviu mais a voz de Deus, mas que, desde então, não conseguia dormir porque seus pensamentos não paravam de trabalhar. Ela não soube me dizer em que pensava, evidentemente porque não sabia. Falava sobre um movimento contínuo em sua cabeça e uma corrente elétrica em seu corpo, mas não sabia de onde vinham. Provavelmente de Deus. 484

O diagnóstico de *dementia praecox* foi quase unânime para o caso. A histeria estava fora de cogitação, não só porque nenhum sintoma específico pôde ser observado como faltava completamente o critério fundamental para toda histeria, que é o relacionamento emocional. 485

Enquanto a examinava, na tentativa de chegar à etiologia, desenrolou-se a seguinte conversa: 486

– Você teve alguma experiência religiosa antes de ouvir a voz de Deus?

– Tive.

– Se você se converteu é porque cometeu anteriormente algum pecado?

– É.

– Que pecado você cometeu?

– Não sei.

– Mas eu não entendo, você deve saber qual foi o seu pecado.

– É, eu fiz mal.

– O que você fez?

– Vi um homem.
– Onde?
– Na cidade.
– Mas você acha que é um pecado ver um homem?
– Não.
– Quem era esse homem?
– O senhor M.
– O que você sentiu quando o viu?
– Eu o amei.
– Você ainda o ama?
– Não.
– Por que não?
– Eu não sei.

487 Não quero me tornar enfadonho com um relato literal da investigação feita para descobrir tudo o que se achava velado. Para tanto, necessitaria de, no mínimo, duas horas. A paciente permaneceu monossilábica e indiferente, o que me exigiu muita energia e esforço para prosseguir a conversa. Durante todo o tempo, tinha a impressão de que a investigação era inútil e as perguntas superficiais. Fiquei atento ao seu comportamento, pois, muitas vezes, é justamente a atitude que torna a investigação tão cansativa e infrutífera. Trata-se, em geral, de uma atitude exterior e não de uma falta real de conteúdo psíquico, ou seja, de uma autodefesa, de um mecanismo de defesa contra as emoções vertiginosas provocadas pelo conflito encoberto.

488 Como o caso parecia simples, senti coragem e paciência para prosseguir com as perguntas. Nos casos mais graves, as perguntas se tornam complexas e até impossíveis, especialmente quando o paciente se recusa a respondê-las, pois lidamos mais com fantasias do que com realidades. Isso explica por que os médicos numa clínica não podem dedicar muito tempo aos seus pacientes. O exame de uma psicose exige um tempo ilimitado. Assim, não admira que se deixem de lado as relações psicogênicas. Se a paciente tivesse sido levada para uma clínica, dificilmente a anamnesia traria mais informações do que eu pude descobrir.

Minha investigação teve o seguinte resultado: algumas semanas antes do surto da doença, a paciente foi à cidade com uma amiga. Lá conheceu o Sr. M. e se apaixonou por ele. Sentiu pavor da extraordinária força deste sentimento. A partir de então, tornou-se silenciosa e tímida. Nada disse à amiga sobre o medo que sentia. Esperava que o Sr. M. retribuísse seu amor. Mas como não percebeu nada nesse sentido, saiu imediatamente da cidade e voltou para casa. Devido à intensidade de seu sentimento, achou que havia cometido um pecado, embora, como ela mesma disse, não fosse propriamente uma pessoa religiosa. O sentimento de culpa continuou a atormentá-la. Sua amiga veio visitá-la algumas semanas depois. Como a amiga era muito religiosa, ela aceitou acompanhá-la a uma cerimônia religiosa. Ela se sentiu profundamente tocada e professou sua conversão. Sentiu-se com isso bastante aliviada, pois o sentimento de culpa e o amor pelo Sr. M. haviam desaparecido. Queria saber por que esse sentimento de amor lhe parecia pecaminoso e perguntei o motivo dessa sensação. Ela respondeu que, depois da conversão, descobriu que um sentimento dessa natureza era um pecado contra Deus. Quando lhe disse que isso não era natural, ela confessou que se sentia muito tímida em relação a tais sentimentos. Disse também que essa timidez teve início aos dezesseis anos quando cometeu um pecado. Tinha saído para passear com uma amiga de sua idade e tendo encontrado uma mulher imbecil incitaram-na para um comportamento obsceno. Seus pais souberam do fato e ela foi duramente castigada. Somente algum tempo depois é que percebeu o horror de seu comportamento. Sentiu profunda vergonha e jurou levar daquela hora em diante uma vida irrepreensível de pureza. Por isso, não saía quase de casa com medo que os vizinhos viessem a saber do acontecido e retraiu-se bastante. Assim, habituou-se a ficar em casa e a recusar todos os prazeres mundanos.

Como é fácil imaginar, a paciente foi uma criança de boa índole moral, mas permaneceu criança além do período normal, como acontece muito com as pessoas sensíveis. Foi devido a sua irresponsabilidade infantil que ela pôde cometer um ato tão inadmissível para os seus dezesseis anos. A conscientização tardia do que fizera provocou profundos remorsos. Sua experiência lançou uma sombra sobre o sentimento amoroso em si, a ponto de sentir-se molestada com tudo que, mesmo de longe, pudesse evocar o episódio vivido. Por essa razão sentiu uma culpa tão grande ao se apaixonar pelo Sr. M. A partida imediata da cidade foi uma forma de evitar qualquer relacionamento ulterior e abdicar de qualquer esperança.

491   A tendência a transferir as esperanças para a religião na busca de um consolo não é rara. A conversão total e tão inesperada é, de certo modo, surpreendente, embora muitas conversões desse tipo tenham lugar durante uma cerimônia religiosa sem que sejam frutos de uma psicose. As impressões patogênicas não eram propriamente mórbidas e sim muito intensas. A amiga que participou do mesmo episódio foi igualmente repreendida e castigada, mas não se tornou vítima do remorso, enquanto que a paciente nele mergulhou e se sentiu compelida a se afastar de qualquer relacionamento com outras pessoas. Reprimiu de tal maneira seu desejo de relações humanas que, ao se encontrar com o Sr. M., ficou absolutamente transtornada pela intensidade de seu sentimento. Não sentindo de imediato um sentimento correspondente, ficou muito decepcionada, partindo precipitadamente. Ficou mais atormentada do que nunca e sua vida solitária em casa ainda mais insuportável. Mais uma vez reprimiu seu desejo de se relacionar. Foi então que participou da cerimônia religiosa. A impressão provocada pela cerimônia fez com que se apagassem as esperanças e expectativas anteriores, inclusive seu amor. Com isso, conseguiu se libertar das preocupações antigas, embora sufocando, ao mesmo tempo, o desejo natural de levar a vida normal de uma mulher de sua condição. Agora que suas esperanças se deslocaram do mundo, sua *fonction du réel* criou um mundo próprio. Quando alguém começa a perder a segurança diante dos valores concretos da vida, os conteúdos inconscientes se tornam vertiginosamente reais. Do ponto de vista psicológico, a psicose consiste numa condição mental em que os elementos antes inconscientes ocupam o lugar da realidade.

492   Dependerá da predisposição do paciente se uma conversão dessa espécie conduz à histeria ou à *dementia praecox*. Ele se torna histérico quando consegue manter o relacionamento emocional e se dissocia em duas personalidades: uma religiosa e aparentemente transcendental, e outra demasiado humana. Se, ao contrário, afastar-se da relação emocional com as coisas e não mantiver contatos humanos de modo que as pessoas não sejam capazes de lhe causar mais qualquer impressão, ele se tornará esquizofrênico. No caso relatado, encontra-

mos uma falta surpreendente de relacionamento emocional e, consequentemente, nenhum sinal de histeria.

Será que nessas condições podemos falar de um processo orgânico? Acho absolutamente impossível. A paciente fez sua experiência crítica aos dezesseis anos e antes disso não havia qualquer sinal de lesão orgânica. Não existe nenhum argumento que sustente essa hipótese como também não existe razão alguma para se atribuir a vivência traumática com o Sr. M. a uma lesão orgânica. Se assim fosse, todos os demais casos deveriam se explicar da mesma maneira. Ainda que admitíssemos uma destruição das células, isso teria certamente ocorrido depois do choque da conversão religiosa e, neste caso, as alterações orgânicas seriam secundárias. Embora afirme, há mais de dez anos, que a maior parte dos casos de *dementia praecox* seja originariamente psicogênica[1] e que os processos destrutivos e tóxicos sejam secundários, não discordo que haja casos em que os processos orgânicos sejam primários e os distúrbios das funções psíquicas secundários.

Devo observar ainda que o estado mental da paciente melhorou sensivelmente depois da consulta. Pude observar inúmeras vezes reações surpreendentes após uma consulta, algumas de visível melhora e outras de agravamento dos sintomas. Isso confirma mais uma vez o papel importante que o fator psíquico desempenha.

Tenho plena consciência de que não foi possível esgotar, nessa breve apresentação, todo o problema da psicogênese das doenças mentais. Gostaria, no entanto, de ressaltar que o psiquiatra tem aqui um vasto campo de investigação psicológica que permanece inexplorado.

---

1. "A psicologia da *dementia praecox*", cap. I deste volume.

VI
Doença mental e psique*

---

* Publicado pela primeira vez com o título "Hellbare Geisteskranke? Organisches oder funktionelles Leiden?" *Berliner Tageblatt*, n. 189. Berlim, 21 de abril de 1928 [O manuscrito original traz o título acima].

A onda de materialismo que dominou as mentes no final do século XIX, também deixou vestígios na medicina e, em especial, na teoria psiquiátrica. Esta época, que terminou ao estourar a grande guerra, acreditava na seguinte máxima: "As doenças mentais são doenças cerebrais". E ainda mais: as neuroses podiam ser impunemente entendidas como intoxicações no metabolismo ou distúrbios das secreções internas. O materialismo da química e a "mitologia do cérebro" dominaram o estudo da neurose mais do que em qualquer outro campo da psiquiatria. Foram sobretudo as experiências da psicopatologia francesa (Janet e a escola de Nancy), com o auxílio de Forel e Freud nos países de língua alemã, que romperam com a ideia do fundamento orgânico das neuroses, ao menos teoricamente. Hoje não se duvida mais do fundamento psicogênico das neuroses. Psicogênese significa que *a causa essencial de uma neurose, ou a condição em que ela irrompe, é de natureza psíquica*. Pode ser um choque psíquico, um conflito desgastante, uma adaptação psíquica errônea ou uma ilusão fatal.

Embora as causas psíquicas das neuroses se apresentem hoje de maneira nítida e inquestionável, a questão da psicogênese em outras doenças mentais é obscura e questionável. Sem levar em conta que algumas categorias de doença mental, como a demência senil e a paralisia progressiva, são indubitavelmente sintomas de uma destruição orgânica do cérebro, outros tipos de doença como a epilepsia e a esquizofrenia, também se acham relacionados a certas alterações cerebrais. Essa complicação orgânica já não ocorre nas neuroses – a não ser em casos excepcionais como a neurose simulada, provocada por uma "diásquise" (Monakow: falhas indiretas da função).

As *esquizofrenias* constituem propriamente o que se chama de doenças mentais, responsáveis pela grande maioria dos internos nas clínicas e constituem os casos que o público leigo identifica como os "loucos". Os esquizofrênicos possuem também uma "psicologia", ou seja, uma causalidade e finalidade psíquicas, da mesma maneira que a chamada vida mental, embora com uma diferença radical: enquanto o eu na pessoa normal é o sujeito da experiência, no esquizofrênico, o eu é somente *um* dos sujeitos da experiência, isto é, o sujeito normal se fragmenta numa pluralidade de sujeitos e complexos autônomos, como diz a palavra esquizofrenia, em seu sentido próprio.

499 O caso mais simples de esquizofrenia, ou seja, de cisão da personalidade, é a chamada *paranoia,* a clássica mania de perseguição do "*persécuteur persécuté*". Trata-se de uma duplicação simples da personalidade que, nos casos menos graves, ainda consegue manter uma estreita ponte entre a identidade dos dois eus. Esse tipo de doente se apresenta com uma personalidade inteiramente normal: pode ter um bom emprego, uma posição destacada sem que suspeitemos de nada. Mas se, por exemplo, numa simples conversa, pronunciarmos uma palavra como "maçonaria", sua face jovial se transforma, e um olhar de dureza insondável aparece diante de nós cheio de desconfiança e obstinação desumana. A pessoa se transforma, de repente, num animal perseguido, perigoso, ameaçado por inimigos invisíveis: o outro eu sobe à tona.

500 O que será que aconteceu? Certamente, em algum momento de sua vida, essa pessoa se sentiu vítima de uma perseguição. O caráter de vítima passa então a clamar por autonomia e predomínio, formando um segundo sujeito que, muitas vezes, substitui por completo o eu normal. O que caracteriza esse estado é o fato de nenhum dos dois sujeitos realizar integralmente a experiência do outro, embora as duas personalidades não se achem separadas pelo inconsciente, como acontece na dissociação histérica da personalidade. Os dois sujeitos se conhecem intimamente, mas não possuem nenhum argumento válido contra o outro. Assim, o eu normal não traz consigo qualquer afeto contrário, pois ao menos a metade de sua afetividade está voltada para o outro sujeito. De certa maneira, ele se vê paralisado. Este é o início da "falta de afetividade", característica da esquizofrenia e também bastante observada na demência paranoide. Um doente desse tipo pode afirmar com a maior indiferença: "Eu sou três vezes proprietário do mundo, a Turquia mais refinada, a grande ilha de prata, a Lorelei, a Germânia e

Helvécia feitas exclusivamente de manteiga doce, e eu e Nápoles fornecemos macarrão para o mundo". Essas palavras são ditas sem qualquer humor ou sorriso. Nesse caso, existem inúmeros sujeitos e não apenas um eu central capaz de viver e reagir afetivamente.

Voltando ao caso de paranoia acima referido, devemos nos perguntar: o fato de a ideia de perseguição se apoderar do sujeito e lhe tirar parte de sua personalidade é psicologicamente insignificante, ou seja, significa apenas o produto de uma destruição orgânica acidental do cérebro? Se fosse isso, as ideias delirantes seriam inteiramente "não psicológicas", isto é, faltar-lhes-iam a causalidade e a finalidade psicológicas, não sendo, portanto, psicogênicas. Mas se consideramos, ao contrário, que a ideia patológica não surge de maneira casual em qualquer momento e sim num momento psicológico determinado, então devemos, necessariamente, falar de psicogênese, mesmo quando se supõe a existência de uma *disposição* cerebral, responsável igualmente pela catástrofe que se segue. O momento psicológico não pode ser mera banalidade. É um momento que traz em si algum dado capaz de explicar satisfatoriamente a razão de efeitos tão profundos e perigosos. É evidente que o fato de alguém gritar ao ver um rato e ter um surto esquizofrênico não constitui uma causalidade psicológica. Esta é sempre complexa e sutil. No caso do jovem que se transformou ao ouvir a palavra "maçonaria" é certo, em primeiro lugar, que ele já estava doente muito antes de alguém poder suspeitar e, em segundo, que a ideia delirante se apoderou dele num momento psicológico em que a hipersensibilidade inata de sua vida emocional tomou uma falsa direção. Direção tão falsa que a forma espiritual necessária para a sobrevivência de suas emoções se rompeu. O rompimento não se deu por si mesmo, mas foi provocado pelo próprio paciente. Isto aconteceu da maneira como expomos a seguir.

Quando era bem jovem, mas já dotado de grande capacidade intelectual, apaixonou-se loucamente pela cunhada. Isso, naturalmente, aborreceu o marido que, no caso, era seu irmão. Eram sentimentos imaturos, inspirados de luar, da busca da mãe como todos os impulsos psíquicos ainda não maduros. Tais sentimentos precisam realmente da mãe, de uma incubação prolongada para poder amparar o inevitável encontro com a realidade. Embora esses sentimentos não constituam em si um equívoco ou uma maldade, podem despertar suspeita e desaprovação, e ser, em geral, severamente julgados. A severa *interpretação* que o irmão fez de seus sentimentos provocou um efeito desastroso, pois ele a aceitou como verdadeira. Foi assim que se desfez o sonho. Não teria havido propriamente um dano se não lhe tivesse custado também a vida de seus sentimentos. Seu intelecto assumiu o papel do irmão, aniquilando, de maneira inquisidora, qualquer vestígio de sentimento e criando um ideal de insensibilidade e sangue frio. Enquanto uma natureza menos apaixonada consegue superar esse estado de coisas após algum tempo sem problemas, uma natureza excessivamente sensível pode naufragar com uma tal experiência. Ele acreditava estar conseguindo, pouco a pouco, alcançar esse ideal, quando descobriu subitamente que o pessoal do restaurante e outros demonstravam por ele um estranho interesse. Ironizavam-no, olhando-se como cúmplices. Certo dia, percebeu que o julgavam homossexual. Com isso, as ideias paranoicas adquiriram autonomia. Podemos ver, sem muita dificuldade, que existe um nexo estreito entre a austeridade do intelecto que afastava com sangue frio todo sentimento e a convicção paranoica inabalável. É o que chamamos de causalidade psíquica, ou psicogênese.

503 Desse modo é que se manifestam – evidentemente com múltiplas variações – não apenas a paranoia, mas também as formas paranoides de esquizofrenia caracterizadas por ideias delirantes e alucinações. (Não incluo no grupo de esquizofrenias as síndromes esquizofrênicas como, por exemplo, as catatonias rapidamente letais que parecem possuir, desde o início, uma base orgânica.) Considero as alterações cerebrais que, muitas vezes, podem ser observadas microscopicamente na esquizofrenia como simples fenômenos secundários de degeneração, análogos às atrofias musculares das paralisias histéricas. *A psicogênese também explica por que os casos menos graves* – que, em sua maior parte, não chegam as clínicas, ficando apenas no consultório do neurologista – *podem ser curados por meio de uma psicoterapia.* Contudo, não devemos ser otimistas demais em relação a essa possibilidade de cura. Os casos de cura são muito raros, pois a própria natureza da doença, ou seja, a cisão da personalidade, impede o agente essencial da terapia que é a influência psíquica. Essa mesma particularidade se revela nas neuroses obsessivas, seus afins mais próximos no campo da neurose.

VII
A psicogênese da esquizofrenia*

---

* Conferência realizada na seção de psiquiatria da reunião da Royal Society of Medicine, aos 4 de abril de 1939, em Londres. Publicada no *Journal of Mental Science* LXXXV. Londres, 1939, p. 999-1011 [A tradução do inglês foi feita para a edição da Obra Completa por Hans Thiele-Dohrmann].

Há vinte anos, pronunciei perante esta mesma sociedade uma conferência sobre "O problema da psicogênese das doenças mentais"[1]. Era então presidente William Mcdougall, cuja recente morte todos nós lamentamos com pesar. Ainda hoje, poderia eu repetir sem hesitar o que disse então sobre a psicogênese, pois aquela conferência nenhum sinal ou efeitos notáveis deixou nos manuais ou nas clínicas. Embora seja avesso a repetições, parece-me impossível dizer algo de novo a respeito de um tema que, nesses vários anos, em nada mudou. Acumulei muita experiência, amadureci algumas conceituações, mas não posso dizer que meu ponto de vista tenha sofrido uma mudança radical. Na verdade, encontro-me na situação desconfortável daquele que acredita em alguma coisa com convicção, mas teme, por outro lado, ceder ao hábito de repetir velhas histórias. O problema da psicogênese é discutido há muito tempo, mas continua sendo um problema moderno, para não dizer ultramoderno.

Hoje em dia, quase não há dúvida de que exista na base das neuroses "alguma coisa orgânica fora de ordem", se bem que, há trinta anos atrás, no que diz respeito à histeria e às neuroses, isso não passasse de uma vaga suspeita, mesmo para os mais entusiastas da anatomia cerebral. Mesmo assim, os peritos na matéria, em sua grande maioria, se viram obrigados a aceitar as causas psíquicas da histeria e das neuroses análogas. Contudo, no que concerne às doenças mentais e, em particular, à esquizofrenia, acredita-se, com unanimidade, que a etiologia seja fundamentalmente orgânica, apesar de não se ter podido comprovar a existência de lesões específicas das células cerebrais. Ainda hoje, a questão se a esquizofrenia em si pode lesar as células ce-

---

1. Cap. V deste volume.

rebrais não foi respondida de modo satisfatório, nem tampouco as questões mais específicas que visam a determinar em que medida as desintegrações orgânicas primárias podem ou não explicar a sintomatologia da esquizofrenia. Concordo inteiramente com Bleuler que a grande maioria dos sintomas é de natureza secundária e que suas causas são, sobretudo, psíquicas. Em relação aos sintomas primários, Bleuler supunha a existência de uma causa orgânica. Ele aponta como o sintoma primário um distúrbio particular no processo de associação. Segundo o seu ponto de vista, toda desintegração ocorre quando as associações aparecem particularmente mutiladas e desconexas. Ele recusa o conceito de *seiunctio* de Wernicke, devido a suas implicações anatômicas, e prefere empregar o termo *esquizofrenia* que evoca, de maneira clara, um distúrbio *funcional*. Esta espécie de distúrbio, ou qualquer outra semelhante, pode ser observada em vários tipos de estados delirantes. O próprio Bleuler demonstrou a importante semelhança entre as associações esquizofrênicas e os fenômenos de associação recorrentes nos sonhos e nos estados entre a vigília e o sono. Sua descrição deixa nítida a coincidência entre o sintoma primário e o estado de *abaissement du niveau mental*, investigado por Pierre Janet. Esse estado nasce de uma típica *faiblesse de la volonté*. Desde que a força de vontade seja entendida como a principal força condutora e diretora de nossa vida mental, pode-se dizer então que o conceito de *abaissement* de Janet explica o estado psíquico em que uma sequência de pensamentos não é capaz de alcançar um desencadeamento lógico, ou é interrompida por conteúdos estranhos que não foram suficientemente inibidos. Embora Bleuler não cite expressamente Janet, me parece que o *abaissement* de Janet corresponde, com precisão, à caracterização dos sintomas primários feita por Bleuler.

506 É bem verdade que a hipótese de Janet se aplica, fundamentalmente, à sintomatologia da histeria e demais neuroses que, sem dúvida alguma, são psicogênicas, diferindo em absoluto da esquizofrenia. Todavia, existem algumas analogias entre o estado mental neurótico e o esquizofrênico que são dignas de nota. Ao investigar os testes de associação dos neuróticos, pode-se observar que as associações normais se veem perturbadas por intervenções espontâneas de conteúdos complexos, típicas do *abaissement*. A dissociação pode chegar ao

ponto de criar uma ou mais personalidades secundárias, onde cada uma delas parece possuir uma consciência própria. Mas a diferença fundamental entre a neurose e a esquizofrenia reside no fato de que a primeira preserva a unidade potencial da personalidade, unidade que pode, não apenas ser percebida pelo especialista, como também ser reconstituída por meio de hipnose, apesar da fragmentação da consciência. Isso já não acontece na esquizofrenia. Embora um teste comum de associação possa decorrer de maneira bem semelhante ao de um neurótico, um exame mais detalhado mostra que, no paciente esquizofrênico, a ligação entre o eu e os demais complexos encontra-se, as vezes mais, às vezes menos, inteiramente rompida. A cisão não é relativa e sim absoluta. Um paciente histérico pode sofrer de mania de perseguição muito próxima de uma verdadeira paranoia; a diferença, no entanto, consiste em que, no primeiro caso, o delírio ainda pode retornar ao controle da consciência, ao passo que, na paranoia, isso é impossível. De fato, uma neurose se caracteriza pela autonomia relativa de seus complexos. Já na esquizofrenia, os complexos se tornam fragmentos autônomos e independentes que não se reintegram na totalidade psíquica ou então se interligam, de modo inesperado, como se nada tivesse acontecido.

Na esquizofrenia, a dissociação não é apenas muito mais séria, mas, com muita frequência, também irreversível. Não se trata, como no caso da neurose, de dissociações fluidas e mutáveis e sim de um espelho partido. A unidade da personalidade que, no caso da histeria, empresta um caráter humano e compreensível às personalidades secundárias, parte-se definitivamente em pedaços. Por exemplo, numa pessoa histérica com várias personalidades, existe uma colaboração tranquila e até ritmada entre elas, onde cada uma desempenha seu próprio papel sem molestar as demais. Pode-se intuir a presença de um *spiritus redor,* de uma figura central, que dirige, de maneira quase racional, a cena em que as várias personalidades representam um drama mais ou menos sentimental. Cada personagem possui um nome sugestivo e um caráter determinado e todos são tão histéricos e sentimentais quanto a consciência do paciente.

Num esquizofrênico, o quadro da cisão de personalidade é bem diferente. As figuras cindidas possuem nomes e características banais, grotescas, caricaturais, e, em muitos aspectos, contestáveis. Além disso, não colaboram com a consciência do paciente. Não têm muito tato nem respeito pelos sentimentos. Ao contrário, intrometem-se e perturbam o tempo inteiro, atormentando o eu de inúmeras maneiras; todas são desagradáveis e chocantes, tanto em seu comportamento insolente e espalhafatoso quanto pela crueldade e obscenidade grotescas. Trata-se visivelmente de um caos de visões, vozes e tipos desconexos, todos de natureza violenta, estranha e incompreensível. Se ainda for possível falar de um drama, esse está fora do alcance de qualquer possibilidade de compreensão do paciente. Na maior parte dos casos, supera inclusive as possibilidades de compreensão do próprio médico, levando-o a duvidar das condições psíquicas de todo aquele que vê, nas ideias delirantes, mais do que simples loucura.

509   As figuras autônomas escapam ao controle do eu a ponto de sua participação originária na estrutura psíquica do paciente desaparecer por completo. O *abaissement* atinge um grau desconhecido na esfera das neuroses. Enquanto que uma dissociação histérica é suplantada pela unidade da personalidade ainda em funcionamento, na esquizofrenia são justamente as bases da personalidade que se veem abaladas.

510   O *abaissement*

1) provoca a perda de áreas completas de conteúdos, normalmente controlados;

2) provoca fragmentação da personalidade;

3) impede que sequências normais de pensamentos se processem de modo coerente e se completem;

4) restringe a responsabilidade e a reação adequada do eu;

5) provoca ideias incompletas da realidade, permitindo então o aparecimento de reações emocionais insuficientes e inadequadas;

6) reduz o limiar da consciência e permite a entrada de conteúdos inconscientes que, em geral, estariam reprimidos, passando a penetrar na consciência sob a forma de invasões autônomas.

511   Todos esses efeitos de *abaissement* podem ser observados tanto na neurose como na esquizofrenia. Na neurose, porém, a unidade da personalidade é preservada mesmo que potencialmente, enquanto que, na esquizofrenia, é danificada de modo quase irreparável. Devido a es-

ses danos fundamentais, a cisão da psique em elementos dissociados significa uma verdadeira destruição de suas relações anteriores.

A psicogênese da esquizofrenia, de início, nos leva então a perguntar: pode-se considerar o sintoma primário, o *abaissement* extremo, como consequência de um conflito psicológico e de outras dificuldades de natureza emocional? Acho desnecessário discutir a fundo, como Bleuler, se os sintomas secundários devem ou não sua existência e forma específicas a determinações psicológicas. Bleuler estava totalmente convencido de que sua forma e conteúdo, isto é, sua fenomenologia individual, era consequência de complexos emocionais. Concordo com Bleuler, cuja experiência com a psicogênese de sintomas secundários coincide com a minha, porque trabalhamos juntos, durante os anos que precederam seu famoso livro sobre a *dementia praecox*. Na verdade, já em 1903 comecei a analisar os casos de esquizofrenia para fins terapêuticos. Não existe qualquer dúvida sobre a determinação psicológica dos sintomas secundários. Sua estrutura e origem não diferem da estrutura e origem dos sintomas neuróticos, exceto por apresentarem todas as características de conteúdos psíquicos que não mais se encontram sob o controle da unidade da personalidade. De fato, não existe nenhum sintoma secundário que não dê sinais de um *abaissement* típico. Essa característica, no entanto, não depende da psicogênese, mas provém, exclusivamente, do sintoma primário. Ou, em outras palavras: as causas psicológicas só geram sintomas secundários com base em processos primários.

Sendo assim, ao se tratar da questão sobre a psicogênese na esquizofrenia, os sintomas secundários podem ser abandonados. Existe apenas um problema no que se refere à psicogênese do estado primário, ou seja, do *abaissement* extremo que, do ponto de vista psicológico, constitui a raiz da desordem esquizofrênica. A questão é: existe alguma razão para se acreditar que as causas do *abaissement* sejam de ordem puramente psicológica? Como se sabe, um *abaissement* pode se dar por vários motivos: fadiga, sono normal, êxtase, febre, anemia, forte afeto, choque, doenças orgânicas no sistema nervoso central como também por psicologia de massa, mentalidade primitiva, fanatismo religioso e político, além de fatores constitutivos ou hereditários.

514 A forma mais geral de *abaissement* não produz efeitos graves sobre a unidade da personalidade. Por isso é que todas as dissociações e fenômenos psíquicos que provêm desse *abaissement* trazem a marca característica de uma personalidade intacta.

515 As neuroses são consequências específicas de um *abaissement*, aparecendo geralmente de forma habitual ou crônica. Nos casos em que parecem ser a consequência de uma forma mais aguda, encontra-se sempre uma disposição psicológica mais ou menos latente antes do *abaissement*, de maneira que esse surge apenas como causa condicional.

516 Desse modo, é inquestionável que um *abaissement*, capaz de chegar a uma neurose, nasce de fatores exclusivamente psicológicos ou do entrelaçamento desses fatores com outros de ordem mais fisiológica. Todo *abaissement*, sobretudo aquele que conduz a uma neurose, significa em si mesmo o enfraquecimento do controle superior. A neurose é uma dissociação relativa, um conflito entre o eu e uma força contrária relacionada aos conteúdos inconscientes. Esses conteúdos perdem, às vezes mais, às vezes menos, a ligação com a totalidade psíquica, fragmentando-se, provocando com isso uma despotenciação da personalidade consciente. Por outro lado, o intenso conflito exprime um desejo igualmente intenso de recompor a ligação rompida. Na verdade, não ocorre um trabalho de colaboração, mas se sabe, ao menos, que um conflito violento ocupa o lugar de uma ligação positiva. Todo neurótico luta pela preservação e domínio da consciência e pela subjugação das forças inconscientes contrárias. Contudo, no momento em que o paciente se deixa invadir e guiar pelos estranhos conteúdos do inconsciente, ou seja, para de lutar, chegando a se identificar com os elementos mórbidos, ele fica exposto ao risco da esquizofrenia. O *abaissement* alcança então um grau funesto em que o eu perde toda força para resistir à influência de um inconsciente aparentemente mais poderoso.

517 A neurose se encontra aquém do ponto crítico, ao passo que a esquizofrenia se encontra além dele. Sem dúvida alguma, os motivos psicológicos podem provocar um *abaissement* que acaba se convertendo numa neurose. Uma neurose pode se aproximar do limiar perigoso, mas, de algum modo, ainda consegue se manter aquém dele. Caso ultrapasse este limiar, deixará de ser neurose. Mas será que podemos ter plena certeza de que uma neurose jamais ultrapassará o li-

miar perigoso? Sabemos que existem casos considerados durante anos como neuroses que, de súbito, ultrapassam as fronteiras, e o paciente se transforma inequivocamente num verdadeiro psicótico.

O que teríamos a dizer sobre isso? Poderíamos dizer que se trata de um caso de psicose "latente" (que foi sempre uma psicose), escondida, velada ou camuflada por uma suposta neurose. Mas o que aconteceu na verdade? Durante muitos anos, o paciente lutou por preservar o eu, por manter o controle e a unidade de sua personalidade. No final, porém, desistiu, deixando-se vencer pelo invasor frente ao qual não é mais capaz de resistir. Não é que ele tenha sido simplesmente tomado por uma emoção violenta. Ele foi realmente tragado por uma maré de forças poderosas invencíveis e por formas de pensamento muito além de qualquer emoção comum, ainda a mais violenta. Essas forças e conteúdos inconscientes já se encontravam presentes há muito tempo e ele conseguiu lutar contra eles durante anos com sucesso. Na verdade, esses conteúdos não existem apenas no paciente e sim no inconsciente de toda pessoa normal que, no entanto, tem a felicidade de não suspeitar disso. Eles não surgem do nada nem resultam, tampouco, da intoxicação de células cerebrais, mas constituem partes integrantes de nossa psique inconsciente. Manifestam-se da mesma forma ou de forma semelhante em inúmeros sonhos, produzidos durante períodos da vida que, aparentemente, nada têm de errado. Aparecem também nos sonhos de pessoas normais que jamais estiveram próximas de uma psicose. Todavia, se uma pessoa normal vive, de repente, um perigoso *abaissement*, os sonhos podem se apoderar de sua consciência, fazendo com que pense, sinta e aja como um doente mental. A pessoa ficará enlouquecida como o personagem de Andreyev que acreditava poder ladrar para a lua sem perigo algum, pois sabia ser absolutamente normal. Mas com o tempo, ele foi perdendo a consciência mínima existente entre o normal e o louco a ponto de o outro lado o subjugar por completo e ele enlouquecer realmente.

O que aconteceu foi que o paciente teve um leve ataque – que muitas vezes não passa de um pânico súbito – que o fez perder as esperanças ou duvidar de si mesmo, liberando o material reprimido como numa grande enchente.

520   Em meus quase quarenta anos de experiência, vi inúmeros casos de neurose que desenvolveram uma fase psicótica ou uma psicose duradoura. Suponhamos que esses casos fossem realmente casos de psicose latente velada sob o manto de uma neurose. O que significa de modo mais preciso uma psicose latente? Significa, em última instância, a possibilidade de alguém sofrer um distúrbio mental em algum momento de sua vida. A existência de materiais inconscientes estranhos não prova nada, pois esses mesmos materiais podem ser vistos nos neuróticos, nos pintores modernos, nos poetas e também na maior parte das pessoas normais que valorizam, com especial atenção, os seus sonhos. Além disso, existem paralelos muito sugestivos com a mitologia e o simbolismo de todos os povos e épocas. A possibilidade de uma psicose posterior nada tem a ver com a estranheza dos conteúdos inconscientes e sim com a condição de a pessoa suportar um certo pânico ou resistir à tensão crônica de uma psique que se encontra em luta consigo mesma. Com muita frequência, trata-se simplesmente de um pequeno exagero, de uma gota d'água que faz com que o copo transborde, ou de uma faísca que explode o barril de pólvora.

521   Sob a pressão de um *abaissement* extremo, a totalidade psíquica se fragmenta em vários complexos e o complexo do eu deixa de desempenhar o papel principal, tornando-se apenas um dentre os outros de igual importância ou ainda mais importantes. Todos esses complexos se revestem de uma personalidade, embora permaneçam fragmentos. É fácil então compreender por que, numa tensão crônica, as pessoas se tornam intranquilas ou até completamente desmoralizadas, duvidando de suas esperanças e expectativas. Podemos entender também por que não são mais capazes de dominar sua força de vontade, seus afetos e pensamentos. Nesse tipo de estado mental, é bastante provável que um dos fragmentos da psique venha a alcançar um certo grau de autonomia.

522   Sob esse aspecto, a esquizofrenia não se comporta diferentemente de um distúrbio puramente psicológico. Nesse estágio da sintomatologia, seria inútil procurar algo que fosse típico da doença. A dificuldade real começa quando a personalidade se desintegra e, em consequência, o complexo do eu renuncia à sua predominância normal. Como acabei de explicitar, não podemos comparar o que acontece na esquizofrenia com uma personalidade múltipla ou com certos fe-

nômenos religiosos e "místicos". O sintoma primário não parece mostrar nenhuma semelhança com qualquer tipo de distúrbio funcional. Tudo se passa como se as fundações da psique cedessem, como se uma casa normal ruísse numa explosão ou terremoto. Faço intencionalmente essa comparação porque estas imagens correspondem à sintomatologia dos estados iniciais. Sollier nos forneceu uma descrição muito viva desses *"troubles cénesthésiques"*[2], comparando-os a explosões, tiros de pistola e outros ruídos violentos sobre a cabeça. Ao serem projetados, aparecem como terremotos, catástrofes cósmicas, queda de estrelas, fragmentação do sol e da lua, transformação dos homens em cadáveres, congelamento do universo, etc.

Como afirmei, o sintoma primário não parece possuir nenhuma semelhança com qualquer espécie de distúrbio funcional; contudo ainda não me referi ao fenômeno do *sonho*. Os sonhos podem produzir imagens igualmente catastróficas. Eles mostram de tal maneira os estágios de desintegração pessoal que se poderia dizer, sem exagero, que o sujeito do sonho é um doente mental, ou que o sonho é um delírio que ocupou o lugar da consciência normal. Explicar o delírio como um "sonho" que se tornou realidade não é nenhuma metáfora. As fenomenologias do sonho e da esquizofrenia revelam certa proximidade e identidade, guardando, naturalmente, algumas diferenças. A primeira acontece durante o sono enquanto a outra no estado de vigília ou consciência. O sono é também um *abaissement du niveau mental* que provoca um esquecimento maior ou menor do eu. Contudo, o mecanismo psíquico que causa a dissolução e a desintegração da consciência durante o sono ainda é uma função normal que se encontra, praticamente, sob o domínio da vontade. Já na esquizofrenia, temos a impressão de que essa função se perfaz de maneira a provocar um estado semelhante ao sono em que a consciência fica reduzida ao plano do sonho ou então que os sonhos se intensificam, tornando-se equivalentes à consciência.

Mesmo sabendo que o sintoma primário surge com o auxílio de uma função normal sempre presente, ainda é preciso esclarecer por que aparece um estado doentio e não a consequência normal do

---

2. *Le mécanisme des émotions*, cap. IV, especialmente p. 208.

sono. Devemos ainda frisar que o sintoma primário não gera propriamente o sono, mas algo que perturba o sono, isto é, o sonho. Os sonhos decorrem de uma dissolução incompleta da consciência ou de um estado de excitação do inconsciente, cuja interferência abala o sono. O sono é perturbado quando muitas partes da consciência se mantêm em movimento ou quando existem conteúdos inconscientes com uma carga muito grande de energia que ultrapassam o limiar, criando um estado relativamente consciente. Por isso, alguns sonhos podem ser explicados como remanescentes de impressões conscientes, enquanto outros provêm diretamente de fontes inconscientes que jamais chegaram à consciência. Os sonhos do primeiro tipo possuem um caráter pessoal, adequando-se, em geral, a uma psicologia pessoal; os do segundo possuem um caráter coletivo, evocando imagens predominantemente mitológicas, lendárias ou arcaicas em geral. Para explicar esse tipo de sonho é necessário considerar o simbolismo histórico e primitivo.

525 As duas espécies de sonho estão espelhadas na sintomatologia da esquizofrenia. Da mesma maneira que os sonhos normais, a esquizofrenia apresenta uma mistura de material pessoal e coletivo, com a diferença de que parece haver uma predominância do material coletivo. Isso é particularmente visível nos estados conhecidos como estados oníricos ou delirantes e na paranoia, e também nas fases catatônicas, desde que se consiga penetrar nas experiências interiores desses pacientes. Em condições normais, os sonhos importantes aparecem sempre que o material coletivo predomina. Os primitivos chamam esses sonhos de "grandes sonhos", atribuindo-lhes uma importância para toda a tribo. O mesmo se pode observar na Grécia e Roma antigas, onde tais sonhos eram narrados no Areópago e no Senado. Em geral, estes sonhos surgem em momentos e períodos decisivos da vida – na infância, dos três aos sete anos; na puberdade, dos quatorze aos dezesseis; no período adulto, dos vinte aos vinte e cinco; na idade madura, dos trinta e cinco aos quarenta, e antes da morte, aparecendo também durante situações psicológicas particularmente importantes. Parece que esses sonhos ocorriam nos momentos em que os antigos e os primitivos sentiam a necessidade de realizar certos ritos religiosos ou mágicos, a fim de alcançarem resultados positivos ou agradarem aos deuses.

Podemos supor com segurança que os assuntos ou as preocupações pessoais importantes explicam os sonhos pessoais. Mas quando se trata de sonhos coletivos, vemo-nos diante de um terreno menos seguro, já que suas imagens inacreditáveis e arcaicas não podem ser reconduzidas às fontes pessoais. A história dos símbolos oferece, no entanto, paralelos absolutamente surpreendentes e esclarecedores sem o que não poderíamos fazer a experiência do significado valioso desses sonhos. 526

Esse fato deixa claro como a formação do psiquiatra é insuficiente. Sem um conhecimento penetrante dos símbolos históricos e étnicos torna-se, naturalmente, impossível apreciar a importância da psicologia comparativa para a teoria dos delírios. Mal havíamos iniciado a análise qualitativa da esquizofrenia na clínica psiquiátrica de Zurique, reconhecemos, de imediato, a necessidade desse tipo de informação adicional. Decerto, começamos por uma psicologia inteiramente personalista, sobretudo a representada por Freud. Mas logo percebemos que a psique humana é, em sua estrutura fundamental, tão pouco personalista como o corpo, constituindo muito mais uma herança universal. A lógica do intelecto, a *raison du coeur*, as emoções, os instintos, as imagens e formas estruturantes da imaginação possuem muito mais semelhança com a exposição kantiana das categorias *a priori*, ou com a *eidé* de Platão do que com os deslizes, circunstancialidades, humores e singularidades de nossa mente pessoal. Na esquizofrenia, em particular, encontramos uma quantidade enorme de símbolos coletivos, ao passo que seu número é bem menor na neurose que apresenta, à exceção de alguns poucos casos, uma psicologia predominantemente pessoal. O fato de a esquizofrenia desfazer os fundamentos da psique explica o excesso de símbolos coletivos que constituem a estrutura fundamental da personalidade. 527

A partir desse ponto de vista, podemos concluir que, por apresentar um material arcaico, a esquizofrenia tem todas as características de um "grande sonho" – ou, em outras palavras, consiste num acontecimento importante, evidenciando as mesmas particularidades "numinosas" que, nas culturas primitivas, pertencem ao ritual mágico. De fato, o doente mental sempre gostou do privilégio de ser um possuído pelos espíritos ou perseguido por um demônio. Na verdade, essa descrição interpreta corretamente o estado psíquico de 528 uma pessoa assim, na medida em que é mesmo assaltada por fisionomias e formas de pensamento autônomas. Além disso, a valorização primitiva da doença mental acentua uma característica especial que não pode ser esquecida: o primitivo atribui a personalidade, a iniciativa e a intenção ao inconsciente – interpretando assim mais uma vez com exatidão o que se passa. Segundo o ponto de vista primitivo, é bem claro que o inconsciente se apoderou do eu, através de seus próprios impulsos. Sendo assim, não é o eu que enfraquece, mas o inconsciente que se fortalece com a presença do demônio. O primitivo, portanto, não busca a causa do distúrbio mental num enfraquecimento primário da consciência, mas no fortalecimento extraordinário do inconsciente.

529   Confesso que é muito difícil decidir se a causa primária é um enfraquecimento da consciência ou um fortalecimento do inconsciente. A segunda possibilidade não pode ser simplesmente excluída, pois, na esquizofrenia, o material arcaico, extremamente rico, é expressão de uma mentalidade ainda mais infantil e primitiva. Pode-se então tratar de atavismo. Considero com seriedade a possibilidade de uma espécie de "inibição do desenvolvimento" onde uma quantidade maior do que o normal de psicologia primitiva permanece intacta, não se adequando às condições modernas. É natural que, sob tais condições, uma parte considerável da psique não consiga seguir o passo do progresso normal da consciência. Com o passar dos anos, o distanciamento entre o inconsciente e a consciência aumenta, gerando, então, um conflito, de início latente. Se, no entanto, um esforço especial de adaptação for exigido e a consciência tiver que recorrer a suas fontes inconscientes, o conflito se manifesta; a mente primitiva, até então latente, irrompe, de repente, com conteúdos por demais incompreensíveis e estranhos para serem assimilados. Num grande número de casos, esse momento marca o início de uma psicose.

530   Não podemos nos esquecer de que muitos pacientes dão a impressão de possuir uma consciência moderna, bastante desenvolvida e, muitas vezes, especialmente concentrada, racional e obstinada. Contudo, esse tipo de consciência pode rapidamente apresentar sinais de uma natureza defensiva, o que significa um sintoma de fraqueza e não de fortalecimento.

É possível que, na esquizofrenia, a consciência normal se depare com um inconsciente extremamente forte ou então que a consciência seja fraca e incapaz de deter a influência do material inconsciente. Na prática, devo mesmo considerar dois tipos de esquizofrenia: uma de consciência fraca e outra de inconsciente forte. Podemos estabelecer aqui uma certa analogia com as neuroses onde também encontramos pacientes caracterizados por uma consciência fraca e pouca força de vontade, e outros com acentuada energia provocada por uma determinação inconsciente quase que superpoderosa. Esse é o caso, em especial, de impulsos criadores (artísticos ou outros) que estão atrelados a incompatibilidades inconscientes.

531

Voltando à pergunta inicial acerca da psicogênese da esquizofrenia, percebemos como o problema é complexo. Em todo caso, devemos ter sempre em mente que o termo psicogênese designa duas coisas distintas: 1) uma origem exclusivamente psicológica; 2) um número de condições psicológicas. Discutimos o segundo ponto, mas ainda não tocamos no primeiro. Este considera a psicogênese na perspectiva de uma causa eficiente. A pergunta que então se coloca é a seguinte: a causa da esquizofrenia é ou não única e absolutamente psicológica?

532

Como sabemos, em todos os campos da medicina, esse tipo de questão é mais do que embaraçante, podendo ser respondida somente em pouquíssimos casos. A etiologia comum repousa sobre o concurso de condições distintas. Foi por isso, alias, que as palavras *causalidade* e *causa* foram retiradas do vocabulário médico e substituídas por *condicionalismo*. Concordo plenamente com essa medida, já que é impossível provar, ainda que de modo aproximativo, se a esquizofrenia é, primariamente, uma doença orgânica ou uma doença de origem psicológica. Embora possamos suspeitar com várias razões da natureza orgânica do sintoma primário, não podemos ignorar o fato comprovado de que muitos casos têm origem por ocasião de um choque emocional, de uma decepção, de uma situação difícil ou modificação do destino etc., e que, além disso, muitas recaídas e melhoras se devem a condições psicológicas. Assim, como julgar o caso que relatarei a seguir? Um jovem estudante viveu uma grande decepção em sua vida amorosa. Sofreu um ataque de catatonia, recuperando-se alguns meses depois. Concluiu então seus estudos e alcançou muito

533

sucesso na profissão. Passados alguns anos, retomou a Zurique onde havia vivido seu caso de amor. Teve, imediatamente, um novo ataque muito semelhante ao primeiro. Acreditava ter visto a moça em algum lugar. Recuperou-se e evitou, durante muito tempo, a cidade. Mais tarde voltou novamente e, em alguns dias, sofreu um outro ataque com a impressão de ter visto a moça, agora com um filho.

534   Meu mestre Eugen Bleuler costumava dizer que uma causa psicológica pode somente produzir os sintomas da doença, mas nunca o sofrimento em si. Esta afirmação pode ser de muita profundidade ou então bastante superficial. Em todo caso, ela deixa bem nítido o dilema do psiquiatra. Pode-se achar uma coisa muito inteligente dizer que nosso paciente voltou a Zurique quando sentiu a aproximação da doença. Contudo, não se pode negar que ele amava muito a moça. Jamais teve contato com outra mulher e seus pensamentos estavam sempre voltados para Zurique. O que há de mais natural do que o desejo de rever de vez em quando as ruas e casas em que a encontrou, mostrando, assim, sua nostalgia insuperável? Seria isso insanidade? Além do mais, não sabemos que aventuras e êxtases ele viveu em sua perturbação mental, que esperanças estimulantes o seduziram a reviver o que acontecera. Tratei certa vez de uma moça esquizofrênica que disse o quanto me odiava por eu lhe impossibilitar uma volta a sua bela psicose. Meus colegas, ao saberem disso, disseram: "Este não pode ser um caso de esquizofrenia", sem saber que eles mesmos haviam feito o seu diagnóstico, pois não suspeitavam de que se tratava da mesma paciente.

535   Devemos então afirmar que nosso paciente adoeceu antes de se ter apaixonado ou antes de ter vindo a Zurique? Desse modo, fazemos a constatação paradoxal de que ele já se encontrava doente quando era normal e de que, por causa da doença, é que ele se apaixonou e voltou ao lugar fatídico. Ou será que devemos dizer que o choque do sofrimento amoroso foi tão grande que ele, ao invés de cometer um suicídio, enlouqueceu, voltando para o lugar de suas lembranças e nostalgia incuráveis?

536   Mas alguém naturalmente poderá objetar que nem toda pessoa enlouquece por causa de uma decepção amorosa. É evidente que não. Tampouco quanto é certo que nem toda pessoa se suicida, se apaixona de maneira tão extremada ou permanece sempre fiel ao pri-

meiro amor. Devemos então suspeitar de uma fraqueza orgânica da qual não temos uma prova concreta ou responsabilizar a paixão por todos os sintomas existentes?

As vastas consequências do *abaissement* inicial constituem uma objeção importante à hipótese de uma origem puramente psicológica. Infelizmente, quase tudo que sabemos a respeito do sintoma primário e de sua possível natureza orgânica são apenas interrogações inúmeras, ao passo que nosso conhecimento sobre as possíveis condições psicogênicas se fundamentam em fatos cuidadosamente observados. Na verdade, existem casos orgânicos de edemas cerebrais de consequências fatais. Mas como constituem um número muito pequeno, não podemos afirmar com segurança se esse tipo de doença pode receber o nome de esquizofrenia. 537

Um importante argumento contra a psicogênese da esquizofrenia é o seu péssimo prognóstico: incurabilidade e demência final. Mas como afirmei, há mais de vinte anos atrás[3], as estatísticas clínicas são feitas, sobretudo, com base na seleção dos piores casos que exclui os casos menos graves. 538

Dois fatos me impressionaram muito ao longo de minha atividade como psiquiatra e psicoterapeuta. Um diz respeito à profunda transformação sofrida pela maior parte dos hospícios nesse tempo. A maioria dos catatônicos totalmente degenerados desapareceu por completo apenas porque lhes foi dada uma ocupação. O outro fato que me impressionou foi a descoberta que fiz logo no início de minha prática psicoterapêutica: o grande número de esquizofrênicos existentes fora das clínicas psiquiátricas. Esses casos estão, em parte, camuflados como delírios de perseguição, neuroses obsessivas, fobias e histerias e evitam, ao máximo, a proximidade com o hospício. São pacientes que insistem muito no tratamento. Como fiel discípulo de Bleuler, investigava os casos que não chegavam à clínica, mas que, antes do tratamento, tinham sido reconhecidos como casos de esquizofrenia. Embora me sentisse sem nenhum recurso científico para tratá-los, persistia no tratamento a ponto de me dizerem que não podiam ser casos de esquizofrenia. Existem muitas psicoses latentes – 539

---

3. "O problema da psicogênese nas doenças mentais", cap. V deste volume.

algumas não muito latentes – contudo só muito poucas podem, em condições favoráveis, ser submetidas à análise psicológica, alcançando, muitas vezes, apenas resultados sofríveis. Mesmo quando não tenho muita esperança em relação a um paciente, tento lhe oferecer o máximo de psicologia possível, pois vi muitos casos em que, devido a um aumento do entendimento psicológico, o prognóstico melhorou e os ataques posteriores foram menos graves. Ao menos era o que parecia. Os senhores sabem como é difícil emitir um julgamento sobre esse assunto. Nestes casos em que nos vemos continuamente assaltados pela dúvida e onde todo trabalho é pioneiro, devemos confiar bastante na própria intuição e seguir nossos sentimentos, apesar de todos os riscos de se cometer um erro. Fazer um diagnóstico correto ou confirmar o péssimo prognóstico constituem os aspectos menos importantes da atividade médica. Isso pode até mesmo sufocar o entusiasmo que, na psicoterapia, é o segredo do sucesso.

540   Os resultados alcançados pela terapia ocupacional nos hospícios mostraram claramente que o estado dos casos considerados sem esperança pode melhorar muitíssimo. Também os casos menos graves que não chegam à clínica psiquiátrica podem chegar a resultados bastante encorajadores através da psicoterapia ocupacional. Não quero parecer otimista em excesso. Muitas vezes, pouco ou quase nada pode ser feito. Há cerca de quatorze anos, trato de uma mulher que tem agora sessenta e quatro anos. Não a vejo mais do que quinze vezes por ano. Ela é esquizofrênica e por duas vezes foi trazida para a clínica com uma psicose aguda, aí permanecendo por muitos meses. Ouvia inúmeras vozes que se distribuíam por todo seu corpo. Consegui encontrar uma voz bastante racional e útil. Tentei aperfeiçoá-la, e o resultado foi que o lado direito do corpo livrou-se das vozes há dois anos. Apenas o lado esquerdo continuou sob o jugo do inconsciente. Depois disso não sofreu novos ataques. Infelizmente, ela não é inteligente e tem uma mentalidade medieval primitiva. Só consegui estabelecer com ela uma boa relação, adaptando minha terminologia à terminologia do primeiro período da Idade Média – não havia mais alucinações, apenas diabo e bruxaria.

541   Embora não se trate de um caso excepcional, pude descobrir que sempre tenho muito a aprender com os pacientes mais graves e mesmo com os casos impossíveis. Trato destes como se não fossem orgâ-

nicos e sim psicogênicos e como se pudesse curá-los, utilizando meios puramente psicológicos. Confesso que não consigo imaginar de que maneira alguma coisa "puramente" psíquica possa causar um *abaissement* capaz de destruir a unidade psicológica, muitas vezes, sem deixar qualquer chance de cura. Sei, contudo, através de todos esses anos de experiência, não apenas que a maioria avassaladora dos sintomas é determinada psicologicamente como também que um número não computado de casos está sob a influência de fatores psíquicos ou relacionados a eles de algum modo. No caso da neurose, esses fatores seriam considerados, sem nenhuma hesitação, como causas. No entanto, como a anamnesia correta só consegue ser descoberta após muitos meses de trabalho cuidadoso mesmo numa neurose, as estatísticas não mencionam nada sobre esses aspectos. Na anamnesia psiquiátrica, predomina uma falta de conhecimento psicológico, na maior parte das vezes, assustadora. Com isso não quero dizer que o clínico deva saber alguma coisa de psicologia, mas, sobretudo, que se o psiquiatra quiser exercer a psicoterapia, ele precisa necessariamente de uma formação psicológica correta. Infelizmente, o que chamamos de "psicologia médica" consiste numa visão muito unilateral. Ela fornece, talvez, um certo conhecimento acerca dos complexos mais correntes, mas sabe muito pouco do que acontece fora do âmbito da medicina propriamente dita. A psicologia não consiste em métodos simples e práticos de medicina. Está mais ligada à história da civilização, à filosofia, à religião e, em especial, à mentalidade primitiva. A mente patológica constitui uma vasta região praticamente inexplorada se a compararmos com o que se tem feito no campo da biologia, da anatomia e da psicologia da esquizofrenia, que recebem toda a atenção. Com todo esse trabalho, que conhecimentos seguros foram conquistados em relação à hereditariedade e à natureza dos sintomas primários? Diria: se o lado psíquico da esquizofrenia foi abordado adequadamente, vamos então discutir mais uma vez a questão da psicogênese.

VIII
Novas considerações sobre a esquizofrenia*

---

* Publicado, pela primeira vez, em *Universitas*, revista de ciência, arte e literatura, XIV. Stuttgart, 1959, p. 31-38.

Tudo faz crer que nos encontramos no limiar de uma nova época que nos propõe difíceis questões. O pedido a mim dirigido para falar a respeito do desenvolvimento futuro no campo da psicologia, da psicopatologia e da psicoterapia constitui, como se pode facilmente imaginar, uma tarefa pouco simples. Um fato bastante conhecido na história da ciência é que justamente as conquistas mais importantes e pioneiras nascem, com muita frequência, de descobertas inesperadas ou de áreas culturais afins, até então desprezadas ou desvalorizadas. Nessas circunstâncias, estabelecer um prognóstico é uma empresa tão duvidosa que prefiro me abster de qualquer tentativa profética e insuficiente. Gostaria de expor minha opinião simplesmente como o *desideratum* de um psiquiatra do início da segunda metade do século XX.

Em geral, as coisas mais desejadas são as que não temos. Sendo assim, resta-nos começar com as questões não respondidas ou com as hipóteses especulativas, baseadas em fatos da experiência. A necessidade mais premente, tanto no campo da psicologia como no da psicopatologia, é, no meu entender, o aprofundamento e a ampliação do conhecimento acerca das estruturas psíquicas complexas de que se ocupa a psicoterapia. Sabemos muito pouco sobre os conteúdos e a importância dos produtos mentais patológicos e, contra o pouco que sabemos, temos ainda certos preconceitos teóricos. Isso vale de modo especial para a psicologia da esquizofrenia, onde os conhecimentos de que dispomos sobre essa doença ainda se encontram num estágio bastante insatisfatório. Desde a modesta tentativa que fizemos há cerca de cinquenta anos[1] esse campo permanece inexplorado, não tendo sofrido grandes progressos. Apesar de, nesse meio tempo, ter observado, tratado e analisado um grande número de esquizofrênicos, não me foi possível, como desejaria, realizar estudos sistemáticos. O motivo dessa omissão é a falta de um fundamento científico sólido necessário para um entendimento desta ordem. Para isso, seria preciso um *point de repère*, o ponto arquimediano *extra rem*, ou seja, nesse caso, a possibilidade de comparação com a psicologia normal equivalente e correspondente.

544 Já em 1907, chamei atenção para o fato de que a comparação com a mentalidade neurótica e com sua psicologia específica própria só vale até certo ponto, isto é, até onde é possível aplicar uma perspectiva pessoal. Contudo, existem, na psicologia dos esquizofrênicos, elementos que, visivelmente, não se enquadram num sistema de referência pessoal. Embora a psicologia pessoal (como as hipóteses heurísticas de Freud e Adler) apresente, numa certa medida, resultados satisfatórios, seu valor se torna duvidoso quando aplicada às formações mentais típicas da esquizofrenia paranoide ou à dissociação específica em sua base, que levou E. Bleuler a chamar essa doença de "esquizofrenia". Esse conceito exprime a diferença entre a dissociação neurótica e a psicótica. A primeira se caracteriza por uma dissociação "sistemática" da personalidade, e a segunda por uma desestruturação "fisiológica" e assistemática dos elementos psíquicos, ou seja, das ideias. Os fenômenos neuróticos correspondem mais aos processos normais observáveis, sobretudo em certas condições emocionais. Já os sintomas da esquizofrenia são mais equivalentes aos fenômenos observados no sonho ou nas intoxicações. Na medida em que se deva considerar os sonhos como fenômenos do sono normal, sua analogia com a desintegração esquizofrênica indica um denominador comum, a saber, um *abaissement du niveau mental* (P. Janet). O *abaissement* tem início com uma diminuição da concentração e atenção, sendo indiferentes os motivos que a provocam. As associações perdem valor e se tornam superficiais. Em lugar de nexos de sentido, as associações se baseiam no som e na motricidade da lingua-

---

[1] "A psicologia da *dementia praecox*", cap. I deste volume.

gem (rimas, aliterações etc.), ocorrendo também perseverações cada vez mais predominantes. Por fim, não apenas o sentido da frase se decompõe como também as próprias palavras. Além disso, o contexto temático é perturbado por intervenções curiosas e ilógicas.

O *abaissement* é constatável não somente no estado onírico mas também na esquizofrenia. Na verdade, existe uma diferença essencial entre ambos, na medida em que, na esquizofrenia, a consciência não está tão diminuída como no sonho. Mesmo quando é inquestionável a presença de sintomas de *abaissement*, a memória e a orientação geral funcionam normalmente, a não ser em seus estados oníricos e delirantes. Esses fatos mostram, com nitidez, que os fenômenos da esquizofrenia não são causados por uma diminuição geral da atenção ou da consciência, mas dependem de algum fator perturbador que, por sua vez, está relacionado a determinados elementos psíquicos em particular. Geralmente, não é possível predizer quais as ideias que serão perturbadas, embora exista uma certa probabilidade de que pertençam ao campo emocional de um complexo reconhecível, cuja existência em si mesma não constitui um sinal especificamente esquizofrênico. Trata-se, na realidade, de um complexo idêntico aos que podem ser observados nos neuróticos e nas pessoas normais. Um complexo emocional pode perturbar a atenção geral e a concentração, mas jamais destrói seus próprios elementos psíquicos ou o seu conteúdo, como acontece num complexo esquizofrênico. Pode-se até dizer que os elementos de um complexo neurótico ou de um complexo normal são bem estruturados e também hipertróficos, graças a sua energia crescente, caracterizando-se pela tendência em aumentar sua abrangência, através dos exageros e acréscimos fantásticos.

545

O complexo esquizofrênico, por outro lado, se caracteriza por uma deterioração particular e por uma fragmentação das ideias onde o campo geral da atenção se vê bem pouco perturbado. É como se o complexo se autoaniquilasse ao distorcer seus conteúdos e sua capacidade de transmissão, ou seja, sua possibilidade de expressão por meio de um pensamento e fala ordenados. Aparentemente, sua energia não provém de outros processos mentais já que não prejudica nem a orientação geral nem as demais funções. Ao contrário, chega a ser bem visível que o complexo esquizofrênico utiliza sua própria energia para extrair seus conteúdos através do *abaissement* de seu ni-

546

veau mental. Numa outra perspectiva, poderíamos dizer que a intensidade emocional do complexo conduz, no sentido contrário ao que se poderia esperar, a um *abaissement* de seus próprios fundamentos ou ao distúrbio da síntese normal das ideias. Decerto, é muito difícil imaginar um processo psíquico que produza esse tipo de efeito. A psicopatologia, neste sentido, não oferece nenhuma pista, pois todos os processos neuróticos operam com elementos inteiramente ordenados sem que ocorra qualquer comprometimento das ideias ou coisas do gênero. Se, numa neurose, encontramos algum vestígio de comprometimento, temos então boas razões para suspeitar de uma esquizofrenia latente.

547   A autodestruição do complexo esquizofrênico se exprime, em primeira instância, pelo distúrbio da capacidade de expressão e comunicação. Além disso, ocorre um outro fenômeno, menos visível, que é uma afetividade inadequada. Na verdade, embora se possa observar nas neuroses uma certa inadequação da sensibilidade (por exemplo: exageros, apatia, depressão etc.), na esquizofrenia esta é sempre sistemática e apenas identificável por um olho clínico experiente. Em se tratando da neurose, basta conhecer todos os aspectos do complexo central para que os traços inadequados se tornem visíveis e compreensíveis. Na esquizofrenia, a sensibilidade é perturbada ininterruptamente, ou seja, a falta ou outro tipo de inadequação da sensibilidade não aparece *sensu strictiori* apenas na região do complexo, traindo-se em todos os comportamentos. No âmbito do complexo, os valores emocionais são distribuídos de maneira ilógica ou parecem ausentes e desintegrados tanto quanto os elementos mentais. Esse fenômeno, no entanto, é bastante complexo e talvez seja de natureza secundária, tratando-se, simplesmente, de uma reação psicológica ao complexo. Mas, nesse caso, seria de se esperar uma estrutura sistemática. Também pode ser o sinal da própria destruição da afetividade. Na realidade, eu não saberia nem poderia responder a essa pergunta de maneira definitiva.

548   Qualquer que seja o modo de se compreender o comportamento curioso do complexo esquizofrênico, o contraste que apresenta em relação ao complexo neurótico ou ao normal é evidente. Considerando-se que até hoje os processos especificamente psicológicos que poderiam ser responsabilizados pelo efeito esquizofrênico não foram

descobertos, admito a possibilidade da existência de uma causa tóxica. Essa deve estar relacionada a uma desintegração orgânica e local, ou seja, a uma alteração fisiológica produzida por uma pressão emocional que excede a capacidade das células cerebrais. (Os *troubles cénesthésiques* de Sollier descritos há mais de sessenta anos parecem apontar nesse sentido). As experiências feitas com mescalina e drogas semelhantes também apoiam a hipótese de uma origem tóxica[2]. Em relação ao futuro desenvolvimento possível no campo da psiquiatria, esse constitui um campo praticamente inexplorado para um trabalho científico pioneiro.

Se, por um lado, o problema de uma toxina específica, devido a seu aspecto formal, se oferece como uma tarefa para a psiquiatria clínica, a questão sobre o conteúdo da esquizofrenia e sua significação consiste numa tarefa de igual importância tanto para o psicopatologista como para o psicólogo do futuro[3]. Ambos os problemas são, em última instância, de grande interesse teórico, pois a sua solução consistiria numa base de valor inestimável para a terapia da esquizofrenia. Nós já sabemos que essa doença apresenta dois aspectos de extrema importância: o bioquímico e o psicológico. Para minha satisfação, pude provar que a doença, embora numa escala reduzida, pode ser tratada por meio da psicoterapia[4]. Tão logo se aceite o tratamento psicológico, porém, surge a questão acerca do conteúdo psicótico e sua significação. Já sabemos que, em muitos casos, lidamos com um material psicológico comparável a certos materiais das neuroses e dos sonhos, que são compreendidos a partir do ponto de vista da pessoa. No entanto, em contraste com o conteúdo de uma neurose, explicável de modo satisfatório pelos dados biográficos, os conteúdos psicóticos mostram particularidades que fogem às circunstâncias individuais da vida, que também observamos em relação aos sonhos cujo simbolismo não pode ser corretamente esclarecido com base apenas nos dados pessoais. Com isso quero dizer que os conteúdos neuróticos podem ser comparados

---

2. Cf. "A psicologia da *dementia praecox*" (cap. I deste volume).
3. Cf. "O conteúdo da psicose", cap. II deste volume.
4. *Wandlungen und Symbole der Libido* [*Símbolos da transformação*. Petrópolis: Vozes, 1986] – [OC, 5].

aos conteúdos de complexos normais, enquanto que os psicóticos, sobretudo nos casos paranoides, mostram uma analogia maior com os sonhos denominados pelos primitivos de "grandes sonhos". Ao contrário dos sonhos comuns, esse tipo de sonho é altamente impressionante e numinoso, onde o mundo de imagens se serve frequentemente de motivos idênticos ou semelhantes aos motivos míticos. Chamei essas estruturas de arquétipos porque elas funcionam de maneira muito semelhante aos comportamentos instintivos. Ademais, podem ser encontradas em toda parte e em todas as épocas, no folclore das tribos primitivas, nos mitos gregos, egípcios, no antigo México como também nos sonhos, visões e ideias delirantes dos homens de hoje, que desconhecem essas tradições.

550   Seria em vão procurar, nesses casos, uma causa pessoal para explicar sua forma e significado arcaicos. Assim, é mais honesto aceitar que se trata de conteúdos que existem de maneira universal no inconsciente, formando uma camada mais profunda, de natureza coletiva, em oposição a camadas mais superficiais, constituídas por conteúdos adquiridos ao longo da vida, os quais poderíamos chamar de inconsciente pessoal. Considero essas formações arquetípicas a matriz de todas as expressões mitológicas que não surgem apenas sob condições altamente emocionais, mas parecem constituir sua própria causa. Seria um equívoco considerar tais formações como representações herdadas, pois são apenas as condições para a formação de ideias assim como os instintos são as condições dinâmicas para os mais variados modos de comportamento. É provável até que os arquétipos constituam a expressão psíquica ou a manifestação dos instintos.

551   É evidente que a questão acerca dos modos de comportamento e das formas de pensamento arcaicas não pode ser tratada somente do ponto de vista da psicologia individual. Nesse campo, a pesquisa deve recuar até as manifestações mais gerais do espírito humano. Assim, toda tentativa de se penetrar com maior profundidade nessa questão conduz, inevitavelmente, ao problema do espírito humano *in toto*. A mente individual não pode ser entendida apenas por si mesma. Para seu entendimento, faz-se necessário um modo de observação bem mais abrangente, ou em outras palavras: a investigação das camadas psíquicas mais profundas só pode se realizar com o auxí-

lio de outras disciplinas. Por isso é que a pesquisa nesta área ainda se encontra em seu começo. Todavia, os resultados obtidos até agora são bastante encorajadores.

No meu entender, a investigação da esquizofrenia constitui uma das tarefas mais importantes da psiquiatria futura. O problema encerra dois aspectos, um fisiológico e um psicológico, pois, como se pode perceber, essa doença não se satisfaz com uma única explicação. Sua sintomatologia indica, por um lado, um processo basicamente destrutivo, talvez de natureza tóxica, e, por outro, um fator psíquico de igual importância, já que não se pode abandonar uma etiologia psicogênica e a possibilidade de um tratamento psicológico ao menos em alguns casos. Os dois caminhos abrem visões ricas e abrangentes tanto no campo teórico como no terapêutico.

552

IX
A esquizofrenia*

---

* Publicado originalmente no *Schweizer Archiv für Neurologie und Psychiatrie*, LXXXI, 1958, p. 163-177. Zurique.

Um dos privilégios da velhice é a possibilidade de rever os caminhos que já foram percorridos. Gostaria, em primeiro lugar, de agradecer ao professor Manfred Bleuler pela oportunidade de apresentar, num encontro entre colegas de minha especialidade, as experiências por mim realizadas no campo da esquizofrenia.

Foi no ano de 1901 que eu, jovem médico assistente no Burghölzli, consultei meu então chefe, o professor Bleuler, a respeito de um tema para minha tese de doutorado. Ele me aconselhou a investigar experimentalmente a cisão de ideias na esquizofrenia. Nesse tempo, já se havia conseguido penetrar bastante na psicologia desses doentes através das experiências de associação, tendo sido constatada a existência de *complexos* de tonalidade afetiva que, em sua essência, eram os mesmos verificados nas neuroses. A maneira como os complexos se exprimiam nas experiências de associação era, em muitos casos e sobretudo naqueles em que o distúrbio não se encontrava na fase mais aguda, a mesma da histeria. Em outros casos, porém, especialmente nos que afetavam a linguagem, revelou-se um quadro típico de esquizofrenia que, em comparação com a histeria, apresentava um número bem maior de bloqueios, perseverações, neologismos, discurso fora de propósito e lapsos, todos relacionados às palavras-estímulo do complexo ou em sua vizinhança.

A questão era como aprofundar, a partir destes dados, a estrutura dos distúrbios específicos. Contudo, naquela época, essa questão não pôde ser respondida. Mesmo meu estimado mestre e superior não pôde me fornecer uma ajuda. Tinha escolhido um tema, e não por acaso, que se, por um lado, não oferecia muitas dificuldades, por outro, em sua analogia com a esquizofrenia, tratava de uma *dissociação sistemá-*

tica da personalidade numa jovem[1]. Ela acreditava possuir poder mediúnico e desenvolvera nas sessões espíritas um verdadeiro sonambulismo, onde conteúdos estranhos à consciência emergiam do inconsciente, constituindo a causa manifesta da cisão da personalidade. Na esquizofrenia encontram-se, com muita frequência, conteúdos estranhos que inundam a consciência de maneira mais ou menos repentina e fragmentam a coesão interna da personalidade de forma característica. Enquanto a dissociação neurótica jamais perde seu caráter sistemático, a esquizofrenia apresenta um quadro de acidentalidade assistemática que, muitas vezes, mutila a continuidade de sentido tão característica das neuroses, a ponto de se tornar irreconhecível.

556 Num trabalho publicado em 1907, "Sobre a psicologia da *dementia praecox*"[2], tentei expor o estágio de meu conhecimento naquele período. Tratava-se, essencialmente, de um caso típico de paranoia com distúrbios característicos de linguagem. Embora os conteúdos patológicos tivessem, explicitamente, o caráter de compensação e, em consequência, não se pudesse negar sua natureza sistemática, as ideias de base estavam muito desintegradas ao ponto de serem ininteligíveis pela sua violência assistemática. Necessitava-se assim, muitas vezes, de um material de associação extenso de amplificação.

557 De início, não se sabia por que o caráter peculiar das neuroses irrompeu em esquizofrenia e, ao invés de analogias sistemáticas, ou seja, equivalentes, produzem-se fragmentos estranhos, grotescos e bastante inesperados. Podia-se constatar apenas que essa cisão de ideias era própria da esquizofrenia, particularidade que possuía em comum com o fenômeno normal do *sonho*. Nele, observamos um caráter aparentemente idêntico – casual, absurdo e fragmentário que, para ser compreendido, requer os mesmos recursos de amplificação. Contudo, não se pode esquecer que a diferença entre o sonho e a esquizofrenia consiste no fato de o primeiro se processar durante o *sono,* ou seja, num alto grau de obscuridade da consciência, enquanto que o fenômeno esquizofrênico não afeta, às vezes de modo algum, a orientação elementar da consciência. (Observemos em parên-

---

1. *Zur Psychologie und Pathologie sogenannter occulter Phänomene* [OC, 1].
2. Cap. I deste volume.

teses que seria muito difícil distinguir a maior parte dos sonhos de esquizofrênicos dos sonhos de pessoas normais.) A impressão de uma analogia substancial entre o fenômeno esquizofrênico e o sonho tornou-se cada vez mais pronunciada com o crescer de minha experiência (Analisei nesse período pelo menos quatro mil sonhos!).

558 Embora tenha deixado de trabalhar na clínica em 1909 para me dedicar inteiramente à prática psicoterapêutica, não perdi o contato com a esquizofrenia. Na verdade, apesar de temer o contrário, foi justamente então que, para meu espanto, estabeleci um contato real com essa doença. O número de psicoses latentes e potenciais é surpreendentemente grande em comparação com o número de casos manifestos. Calculo uma relação de 10:1, embora não possa apresentar dados estatísticos precisos. Não são poucas as neuroses clássicas como histeria e neurose obsessiva que, durante o tratamento, se revelam como psicoses latentes, podendo, por vezes, transformar-se em psicoses manifestas – e a este fato todo psiquiatra deveria estar atento. Embora um destino benevolente, mais do que um mérito, me tenha poupado de ver algum doente meu chegar a um surto psicótico, vi, como consultor, um número imenso desses casos. Acompanhei, por exemplo, neuroses obsessivas clássicas em que os impulsos gradualmente foram se transformando em alucinações auditivas correspondentes, ou casos comprovados de histeria encobriram as mais diversas formas de esquizofrenia. Essa experiência não é de modo algum estranha para o psiquiatra clínico. Em todo caso, foi para mim uma novidade constatar, logo que abri minha clínica, o número relativamente grande de esquizofrenias latentes que evitam o hospício, de modo inconsciente, mas sistemático, buscando auxílio e orientação junto aos psicólogos. Nestes casos, não se trata, de forma alguma, de simples predisposição esquizoide, mas de verdadeiras psicoses que ainda não minaram por completo a ação compensatória da consciência.

559 Faz justamente cinquenta anos que adquiri, ao longo da experiência prática, a convicção de que os distúrbios esquizofrênicos poderiam ser tratados e curados por meios psicológicos. Como pude observar, o paciente esquizofrênico se comporta em relação ao tratamento da mesma maneira que um neurótico. Possui os mesmos complexos, os mesmos *insights* e necessidades, mas não tem a mesma *solidez de estrutura*. Enquanto o neurótico pode ter instintivamente a

certeza de que com a dissociação de sua personalidade, jamais perderá o caráter sistemático, e com isso, a unidade e a coerência do todo nunca serão abaladas seriamente, o esquizofrênico latente deve sempre contar com a possibilidade de sua estrutura vir a ceder em algum ponto, que ocorra uma fragmentação incontrolável e suas ideias e conceitos possam perder a coerência com outras ideias bem como a consonância com outras esferas de associação ou com o mundo externo. Sente-se ameaçado por um caos incontrolável de acontecimentos casuais. Encontra-se num solo movediço e muitas vezes sabe disso. Os perigos de sua situação aparecem nos sonhos drásticos de grandes catástrofes e apocalipses etc. Ou então, o solo em que se encontra começa a tremer, as paredes se deslocam e desmoronam, a terra firme se liquefaz, uma tempestade o arrasta pelos ares, todos os parentes morrem etc. Essas imagens descrevem um distúrbio fundamental da relação, ou seja, do *rapport* entre o doente e o mundo que o cerca, mostrando o *isolamento* que o ameaça.

560   A causa imediata do distúrbio é um afeto violento que, no neurótico, como toda emoção, produz uma *alienação* ou isolamento semelhante, mas passageiro. As imagens de sua fantasia que representam o distúrbio podem também mostrar uma certa semelhança com as imaginações esquizoides embora deem mais a impressão de uma dramatização ou exageros em oposição ao caráter ameaçador e sinistro dos esquizofrênicos. É por isso que, do ponto de vista terapêutico, elas podem ser ignoradas sem maiores danos. Entretanto, o valor dos sintomas de isolamento nas psicoses latentes é bem diferente! Eles significam sinais ameaçadores cujo perigo nunca se consegue reconhecer a tempo. Exigem medidas imediatas tais como a interrupção do tratamento, o restabelecimento cuidadoso do *rapport* pessoal, a modificação do meio, escolha de outro terapeuta e precaução rigorosa no contato com os conteúdos do inconsciente, sobretudo na análise dos sonhos.

561   É evidente que essas são apenas medidas gerais que podem ser alteradas de acordo com cada caso individual. Gostaria de trazer como exemplo o caso de uma senhora extremamente culta e instruída que assistiu a uma preleção por mim realizada sobre um texto tântrico que abordava, profundamente, conteúdos do inconsciente. Ela ficou fascinada e muito excitada com as novas ideias, não conseguindo, contudo, formular as questões e os problemas que nela se levanta-

vam. Surgiram sonhos compensatórios para ela incompreensíveis que, numa sequência muito veloz, levaram a imagens destrutivas, precisamente os sintomas de isolamento acima descritos. Neste estágio, ela me consultou, querendo que eu a analisasse e ajudasse a entender esses pensamentos incompreensíveis. Seus sonhos com terremotos, casas demolidas e inundações mostraram, no entanto, que a paciente devia justamente evitar a irrupção ameaçadora do inconsciente, modificando de maneira drástica sua situação presente. Eu lhe proibi que assistisse as minhas preleções e a aconselhei, em vez disso, a estudar com profundidade o livro de Schopenhauer *O mundo como vontade e representação*[3]. Como pude verificar, a paciente havia tido, anos antes, um surto esquizofrênico de curta duração que, aparentemente, não suscitou neste meio tempo outra recaída.

Nos pacientes esquizofrênicos em que o tratamento é realizado com certo êxito podem ocorrer complicações emocionais que levam a uma recaída psicótica ou a uma psicose aguda, caso os sintomas indicadores de perigo, sobretudo os sonhos destrutivos, não forem reconhecidos a tempo. O tratamento ou a interrupção desses processos nem sempre requerem medidas drásticas. Pode-se levar a mente do paciente, através de medidas terapêuticas comuns, a uma distância segura de seu inconsciente, por exemplo, induzindo-o a representar sua situação psíquica num desenho ou num quadro[4]. Com isso, o caos que nos parece impossível compreender e formular é visualizado e objetivado, podendo então ser observado à distância, analisado e interpretado pela consciência. O resultado desse método parece residir no fato de a impressão originariamente caótica e amedrontadora ser substituída pela imagem que dela se faz. O *tremendum* é "desencantado" pela imagem, tornando-se banal e familiar. Quando o paciente se vê ameaçado pelos afetos da experiência originária, as imagens por ele projetadas servirão para aplacar o terror. Um bom exemplo deste procedimento é a visão aterradora de Deus do Irmão Klaus. Por meio de uma longa meditação, auxiliada por alguns diagramas feitos por um místico do sul da Alemanha, ele conseguiu mu-

---

[3]. Escolhi justamente Schopenhauer porque este filósofo, influenciado pelo budismo, acentua de modo especial o efeito redentor da consciência.

[4]. A pintura é ainda mais eficaz na medida em que o sentimento se exprime através das cores.

dar esta visão num quadro da Santíssima Trindade que hoje se encontra na igreja paroquial de Sachseln.

563 A disposição esquizoide se caracteriza por afetos abrangentes, nascidos de complexos comuns que, em geral, provocam consequências bem mais profundas do que os afetos neuróticos. Do ponto de vista psicológico, os fenômenos afetivos consequentes constituem, sintomaticamente, o específico da esquizofrenia. Esses são, como já vimos, assistemáticos e com aparência caótica e acidental. Além disso, da mesma maneira que certos sonhos, eles se caracterizam por *formas de associação arcaicas ou primitivas* muito próximas dos motivos mitológicos e de suas representações[5].

564 Freud não pôde deixar de comparar o complexo de incesto, tão comum nas neuroses, a um motivo mitológico, escolhendo o nome adequado de *complexo de Édipo*. Esse motivo, porém, não é de forma alguma o único. Já para a psicologia feminina se escolheu uma outra denominação correspondente, como a que propus, há algum tempo, de *complexo de Electra*. Além do complexo de endogamia, existem muitas outras complicações que podem igualmente ser comparadas a motivos míticos.

565 A frequente retomada de formas e imagens arcaicas de associação observadas na esquizofrenia me forneceu, pela primeira vez, a ideia de um inconsciente que não consta apenas de conteúdos originários da consciência que se perderam, mas de uma camada ainda mais profunda, dotada de caráter universal, como são os motivos míticos característicos da fantasia humana. Esses motivos não são de modo algum *inventados* e sim *descobertos*, constituindo formas típicas que aparecem, de maneira espontânea e universal, independentes da tradição nos mitos, contos de fada, fantasias, sonhos, visões e ideias delirantes. Uma investigação mais cuidadosa mostra que se trata de atitudes típicas, de modos de agir, de formas de ideias e impulsos que devem constituir *o comportamento tipicamente instintivo da humanidade*. O termo *arquétipo* por mim escolhido coincide com o conceito tão conhecido na biologia de *"pattern of behaviour"*. Não se

---

5. Naturalmente estes arcaísmos também aparecem nas neuroses e nas pessoas normais, só que mais raramente.

trata de maneira alguma de *ideias* herdadas, mas de *impulsos e formas instintivas herdadas*, tais como observamos em todo ser vivo.

No meu entender, o fato de, na esquizofrenia, aparecerem formas arcaicas com muita frequência significa que, nessa doença, as bases biológicas da psique se veem bem mais afetadas do que nas neuroses. A experiência nos mostra que as formas oníricas arcaicas com sua numinosidade característica também aparecem nas pessoas normais, sobretudo em situações que, de certo modo, atingem as bases da existência individual. Por exemplo: nos momentos de grande perigo de vida, antes ou depois de acidentes, nas doenças graves, nas operações etc., ou na evolução de problemas psíquicos que modificam, de maneira catastrófica, a vida do indivíduo, ou em períodos críticos onde uma alteração da atitude psíquica anterior se sobrepõe peremptoriamente, ou então antes, durante ou depois de modificações profundas no meio ambiente imediato ou mais geral. Esse tipo de sonho era narrado na antiguidade diante do areópago ou do senado romano como é, ainda hoje, objeto do palaver nas sociedades primitivas, o que mostra desde sempre uma determinada importância coletiva.

566

É fácil compreender que, em situações de grande importância para a vida, a base instintiva da psique se veja mobilizada mesmo quando a consciência não percebe explicitamente a situação. Pode-se dizer até que é justamente neste momento que o instinto encontra a melhor oportunidade para se afirmar. A importância vital ou ameaçadora da psicose é evidente e, por isso, não é de se estranhar o aparecimento de conteúdos determinados pelos instintos nas situações esquizofrênicas. Curioso, no entanto, é o fato de tal manifestação não ocorrer de maneira sistemática e acessível à consciência, como acontece, por exemplo, na histeria. Aqui uma personalidade consciente perdida na sua unilateralidade se confronta com uma personalidade compensatória e organizada sistematicamente em um de seus lados, a qual possui chances bem maiores de ser integrada graças à sua estrutura racional e à transparência de sua expressão. A compensação esquizofrênica, ao contrário, permanece quase sempre velada em formas arcaicas coletivas, impedindo num grau bem maior a compreensão e a integração.

567

Se a compensação esquizofrênica, ou seja, a expressão de seus complexos afetivos, se satisfizesse plenamente com uma formulação

568

arcaica ou mitológica, os produtos da associação poderiam ser entendidos como *descrições poéticas*. Contudo, não é esse o caso nem na esquizofrenia nem nos sonhos normais; em ambos os casos, as associações são abruptas, assistemáticas, grotescas, absurdas, de difícil compreensão, chegando mesmo à ininteligibilidade. Os produtos da associação esquizofrênica não são apenas arcaicos, mas também desfigurados por uma força caótica.

569   Trata-se, obviamente, de uma desintegração, de uma fragmentação da apercepção como se pode observar em todos os casos de extremo *abaissement du niveau mental* (P. Janet), ou nos casos de estafa e intoxicação elevadas. Continuamente, surgem no campo da consciência variações associativas que se encontravam excluídas da apercepção normal, ou seja, inúmeras nuanças de forma, sentido e valor que caracterizam, por exemplo, o *efeito da mescalina*. Esta droga e as similares provocam, como se sabe, um *abaissement* que torna perceptíveis *variações inconscientes da percepção*[6], através da queda do limiar da consciência, enriquecendo, por um lado, a percepção de maneira espantosa e, por outro, impossibilitando a integração na orientação geral da consciência. Isso acontece porque o acúmulo de variações conscientizadas imprime a cada ato singular da apercepção uma dimensão que preenche a totalidade da consciência. Esse fenômeno corresponde ao efeito provocado pela mescalina que foi chamado de *fascinação*. A semelhança entre esse fenômeno e a apercepção esquizofrênica é indiscutível.

570   De acordo com o material experimental de que se dispõe até agora, não se sabe ao certo se a mescalina e o agente nocivo da esquizofrenia produzem um *distúrbio idêntico*. O comportamento descontínuo, abrupto, rígido e de estancamento da apercepção esquizofrênica difere da continuidade fluida e móvel dos sintomas produzidos pela mescalina. O quadro psicológico e fisiológico, que se compõe da soma do comportamento da apercepção com os distúrbios do sistema simpático, do metabolismo e da circulação sanguínea, lembra, em muitos aspectos, um *distúrbio tóxico*, o que me fez pensar, há mais de cinquenta anos, na possibilidade da existência de uma *toxina*

---

6. Esse termo é mais específico do que o conceito de *"fringe of consciousness"*, utilizado por William James.

metabólica específica[7], Embora não tenha podido responder naquela época à questão se a toxina constituía a etiologia primária ou secundária por falta de experiência psicológica, pude mais tarde, após uma longa experiência, observar que a *causa psicogênica da doença é mais provável do que a tóxica*. Existem inúmeros casos leves e passageiros de esquizofrenia manifesta – para não falar dos casos ainda mais frequentes de psicose latente – que surgem de modo puramente psicogênico e que evoluem psicologicamente – abstração feita de certas nuanças tóxicas prováveis – que podem se recuperar completamente, por assim dizer, por meio de procedimentos psicoterapêuticos. Além disso, pude observar a mesma coisa em relação a alguns casos mais graves.

Recordo-me, por exemplo, do caso de uma jovem de dezenove anos que, aos dezessete, foi levada para o hospício com catatonia e alucinações. Seu irmão era médico e estava pessoalmente implicado na série de ocorrências patogênicas que culminaram na catástrofe. Em seu desespero, perdeu a paciência e, cogitando a possibilidade de um suicídio, dirigiu-se a mim, dando carta branca para fazer tudo que "fosse humanamente possível". Ele me trouxe a paciente em estado catatônico e absoluto mutismo. Suas mãos estavam frias e pálidas, apresentava manchas roxas no rosto, as pupilas dilatadas e um grau de reação mínimo. Alojei-a num sanatório próximo à clínica e ela vinha, todos os dias, se consultar comigo durante uma hora. Depois de semanas de esforço em que repetia sempre as mesmas perguntas, consegui que ela balbuciasse algumas palavras ao término de cada sessão. No momento em que conseguia falar, as pupilas diminuíam, as manchas do rosto desapareciam e as mãos se aqueciam, adquirindo uma cor mais normal. Por fim, ela começou a falar e narrar o conteúdo da psicose, embora, de início, os bloqueios fossem muito grandes. Tinha apenas uma formação rudimentar, tendo sido criada num ambiente burguês de cidade pequena. Apesar de não possuir qualquer conhecimento sobre mitologia ou folclore, ela me narrou um mito bastante extenso e elaborado que descrevia sua vida na lua. Ela era, para o povo lunar, uma sábia. Desconhecia tanto a clássica conexão entre a lua e as doenças mentais como os demais motivos mitoló-

---

7. "A psicologia da *dementia praecox*", § 195s., cap. I deste volume.

gicos que apareciam em sua narrativa. A *primeira recaída* aconteceu cerca de quatro meses após o início do tratamento, quando, subitamente, se deu conta de que nunca mais poderia voltar à lua porque havia revelado seu segredo a um ser humano. Caiu num violento estado de excitação, tendo então que ser transferida para a clínica psiquiátrica. O Prof. Eugen Bleuler, meu chefe na época, confirmou o diagnóstico de catatonia. O intervalo agudo terminou dois meses depois e a paciente pôde voltar ao sanatório e reassumir o tratamento. Ela se achava agora mais acessível e passou a discutir vários problemas como é característico nas neuroses. Sua apatia e falta de afeto iniciais deram lugar, gradualmente, a uma certa emocionalidade linfática e um sentimentalismo. Inevitavelmente, o problema da retomada de uma vida normal e da aceitação de uma existência humana social foi se tornando cada vez mais premente. Ao se ver diante dessa tarefa incontornável, teve uma *segunda recaída*, voltando para a clínica com um forte ataque de delírio. O diagnóstico clínico dessa vez foi de "estado crepuscular epileptoide fora do comum" com um ponto de interrogação. O certo é que sua vida emocional, reavivada nesse intervalo, confundiu os traços esquizofrênicos.

Mesmo com algumas dúvidas, dei alta à paciente depois de um ano de tratamento. Durante mais de trinta anos, ela me escreveu relatando seu estado mental. Tempos após o tratamento, ela se casou, teve filhos e não teve outros surtos patológicos.

A psicoterapia de casos mais graves possui, no entanto, limites bem marcados e estreitos. Seria um grande equívoco pressupor a existência de *métodos* mais ou menos apropriados. Os pressupostos teóricos neste sentido significam tão pouco que na verdade não se pode falar de "métodos". O que, em última análise, importa no tratamento é o *sacrifício pessoal,* a *seriedade de propósito,* a *abnegação dos que tratam.* Vi resultados verdadeiramente milagrosos de enfermeiros e leigos cheios de compreensão que restabeleceram o *rapport* com o doente, graças, única e exclusivamente, à coragem pessoal e à dedicação paciente, conseguindo curas espantosas. É evidente que só pouquíssimos médicos, num número limitado de casos, podem assumir uma tarefa tão árdua. Mesmo as esquizofrenias muito graves podem sofrer uma melhora considerável por meio de um tratamento psíquico ou até serem curadas desde que "a constituição do próprio terapeuta consiga ser preservada". Essa questão é séria e delicada, pois, além de exigir um esforço extraordinário, pode também induzir algum contágio psíquico no próprio terapeuta que possua uma certa disposição. Ao longo de minha experiência, vi nada menos do que três casos de psicose induzida em tratamentos dessa espécie.

Os resultados do tratamento são, muitas vezes, bem curiosos: lembro o caso de uma senhora viúva de sessenta anos que passou trinta anos sofrendo de alucinose crônica, depois de um intervalo de esquizofrenia aguda que a levou para o hospício. Ela ouvia "vozes" que estavam distribuídas por toda a superfície do corpo, concentrando-se em todas as aberturas, como também em torno dos mamilos e do umbigo. As vozes a incomodavam enormemente, fazendo-a sofrer de maneira considerável. Por razões que não caberiam aqui, aceitei tratar do caso apesar do "tratamento" ter muito mais o sentido de controle ou observação. O caso me parecia terapeuticamente sem esperança, sobretudo porque a paciente possuía uma inteligência limitada. Era capaz de cuidar de sua casa com desvelo, mas uma conversa inteligente era quase impossível. As coisas melhoravam um pouco quando a conversa girava em torno de uma voz que ela chamava de "voz de Deus", localizada mais ou menos no meio do esterno. Essa voz dizia que ela deveria me convencer a deixá-la ler, durante a consulta, um capítulo da Bíblia por mim escolhido, para que ela memorizasse e meditasse em casa. Na sessão seguinte, eu deveria ouvi-la a respeito. Com o passar do tempo, esse conselho um tanto estranho se revelou uma medida terapêutica de grande valor, pois além de ajudar a capacidade verbal e expressiva da paciente, melhorou consideravelmente o *rapport* psíquico. O resultado obtido, passados oito anos, foi que a metade direita do seu corpo ficou inteiramente livre das vozes. Essas permaneceram apenas na metade esquerda. É provável que o resultado inesperado desse exercício paciente tenha sido simplesmente consequência do fato da atenção e interesse terem se mantido vivos (Ela morreu depois de apoplexia).

Em geral, o grau de inteligência e instrução é de grande importância para o prognóstico terapêutico. No caso de diminuição dos intervalos agudos ou nos estágios iniciais, a conversa esclarecedora a respeito dos sintomas e, em especial, dos conteúdos psicóticos me parece de valor inestimável. Na medida em que a fascinação provocada pelos conteúdos arquetípicos é muito perigosa, acredito que o esclarecimento do sentido impessoal, mais geral, ofereça uma ajuda mais significativa do que a discussão comum sobre os complexos pessoais. Esses complexos são, em última instância, as causas originárias que evocam as reações e compensações arcaicas, podendo a qualquer hora gerar as mesmas consequências. Por isso, com muita frequência, se deve ajudar o paciente a desviar seu interesse, ao menos temporariamente, das fontes pessoais de excitação, oferecendo-lhe uma orientação de ordem mais geral e um horizonte mais amplo de sua situação confusa. Via de regra, tentei transmitir aos pacientes inteligentes o maior número de conhecimentos psicológicos possível. Quanto maior o conhecimento que possui a respeito, melhor se afigura o prognóstico já que, ao se ver munido com os conhecimentos necessários, poderá compreender as novas irrupções do inconsciente e, deste modo, assimilar os conteúdos estranhos, integrando-os a seu mundo consciente. Assim, nos casos em que os pacientes se lembram do conteúdo de sua psicose, busco discuti-lo o mais profundamente a fim de fazê-los entender o que se passa.

576   Esse procedimento exige do médico mais do que simples conhecimentos psiquiátricos. Ele deve conhecer mitologia, psicologia primitiva etc., conhecimentos que hoje fazem parte da bagagem, do psicoterapeuta como acontecia até o Iluminismo, onde constituíam parte essencial do saber médico. (Pensemos, por exemplo, nos médicos da escola de Paracelso na Idade Média!) Não se pode considerar a mente humana, sobretudo em seu estado patológico, com a mesma ignorância do leigo que só conhece seus complexos pessoais. Pelo mesmo motivo, a medicina somática pressupõe um profundo conhecimento de anatomia e fisiologia. Da mesma maneira que existe um corpo humano objetivo e não apenas um corpo pessoal e subjetivo, existe também uma psique objetiva com suas estruturas e atividades específicas as quais devem ser conhecidas pelo psicoterapeuta, ao menos de modo satisfatório. Poucas foram as mudanças sofridas neste sentido, na primeira metade do século. Em minha opinião, existem alguns indícios prematuros no campo teórico, mas que são frustrados pelos preconceitos ainda correntes no consultório médico e pela falta de conhecimento dos fatos. Ainda são necessárias várias experiências no campo dos fenômenos psíquicos antes que se possa descobrir al-

gum fundamento comparável, por exemplo, aos resultados obtidos na anatomia comparativa. Hoje sabemos muito mais sobre as condições do corpo do que sobre a estrutura da psique, apesar da importância cada vez maior da biologia para a compreensão dos distúrbios somáticos e finalmente do próprio homem.

O panorama geral da esquizofrenia, revelado nesses quase cinquenta anos de experiência, não indica nenhuma etiologia precisa. Na verdade, desde que passei a não mais observar apenas clinicamente os casos, ou a considerar unicamente a anamnesia, e desde que comecei a investigá-los analiticamente, com o auxílio dos sonhos e dos materiais psicóticos, tanto do estágio inicial como do processo compensatório ocorrido durante o tratamento, devo admitir que não vi um só caso que não apresentasse um desenvolvimento lógico ou que fosse desprovido de nexo causal. Sei que meu material de observação consistia, geralmente, de casos menos graves, ainda curáveis, ou de psicoses latentes. Desse modo, não saberia bem o que dizer a respeito das catatonias graves e letais que evidentemente não chegam ao consultório do psicoterapeuta. Assim, deixo aberta a possibilidade da existência de esquizofrenias em que a etiologia psicogênica pode apenas ser considerada num grau mínimo ou nem mesmo isso.

577

Apesar de ser inquestionável o caráter psicogênico na grande maioria dos casos, o que nos leva a esperar um transcurso puramente psicológico da doença, existem fenômenos na esquizofrenia que parecem escapar a uma explicação psicológica. Esses fenômenos ocorrem, como já mencionamos, no âmbito do complexo patogênico. No campo das neuroses, o afeto que retine o complexo normalmente produz sintomas que podem ser vistos como formas preliminares e leves dos sintomas esquizofrênicos como, por exemplo, um certo *abaissement du niveau mental*, caracterizado pela unilateralidade, perturbação da capacidade de julgar, fraqueza de vontade e pelas reações peculiares de bloqueio, perseveração, estereotipia, superficialidade verbal-motora, aliteração e assonância. O afeto também surge como o grande produtor de neologismos. Todos esses fenômenos reaparecem na esquizofrenia com intensidade e frequência ainda maiores, o que comprova, de maneira inequívoca, a extraordinária veemência do afeto. Como isso ocorre continuamente, o afeto não se preocupa em se manifestar externamente ou em aparecer de forma

578

dramática, desenvolvendo-se, de modo imperceptível para o observador, no lado de dentro, onde produz fenômenos intensos de compensação por parte do inconsciente[8]. Esses fenômenos se exprimem como produtos delirantes e sonhos que se apoderam da consciência com uma força possessiva. A intensidade da fascinação corresponde à força do afeto patogênico e, em geral, pode ser por ele explicado sem grandes dificuldades.

579   Nas pessoas normais e nos neuróticos, o afeto intenso costuma passar com uma certa rapidez e o afeto crônico prejudica a orientação geral da consciência e sua adaptabilidade apenas de maneira quase imperceptível. Já o complexo esquizofrênico produz um efeito incomparavelmente mais poderoso. Suas expressões se fixam, sua autonomia relativa se torna absoluta e ele se apodera da consciência, chegando à alienação e destruição da personalidade. Não cria uma *double personnalité*, mas despotencia a personalidade do eu, colocando em seu lugar um fenômeno que, por causa de sua presença nos estados afetivos mais graves e agudos ou nos delírios, recebeu o nome de afetos patológicos. A forma preliminar normal desse estado é o *sonho* que, ao contrário da esquizofrenia, não ocorre no período de vigília, mas durante o sono.

580   Vemo-nos aqui diante de um dilema: devemos supor como momento causal uma certa fraqueza da personalidade do eu ou uma especial intensificação do afeto? Considero a segunda hipótese bem mais rica e isso pelas seguintes razões: para a compreensão psicológica, o enfraquecimento visível da consciência do eu no estado do sono nada significa em termos de conteúdo. O complexo de tonalidade afetiva, no entanto, é decisivo tanto para a dinâmica como para o conteúdo e sentido dos sonhos. Essa observação também pode ser feita em relação ao estado esquizofrênico pois, dentro do que foi possível verificar até hoje, toda a fenomenologia dessa doença se concentra no complexo patogênico. Para uma tentativa de esclarecimento, vale mais a pena partir da segunda hipótese, considerando o enfraquecimento da personalidade do eu como fator secundário, como uma das consequências destrutivas de um complexo de tonalidade

---

8. Este estado corresponde à *falta de afeto* característica da esquizofrenia.

afetiva, surgido normalmente, mas que passa a desfazer a unidade da personalidade devido à sua intensidade.

Mesmo no campo das neuroses, todo complexo possui a tendência pronunciada de se normalizar, por assim dizer, seja integrando-se na hierarquia das estruturas psíquicas superiores, seja, no pior dos casos, produzindo uma dissociação pessoal que de alguma maneira é consistente à personalidade do eu. No caso da esquizofrenia, ao contrário, o complexo não somente permanece em sua forma arcaica como se mantém fixado por acasos caóticos, desconsiderando seu aspecto social. Como a grande maioria dos sonhos, ele permanece estranho, incompreensível e sem mediação. O sono é o responsável por essa propriedade dos sonhos. Mas, na esquizofrenia, talvez se deva pressupor como hipótese explicativa um agente *nocivo* específico, uma *toxina* liberada pelo afeto excessivo que produz, possivelmente, uma ação específica. Na realidade, é provável que ela não aja no sentido de perturbar as funções de sentido ou os movimentos corporais e sim no âmbito do complexo patogênico, onde os processos de associação se veem reduzidos a um grau intenso de *abaissement du niveau mental* até sua forma mais arcaica, muitas vezes se decompondo em suas partes constitutivas.

Esse postulado nos faz pensar de imediato numa *localização, o* que constitui uma hipótese questionável. Recentemente, porém, fui informado que dois pesquisadores americanos parecem ter conseguido provocar a visão alucinatória de uma forma arquetípica, estimulando o córtex occipital. Trata-se de um caso de epilepsia que apresentou como sintoma anterior ao ataque a visão de uma *quadratura circuli*. Esse motivo pertence à longa série dos símbolos conhecidos como mandala cuja localização no córtex occipital já havia sido por mim intuída há muito tempo. Do ponto de vista psicológico, trata-se de um arquétipo de importância central e de extensão universal que aparece, independentemente das tradições, nos produtos do inconsciente de maneira espontânea. É um motivo fácil de ser reconhecido, sendo bastante familiar a quem quer que possua alguma experiência com os sonhos. A razão que me levou a supor sua localização no córtex occipital foi o fato psicológico de que este arquétipo, em particular, tem o papel de *orientador* das direções[9]. Os símbolos do mandala aparecem, com bastante frequência, nos momentos de desorientação mental e constituem um fator ordenador de compensação. Este aspecto se exprime fundamentalmente na *estrutura matemática* do símbolo, conhecida, desde a Antiguidade tardia, pela filosofia hermética da natureza como o axioma de *Maria profetisa* (filósofa neoplatônica, provavelmente do século III dC), e foi objeto de profunda especulação durante quase 1400 anos[10].

583   Se a ideia de uma localização do arquétipo for comprovada por outras experiências, a hipótese da *autodestruição do complexo patogênico*, através de uma toxina específica, ganhará maior probabilidade, o que levaria à possibilidade de se entender o processo destrutivo como uma espécie de defesa biológica distorcida.

584   Existe ainda um longo caminho a percorrer até que a fisiologia e a patologia do cérebro, de um lado, e a psicologia do inconsciente, de outro, venham a se dar as mãos. Até lá, elas devem trilhar caminhos separados. No entanto, a psiquiatria, que precisa se ocupar de todas as pessoas e está comprometida com a tarefa de compreender e tratar os doentes, se vê obrigada a considerar tanto um lado quanto o outro, apesar do abismo existente entre esses dois aspectos do fenômeno psíquico. Embora nosso estágio atual de conhecimento não nos forneça uma ponte capaz de ligar as duas margens – isto é, a natureza visível e palpável do cérebro e a aparente insubstancialidade das formas psíquicas – possuímos a certeza inabalável da existência de ambas. Esta certeza talvez possa resguardar a pesquisa da negligência de um dos aspectos, seja por pressa ou impaciência, ou ainda da pretensão de substituir uma pela outra. A natureza não poderia existir sem a sua substância, mas certamente também não existiria se não fosse refletida na psique.

---

9. Mais detalhes em *Psychologie und Alchemie*, p. 139s. [OC, 12]. • Gestaltungen des Unbewussten, p. 187s. In: *Über Mandalasymbolik* [OC, 9/1]. • *Sincronicidade*: um princípio de conexões acausais, passim [OC, 8/3].

10. O modelo histórico para isso talvez seja o difícil problema cosmogônico descrito no *Timeu* de Platão. Cf. Symbolik des Geistes, p. 335s. In: *Interpretação psicológica do Dogma da Trindade*, § 179s. [OC, 11/2].

Referências

A. Abreviações dos periódicos citados

Allg. Z. f. Psychiat: Allgemeine Zeitschrift für Psychiatrie und psychischgerichtliche Medicin. Berlim.

Année psychol.: Année psychologique. Paris.

Arch. f. Kriminal-Anthropologie u. Kriminalistik: Archiv für Kriminal-Anthropologie und Kriminalistik. Leipzig.

Arch. f. Psychiat. u. Nervenkr.: Archiv für Psychiatrie und Nervenkrankheiten. Berlim.

Archs. de Psychol. Suisse rom.: Archives de psychologie de la Suisse romande. Genebra.

Centralbl. f. Nervenheitk. u. Psychiat.: Centralblatt für Nervenheilkunde und Psychiatrie. Berlim e Leipzig.

Dtsch. med. Wschr.: Deutsche medizinische Wochenschrift. Leipzig.

Jb. f. psychoanal. u. psychopath. Forsch.: Jahrbuch für psychoanalytische und psychopathologische Forschungen. Viena/Leipzig.

Jbb. f. Psychiat. u. Neur.: Jahrbücher für Psychiatrie und Neurologie. Leipzig/Viena.

J. f. Psychol. u. Neur.: Journal für Psychologie und Neurologie. Leipzig. [Antes: Zeitschrift für Hypnotismus].

J. nerv. ment. Dis.: Journal of Nervous and Mental Diseases. Nova York.

Klin. f. psych. u. nerv. Krankh.: Klinik für psychische und nervöse Krankheiten. Halle.

Mschr. f. Psychiat. u. Neur.: Monatsschrift für Psychiatrie und Neurologie. Berlim.

Neurologia: Neurologia. Ein Centralblatt für Neurologie, Psychiatrie, Psychologie und verwandte Wissenschaften. Tóquio.

Neur. Centralbl.: Neurologisches Centralblatt. Leipzig.

Psychiat.-neur. Wschr.: Psychiatrisch-neurologische Wochenschrift. Halle.

Psychol. Rvw.: Psychological Review. Lancaster (Pa.).

Rev. scient. – Revue scientifique de France et de l'étranger. Paris.

St. Petersburger med. Wschr.: St. Petersburger medizinische Wochenschrift. São Petersburgo (Leningrado).

Wien. med. Presse: Wiener medizinische Presse. Viena.

Z. f. Psychol. u. Physiol. d. Sinnesorg.: Zeitschrift für Psychologie und Physiologie der Sinnesorgane. Leipzig.

B. Bibliografia geral

ADLER, A. *Über den nervösen Charakter*. Wiesbaden: [s.e.], 1912.

ARNDT, E. "Über die Geschichte der Katatonie". *Centralbl. f. Nervenhettk. u. Psychiat.*, XXV n. F. XIV, 1902, p. 81-117.

ASCHAFFENBURG, G. "Die Katatoniefrage". *Alg. Z. f. Psychiat.*, LIV, 1898, p. 1004-1026.

_____. Cf. relatório da 28ª reunião.

BAETZ, E. von. "Über Emotionslähmung". *Alg. Z. f. Psychiat.*, LVIII, 1901, p. 717-721.

BALL, B. "La folie du doute". *Rev. scient.* 3ª sér. vol. IV [XXX da coleção], p. 42-46.

BINET, A. "Attention et adaptation". *Année psychol.*, VI, 1900, p. 247-404.

_____. *Les altérations de la personnalité*. Paris: [s.e.], 1892.

BLEULER, E. *Dementia praecox oder Gruppe der Schizophrenien*. Leipzig/Viena: [s.e.], 1911.

_____. "Zur Theorie des schizophrenen Negativismus". *Psychiat.-neur. Wschr.*, XII, 1910/1911, p. 171, 189 e 195.

_____. *Affektivität, Suggestibilität, Paranoia*. Halle: [s.e.], 1906.

_____. "Die negative Suggestibilität, ein physiologisches Prototyp des Negativismus, der conträren Autosuggestion und gewisser Zwangsideen". *Psychiat.-neur. Wschr.*, VI, 1904/1905, p. 249-253 e 261-263.

_____. "Frühe Entlassungen". *Psychiat.-neur. Wschr.*, VI, 1904/1905, p. 441-444.

BOHN, W. *Ein Fall von doppeltem Bewusstsein.* Breslau: [s.e.], 1898 [Dissertação].

BONHOEFFER, K. "Über den pathologischen Einfall. Ein Beitrag zur Symptomatologie der Degenerationszustände". *Dtsch. med. Wschr.*, XXXIX, 1904, p. 1420-1423.

BRESLER, J. "Culturhistorischer Beitrag zur Hysterie". *Alg. Z. f. Psychiat.*, LIII, 1897, p. 333-376.

BREUER, J. & FREUD, S. *Studien über Hysterie.* Leipzig/Viena: [s.e.], 1895.

BREUKINK, H. "Über eknoische Zustände". *Mschr. f. Psychiat. u. Neur*, XIV, 1903, p. 97-112.

CHASLIN, P. *La confusion mentale primitive.* Paris: [s.e.], 1895.

CLAPARÈDE, E. "Esquisse d'une théorie biologique du sommeil". *Archs. de Psychol. Suisse rom.*, IV, 1904/1905, p. 245-349.

CLAUS, A. *Catatonie et stupeur.* Bruxelas, 1903 [Congrès de médecins aliénistes et neurologistes de France et des pays de langue française, 13ª sessão].

DE SANCTIS, S. *Die Träume.* Halle: [s.e.], 1901.

Diagnostische Assoziationsstudien. Beiträge zur experimentellen Psychopathologie [JUNG, C.G. 2 vols: Leipzig: J.A. Barth, 1906/1910, reeditado em 1911 e 1915]. Cf. tb. Jung, Riklin e Wehrlin. Relatórios mencionados nesse volume:

I. JUNG, C.G. & RIKLIN, F. *Experimentelle Untersuchungen über Assoziationen Gesunder.*

II. WEHRLIN, K. *Über die Assoziationen von Imbezillen und Idioten.*

III. JUNG, C.G. *Analyse der Assoziationen eines Epileptikers.*

IV. JUNG, C.G. *Über das Verhalten der Reaktionszeit beim Assoziationsexperiment.*

V. JUNG, C.G. *Psychoanalyse und Assoziationsexperiment.*

VII. RIKLIN, F. *Kasuistische Beiträge zur Kenntnis hysterischer Assoziationsphänomene.*

VIII. JUNG, C.G. *Assoziation, Traum und hysterisches Symptom.*

IX. JUNG, C.G. *Über die Reproduktionsstörungen beim Assoziationsexperiment.*

DIEM, O. "Die einfach demente Form der Dementia praecox (Dementia Simplex)". *Arch. f. Psychiat. u. Nervenkr.*, XXXVII, 1903, p. 111-187.

EVENSEN, H. "Die psychologische Grundlage der katatonischen Krankheitszeichen". *Neurologia*, II/l, 1903, p. 1-24.

FEINDEL, E. [Cf. MEIGE].

FÉRÉ, C.S. *La pathologie des émotions*. Paris: [s.e.], 1892.

FERENCZI, S. "Über die Rolle der Homosexualität in der Pathogenese der Paranoia". *Jb. f. psychoanal. u. psychopath. Forsch.*, III, 1911, p. 101-119.

FLOURNOY, T. "Nouvelles observations sur un cas de somnambulisme avec glossolalie". *Archs. de Psychol. Suisse rom.*, I, 1901, p. 101-255.

_____. *Des Indes à la planète Mars* – Étude sur un cas de somnambulisme avec glossolalie. 3. ed. Paris/Genebra: [s.e.], 1900.

FOREL, A.H. "Selbstbiographie eines Falles von Mania acuta". *Arch. f. Psychiat. u. Nervenkr.*, XXXIV, 1901, p. 960-997.

FREUD, S. "Psychoanalytische Bemerkungen über einen autobiographisch beschriebenen Fall von Paranoia (Dementia paranoides). *Jb. f. psychoanal. u. psychopath. Forsch.*, III, 1911, p. 9-68. [Apêndice no mesmo volume: "P. Schreber: Denkwürdigkeiten eines Nervenkranken", p. 588-590].

_____. "Der Gegensinn der Urworte". *Jb. f. psychoanal. u. psychopath. Forsch.*, II, 1910, p. 179-184.

_____. Zur Psychopathologie des Alltagslebens (Über Vergessen, Versprechen, Vergreifen, Aberglaube und Irrtum). 2. ed. Berlim: [s.e.], 1907.

_____. "Weitere Bemerkungen über Abwehr-Neuropsychosen". *Neur. Centralbl.*, VIII, 1896 e in: *Sammlung kleiner Schriften zur Neurosenlehre aus den Jahren, 1893-1906*. Leipzig/Viena: [s.e.], 1906.

_____. *Drei Abhandlungen zur Sexualtheorie*. Leipzig/Viena: [s.e.], 1905.

_____. *Die Traumdeutung*. Leipzig/Viena: [s.e.], 1900.

_____. Cf. BREUER.

FREUSBERG. "Über motorische Symptome bei einfachen Psychosen". *Arch. f. Psychiat. u. Nervenkr.*, XVII, 1886, p. 757-794.

FUHRMANN, M. "Über acute juvenile Verblödung". *Arch. f. Psychiat. u. Nervenkr.*, XL, 1905, p. 817-847.

FÜRSTNER, C. "Die Zurechnungsfähigkeit der Hysterischen". *Arch. f. Psychiat. u. Nervenkr.*, XXXI, 1899, p. 627-639.

GIERLICH, N. "Über periodische Paranoia und die Entstehung der paranoischen Wahnideen". *Arch. f. Psychiat. u. Nervenkr.*, XL, 1905, p. 19-40.

GODFERNAUX, A. *Le sentiment et la pensée et leurs principaux aspects physiologiques*. Paris: [s.e.], 1894.

GREBELSKAJA, S. "Psychologische Analyse eines Paranoiden". *Jb. f. psychoanal. u. psychopath. Forsch.*, IV, 1912, p. 116-140.

GROSS, Otto. "Zur Differentialdiagnostik negativistischer Phänomene". *Psychiatneur. Wschr.*, VI,1904/1905, p. 345-353 e 357-363.

_____. "Über Bewusstseinszerfall". *Mschr. f. Psychiat. u. Neur.*, XV, 1904, p. 45-51.

_____. "Zur Nomenklatur "Dementia sejunctiva". *Neur. Centralbl.*, XXIII, 1904, p. 1144-1146.

_____. "Beitrag zur Pathologie des Negativismus". *Psychiat.-neur. Wschr.*, V, 1903/1904, p. 269-273.

_____. *Die zerebrale Sekundärfunktion*. Leipzig: [s.e.], 1902.

HAUPTMANN, G. *Hanneles Himmelfahrt* – Traumdichtung in zwei Teilen. Berlim: [s.e.], 1902.

HEILBRONNER, K. "Über Haftenbleiben und Stereotypie". *Mschr. f. Psychiat. u. Neur.*, XVIII, 1905, p. 293-371.

HENRY, V. *Antinomies linguistiques*. Paris: [s.e.], 1896.

HUFELAND, C.W. *Makrobiotik oder die Kunst, das menschliche Leben zu verlängern*. 5. ed. Reutlingen: [s.e.], 1817.

ITTEN, W. "Beiträge zur Psychologie der Dementia praecox". *Jb. f. psychoanal, u. psychopath. Forsch.*, V, 1913, p. 1-54.

JAMES, W. *Pragmatism*. Londres/Cambridge (Mass.): [s.e.], 1907.

JANET, P. *L'automatisme psychologique*. Paris: [s.e.], 1889.

_____. *Névroses et idées fixes*. 2 vols. Paris: [s.e.], 1898.

_____. *Les obsessions et la psychasténie*. 2 vols. Paris: [s.e.], 1903.

JUNG, C.G.*. "Ein Fall von hysterischen Stupor bei einer Untersuchungsgefangenen". *J. f. Psychol. u. Neur.*, I, (1902), p. 110-122 [OC, 1].

---

* Obras citadas, nesse volume, em ordem cronológica.

_____. *Zur Psychologie und Pathologie sogenannter occulter Phänomene –* Eine psychiatrische Studie. Leipzig: [s.e.], 1902 [OC, 1] – [Dissertation Oswald Mutze].

_____. "Über Simulation von Geistesstörungen". *J. f. Psychol. u. Neur.*, II, 1903, p. 181-201 [OC, 1].

_____. "Experimentelle Beobachtungen über das Erinnerungsvermögen". *Centralbl. f. Nervenheilk. u. Psychiat.*, XXVIII, 1905, p. 653-666 [OC, 2].

_____. "Die psychopathologische Bedeutung des Assoziationsexperimentes". *Arch. f. Kriminal-Anthropologie u. Kriminalistik*, XXII, 1906, p. 145-162 [OC, 2].

_____. "Die psychologische Diagnose des Tatbestandes". *Juristisch- psychiatrische Grenzfragen*, IV, 1906, p. 3-47 [Publicado no mesmo ano em brochura por MARHOLD, K. Halle: [s.e.]. Nova edição Zurique: Rascher, 1941 (OC, 2)].

_____. *Wandlungen und Symbole der Libido. Ein Beitrag zur Entwicklungsgeschichte des Denkens.* Leipzig/Viena: Deuticke, 1912 [Reeditado em 1925 e 1938. Nova edição Zurique: Rascher, 1952 (*Símbolos da transformação –* Análise dos prelúdios de uma esquizofrenia. Petrópolis: Vozes, 2011 – OC, 5)].

_____. "Contribution à l'étude des types psychologiques". *Archs. de Psychol. Suisse rom.*, XIII, 1913, p. 289-299 [OC, 6].

_____. "Symbolik des Geistes. Studien über psychische Phänomenologie". *Psychologische Abhandlungen*, VI. Zurique: Rascher, 1948 [Nova edição 1953 (OC, 9/1, 11 e 13)].

_____. Cf. *Diagnostische Assoziationsstudien* apud JUNG, C.G. [Por ele foram redigidos os relatórios I (com F. Riklin), III, IV, VI, VIII e IX. (OC, 2), s.d.].

KAISER, O. "Beiträge zur Differentialdiagnose der Hysterie und Katatonie". *Allg. Z. f. Psychiat.*, LVIII, 1901, p. 957-969 e 1.126-1.159.

KANT, I. *Kritik der praktischen Vernunft.* Leipzig: Reclam., [s.d.] – [KEHRBACH, K. (org.)].

KAZOWSKY, A.D. "Zur Frage nach dem Zusammenhange von Träumen und Wahnvorstellungen". *Neur. Centralbl.*, XX, 1901, p. 440-447 e 508-513.

KLINKE, O. "Über das Symptom des Gedankenlautwerdens". *Arch. f. Psychiat. u. Nervenkr.*, XXVI, 1894, p. 147-201.

KRAEPELIN, E. "Über Sprachstörungen im Traume". *Psychologische Arbeiten*, V, 1910, p. 1-104 [KRAEPELIN, E. (org.)].

_____. *Psychiatrie* – Ein Lehrbuch für Studierende und Ärzte. 7. ed. modificada. 2 vols. Leipzig: [s.e.], 1903/1904.

_____. "Bericht der 19. Wanderversammlung der südwestdeutschen Neurologen und Irrenärzte in Baden-Baden, 2 e 3 de junho de 1894". *Arch. f. Psychiat. u. Nervenkr.*, XXVI, 1894, p. 584-612 [sobre Kraepelin, p. 597].

KRAFFT-EBING, Richard von. *Lehrbuch der Psychiatrie auf klinischer Grundlage für praktische Ärzte und Studirende*. 4. ed. em parte modificada. Stuttgart: [s.e.], 1890.

LEUPOLDT, C. von. "Zur Symptomatologie der Katatonie". *Klin. f. psych, u.nerv. Krankh.*, I, 1906, p. 39-50.

LIEPMANN, H. *Über Ideenflucht. Begriffsbestimmung und psychologische Analyse*. Halle: [s.e.], 1904.

MAEDER, A. "Psychologische Untersuchungen an Dementia praecox-Kranken". *Jb. f. psychoanal. u. psychopath. Forsch.*, II, 1910, p. 185-245.

MARGULIÊS, A. "Die primäre Bedeutung der Affecte im ersten Stadium der Paranoia". *Mschr. f. Psychiat. U. Neur.*, X, 1901, p. 265-288.

MASSELON, R. *La démence précoce*. Paris: [s.e.], 1904.

_____. *Psychologie des déments précoces*. [s.l.]: [s.e.], 1902.

MAYER, K. "Sechzehn Fälle von Halbtraumzustand". *Jbb. f. Psychiat. u. Neur.*, XI, 1892, p. 236-252.

_____. Cf. MERINGER.

MEIGE, H. & FEINDEL, E. *Les tics et leur traitement*. Paris: [s.e.], 1902 [Em alemão: *Der Tic*. Leipzig, 1903].

MENDEL, E. *Leitfaden der Psychologie*. Stuttgart: [s.e.], 1902.

MERINGER, R. & MAYER, K. *Versprechen und Verlesen – Eine psychologisch-linguistische Studie*. Stuttgart: [s.e.], 1895.

MEYER, E. *Beitrag zur Kenntnis der acut entstandenen Psychosen*. Habil. Schrift. Berlim: [s.e.], 1899.

MULLER, G.E. & PILZECKER, A. "Experimentelle Beiträge zur Lehre vom Gedächtnis". *Z. f. Psychol. u. Physiol. d. Sinnesorg.*, Vol. complem. I, 1901.

NEISSER, C. *Individualität und Psychose*. Berlim: [s.e.], 1906 [Conferência proferida na Gesellschaft deutscher Naturforscher und Ärzte zu Meran aos 29 de setembro de 1905].

_____. "Über Sprachneubildungen Geisteskranker. 74. Sitzung des Vereins ostdeutscher Irrenärzte zu Breslau". *Aug. Z. f. Psychiat.*, LV, 1898, p. 443-446.

_____. "Paranoia und Schwachsinn". *Allg. Z. f. Psychiat.*, LIII, 1897, p. 241-269.

_____. *Über die Katatonie* – Ein Beitrag zur klinischen Psychiatrie. Stuttgart: [s.e.], 1887.

NELKEN, J. "Analytische Beobachtungen über Phantasien eines Schizophrenen". *Jb. f. psychoanal. u. psychopath. Forsch.*, IV, 1912, p. 504-562.

NIETZSCHE, F. *Also sprach Zarathustra* – Ein Buch für Alle und Keinen. Werke VI. Leipzig: [s.e.], 1901.

_____. *Die Entstehung von 'Also sprach Zarathustra.* Werke VI. Leipzig: [s.e.], 1901 [FÖRSTER-NIETZSCHE, E. (org.)].

_____. *Dichtungen.* Werke VIII. Leipzig: [s.e.], 1899.

PAULHAN, F. *Les mensonges du caractère.* Paris: [s.e.], 1905.

_____. *L'activité mentale et les éléments de l'esprit.* Paris: [s.e.], 1889.

PELLETIER, M. *L'association des idées dans la manie aiguë et la débilité mentale.* [s.l]: [s.e.], 1903.

PFISTER, O. "Über Verbigeration". *Psychiat.-neur. Wschr.*, VII, 1906.

PICK, A. "On Contrary Actions". *J. Nerv. Ment. Dis.*, XXXI, 1904, p. 1-14.

_____. "Über pathologische Träumerei und ihre Beziehung zur Hysterie". *Jb. f. Psychol. u. Neur.*, XIV, 1896, p. 280-301.

PILZECKER, A. Cf. MÜLLER.

[PLATÃO]. *Platons Timaios / Kritias / Gesetze X.* Iena: [s.e.], 1909 [Traduzido para o alemão por Otto Kiefer].

Psychologische Arbeiten. Cf. KRAEPELIN.

"Relatório da 28ª reunião da Associação psiquiátrica do Sudoeste alemão, em Karlsruhe, 6-7 nov. 1897". *Allg. Z. f. Psychiatr.*, LV, 1898, p. 60-67 [Sobre o relatório de Aschaffenburg].

RIKLIN, Franz [sen.]. "Über Versetzungsbesserungen". *Psychiat.-neur. Wschr.*, VII, 1905/1906, p. 153, 165 e 179.

_____. "Analytische Untersuchungen der Symptome und Assoziationen eines Falles von Hysterie (Lina H.)". *Psychiatr.-neur. Wschr.*, VI (1904/1905), p. 449, 464, 469, 481, 493, 505 e 521.

_____. "Zur Psychologie hysterischer Dämmerzustände und des Ganser'schen Symptoms". *Psych.-neur. Wschr.*, VI, 1904/1905, p. 185-193.

_____. Cf. *Diagnostische Assoziationsstudien* [I (com C.G. JUNG) e VII].

ROLLER, C.P.W. "Über motorische Störungen beim einfachen Irresein". *Aug. Z. f. Psychiat.*, XLII, 1885, p. 1-60.

ROYCE, J. "The Case of John Bunyan". *Psychol. Rvw.*, I, 1894, p. 22-33, 34-151 e 230-240.

SCHREBER, D.P. *Denkwürdigkeiten eines Nervenkranken*. Leipzig: [s.e.], 1903.

SÉGLAS, J. *Leçons cliniques sur les maladies mentales et nerveuses*. Paris: [s.e.], 1895.

SOKOLOWSKI, E. "Hysterie uns hysterisches Irresein". *St. Petersburger med. Wschr.*, XX n. F. XII, 1895, p. 441-444. Posteriormente in: *Centralbl. f. Kervenheim, u. Psychiat.*, XIX n. F., VI, 1896, p. 302-312.

SOLLIER, P.A. *Le mécanisme des émotions*. Paris: [s.e.], 1905.

SOMMER, R. *Lehrbuch der psychopathologischen Untersuchungsmethoden*. Berlim/Viena: [s.e.], 1899.

_____. "Zur Lehre von der 'Hemmung' geistiger Vorgänge". *Aug. Z. f. Psychiat.*, L, 1894, p. 234-257.

SPIELREIN, S. "Über den psychologischen Inhalt eines Falles von Schizophrenie (Dementia praecox)". *Jb. f. psychoanal. u. psychopath. Forsch.*, III, 1911, p. 329-400.

STADELMANN, H. *Geisteskrankheit und Schicksal*. Munique: [s.e.], 1905 [Coletânea].

STRANSKY, E. "Über die Dementia praecox in ihrer Bedeutung für die ärztliche Praxis". *Wien. med. Presse*, XLVI, 1905, col. 1379-1383, 1435- 1441, 1478-1482 e 1522-1527.

_____. *Über Sprachverwirrtheit. Beiträge zur Kenntnis derselben bei Geisteskranken und Geistesgesunden* (Sammlung zwangloser Abhandlungen aus dem Gebiete der Nerven- und Geisteskrankheiten VI). Halle: [s.e.], 1905.

_____. "Zur Auffassung gewisser Symptome der Dementia praecox". *Neur. Centralbl.*, XXIII, 1904, p. 1074-1085 e 1137-1143.

_____. Zur Lehre von der Dementia praecox". *Centralbl. f. Nervenheilk. u. Psychiat.*, XXVII n. F. XV, 1904, p. 1-19.

_____. "Zur Kenntnis gewisser erworbener Blödsinnsformen. (Zugleich ein Beitrag zur Lehre von der Dementia praecox)". *Jbb. f. Psychiat. u. Neur.*, XXIV, 1903, p. 1-149.

SVENSON, F. "Om Katatoni". *Hygieia*, 2ª série/II. Estocolmo: [s.e.], 1902, p. 107-138.

TILING, Th. *Individuelle Geistesartung und Geistesstörung* – Grenzfragen des Nerven- und Seelenlebens XX. Wiesbaden: [s.e], 1904.

_____. "Zur Ätiologie der Geistesstörungen". *Centralbl. f. Nervenheilk. u.Psychiat.*, XXVI, n. F. XIV, 1903, p. 561-579.

VOGT, R. "Zur Psychologie der katatonischen Symptome". *Centralbl. f. Nervenheilk. u. Psychiat.*, XXV n. F. XIV, p. 433-437.

WEHRLIN, K. Cf. *Diagnostische Assoziationsstudien* (II).

WEISKORN, J. *Transitorische Geistesstörungen beim Geburtsakt*. Bonn: [s.e.], 1897 [Dissertação].

WEYGANDT, W. "Alte Dementia praecox". *Centralbl. f. Nervenheilk. XL. Psychiat.*, XXVII n. F. XV, 1904, p. 613-625.

WUNDT, W. *Grundzüge der physiologischen Psychologie*. 3 vols., 5. ed. Leipzig: [s.e.], 1903.

_____. *Grundriss der Psychologie*. 5. ed. Leipzig: [s.e.], 1902.

ZIEHEN, G. T. *Psychiatrie für Ärzte und Studierende bearbeitet*. 2. ed. Leipzig: [s.e.], 1902.

_____. *Leitfaden der physiologischen Psychologie*. 3. ed. Iena: [s.e.], 1896.

ZOLA, E. *Lourdes*. Romance. Paris, : [s.e.] 1884.

_____. *Le rêve*. Romance. Paris: [s.e.], 1888.

ZÜNDEL, F. *Pfarrer Joh. Christoph Blumhardt* – Ein Lebensbild. Zurique/Heilbronn: [s.e.], 1880.

Índice onomástico[*]

Abraham, K. 356[5]
Adler, A. 397, 411, 419, 544
Andreyev, L. 518
Arndt, E. l[1]
Aschaffenburg, G. 2, 22[38]

Baetz, E. 147
Bahr, H. 105
Ball, B. 170[156]
Bassini, E. 271
Bayle, A. 322
Bergson, H. 137[124], 418, 423
Berze 169
Bier, A.K.G. 271
Binet, A. 12[22], 19, 35[61], 55
Bleuler, E., prefácio, 27, 45[68], 78[93,94], 70[95], 83, 109, 138, 146, 160[141], 169, 318, 425, 505, 512, 534, 539, 544, 554, 571
Bleuler, M. 553
Blumhardt, J.C. 321
Bohn, W. 164[147]
Bonhoeffer, K. 10
Bresler, J. 321[3]
Breuer, J. 55, 61[85]
Breukink, H. 10

Catalina de Sena 279
Charcot, J.M. 470
Chaslin, P. 22
Claparède, E. 137[123,124], 418
Claus, A. 175[165]

Demóstenes 347
De Sanctis, S. 181[169]
Diem, O. 10
Dittus, G. 321

Erasmo, prefácio
Esquirol, J.E.D. 322, 466
Evensen, H. 13

Feindel, E. 187
Féré, C.S. 134[117]
Ferenczi, S. 391[7]
Feuerbach, L. 416
Flournoy, T. 10, 58[83], 59[84], 157[137], 163[144], 164[147], 298, 304, 415
Forel, A.H. 50[70], 137[123], 150[133], 157[136], 193, 275
Freud, S., prefácio, 7, 16[26], 23, 50, 55, 61, 62, 64, 66, 68, 69, 70, 71, 72, 74, 76, 77, 92, 104[104], 105[105], 109, 111, 117, 122, 127, 135[120], 137, 148, 164, 166, 180, 197, 217[181], 239, 279, 285, 286, 298, 299, 317, 333, 389, 392, 397, 408, 411, 419, 429[6], 435, 449, 450, 527, 544, 564
Freusberg 1, 2, 3
Fuhrmann, M. 9 [10]
Fürstner, C. 159 [138]

---

[*] Os números referem-se aos parágrafos. Os números em índice referem-se às respectivas notas.

Gall, F.J. 323
Ganser, S. 163[144], 164[147], 179, 271
Gierlich, N. 169[151]
Godfernaux, A. 78[94], 166[149]
Goethe, J.W. 105, 391, 397
Goltz, F.L. 193
Gorki, M. 105
Grebelskaja, S. 390
Gross, O. 55, 56, 57, 60, 61, 70, 76, 299, 419

Händel, G.F. 114
Hauptmann, G. 279, 381, 385
Heilbronner, K. 12[19], 54, 183[172], 186
Henry, V. 303[190]
Heráclito 424
Höffding, H. 170
Hufeland, C.W. 271, 377

Itten, W. 390

James, W. 419, 569[6]
Janet, P. 2, 12, 19, 24, 29, 32, 55, 76, 137[123, 124], 147, 155[134], 157, 159, 161, 162, 170, 171, 172, 175 176[164], 181, 184, 192, 195, 300, 505, 506, 544, 569
Jung, C.G. 79[95]
- Contribution à l'étude des types psychologiques 419
- O conteúdo da psicose (ver cap. II do presente volume) 424, 549[3]
- Diagnostische Assoziationsstudien, prefácio, 10[16] 12[19], 16[28], 22[40], 24, 37[63], 44[67], 70[87,88], 82[98], 84[100], 100[103], 104[104], 108, 108[107], 109[110], 110[112,113,114], 122, 135[118,119], 145, 148, 157[135], 176[166], 192[176], 203, 204[179], 208[180], 285[184,185], 291[196], 315
- Die psychologische Diagnose des Tatbestandes 108[107]
- Die psychopathologische Bedeutung des Assoziationsexperimentes 140[126]

- A esquizofrenia (ver cap. IX do presente volume)
- Ein Fall von hysterischem Stupor bel einer Untersuchungsgefangenen 160[140], 164[147]
- Experimentelle Beobachtungen über das Erinnerungsvermögen 16[27]
- Doença mental e psique (ver cap. VI do presente volume)
- Gestaltungen des Unbewussten 582[9]
- Crítica a E. Bleuler: contribuição para a teoria do negativismo esquizofrênico (ver cap. III do presente volume)
- Novas considerações sobre esquizofrenia (ver cap. VIII do presente volume)
- Psicologia e Alquimia 582[9]
- Symbolik des Geistes 582[10]
- Sincronicidade: um Princípio de Conexões Acausais 582[9]
- O problema da psicogênese nas doenças mentais (ver cap. V do presente volume) 504, 538[3]
- A importância do inconsciente na psicopatologia (ver cap. IV do presente volume)
- A psicogênese da esquizofrenia (cap. VII do presente volume)
- A psicologia da dementia praecox (ver cap. I do presente volume) 138[125], 318, 426[2], 430[7], 435[9], 493, 543, 548[2], 556, 570
- Über Simulation von Geistesstörung 53[74], 164[147]
- Símbolos da Transformação 415, 549
- Zur Psychologie und Pathologie sogenannter occulter Phänomene 10[15], 105, 298, 555

Kaiser, O. 12[20]
Kant, I.l 18[31], 393, 440, 527

Kazowsky, A.D. 181[169]
Klaus, irmão 562
Klinke, O. 175[163]
Kraepelin, E. 2, 5[8], 23[49], 33, 50[70], 50, 61, 73[92], 75, 135[120], 144, 180, 300
Krafft-Ebing, R. 154, 164[147]
Korsakow, S. 10

Leibniz, G.W. 440
Leupoldt, C. 3[6], 54
Liepmann, H. 21, 37, 300
Löwenfeld, L. 161
Ludwig, O. 66
Lülo, R. 89

McDougall, W. 504
Maeder, A. 390
Magnan 166[149]
Marguliés, A. 169[151]
Maria profetisa 582
Masseion, R. 15, 16, 17, 19, 20, 74, 76
Mayer, K. 39[64], 50[70], 109, 164[147]
Meige, H. 187
Mendel, E. 175[165]
Meringer, R. 39[64], 50[70], 109
Meyer, E. 5[8], 163[145]
Meynert, T. 323
Monakow, C. 497
Müller, G.E. 12

Nabucodonosor 450
Neisser, C. 3, 5, 6, 7, 50, 73, 74, 76, 169[150]
Nelken, J. 390
Nietzsche, F. 171, 350, (407)

Paul 50[70]
Paulhan, F. 28[52], 105[106]
Pelletier, M. 22, 24, 26, 37, 41, 51[72], 136, 138, 300
Pfister, O. 185[174]
Pick, A. 28[52], 164[147]

Pilzecker, A. 12
Pinel, P. 322
Platão 527, 582[10]

Reil, J.C. 22
Riklin, F. (sen.), prefácio, 16[26], 149[132], 160, 163[144], 164[147], 165[148], 179, 427
Rogues de Fursac 175[165]
Roller, C.F.W. 3, 4, 5, 6
Royce, J. 28[52]

Schiller, F. 254, 275, 376
Schopenhauer, A. 33, 561
Schreber, D.P. 150, 155, 155[134], 157, 171[160], 190[175], 314, 389, 408, 410, 416
Séglas, J. 18[30]
Smith, H. 59[84], 157, 164[147], 298
Sócrates 308, 370, 372
Sokolowski, E. 141
Sollier, P.A. 522, 548
Sommer, R. 2, 3, 9, 10, 11, 16, 41, 41[66], 54, 177
Spencer, H. 182
Spielrein, S. 390
Spitteler, C. 355
Stadelmann, H. 135[121], 141[129]
Stransky, E. 12[19], 23[49], 33-53, 70, 138, 144, 180, 186, 300
Suworow 291
Svenson, F. 28[52]

Tiling, Th. 72
Tschisch, W. 1, 3

Vischer, Fr. Th. 419
Vogt, R. 12

Wagner, R. 80[96]
Wehrlin, K. 53[74]
Weiskorn, J. 164[147]
Welti, A. 130
Wernicke, C. 323, 505

Weygandt, W. 19, 20, 30, 31, 32, 76, 137[123]
Wundt, W. 19

Ziehen, G.T. 2, 10
Zola, É. 92
Zündel, F. 321[3]

Índice analítico*

Abaissement du niveau mental (Janet) 12, 24, 29, 32, 55, 59, 76, 157, 505-521, 523, 537, 541, 544, 569, 578
- de la tension psychique (Janet) 73[124]

Abulia (cf. tb. fraqueza de vontade) 15, 30, 184

Ação 78, 91, 93, 518
- na esquizofrenia 438

Achados orgânicos nas doenças mentais (cf. tb. cérebro, toxinas) 318, (471), 497, (501), (505), (533), (537), (541), (549)

Acidentes 566

Adão e Eva 421

Adequação 195, 218, 298, 417, 454, 496, 529

Afeto, afetos 20, 56, 61, 73, 81, 195, 210
- especialmente forte (339), 513, (560), (578)
- estancamento do 433
- falta de 105, (171) (E), 185, 201, 204, (483) (E), 500, 571, 578[8]
- fixação do 73s.
- Incongruência entre ideias e a. Cf. incongruência.
- Irrupção incontrolável do 146
- patológico 579
- sintomático(s) 283

Água (S) 559

Ahriman 397

Alcoólatra 461

Alcoólicos, excessos 105

Alcoolismo, envenenamento 141, 328

Alegoria e símbolo 136

Alemanha e Suíça (D) 201, 366, 500

Alienação 560, 579

---

* Os números referem-se aos parágrafos. Os números em índice referem-se às respectivas notas.
  Siglas (E): exemplo
  d.p.: dementia praecox
  (S): motivo do sonho
  (D): delírio
  v.e.t: ver este termo

Os números entre parênteses significam que não é o próprio conceito que aparece, mas uma descrição.

Almas, o problema das duas almas
(Goethe) 105
Alucinações 32, 56, 61, 71, 150,
157, 161, 166, 180, 191, 299, 304
(E), 364, 453, 471, 476, 503
- auditivas (cf. tb. escuta de vozes)
180, 304, 558
Alucinose 571 (E), 574
Ambitendência (Bleuler) 425
Ambivalência (Bleuler) 425, 426
Amnésia 16, 93, 149[132] (E)
Análise (cf. também psicanálise)
nas doenças mentais 202, 337,
356, 368, 539
- de esquizofrênicos 152, 512, 549,
577
- dos sonhos v.e.t
- limites da 193
- na histeria 152
Anamnesia 16 (E), 198, 468, 541
Anatomia 576
Anemia 513
Anestesia 90
Anfi (D) 282
Angústia e ansiedade
- estados de 146, 167 (E), 335
- sonhos 291
Animais (cf. formigas, rãs,
cachorro, ouriço, galos, grou, vaca,
rato, ovelha, serpente, suínos,
touro, cegonha, lobo)
- experiências com 193
- homens e animais 403
- selvagens 476
- vertebrados 193
Anomalias constitutivas 325
Antecipações 109
Antiguidade 525, 566
Apatia 15, 30, 145, 547, 571
Apercepção (Wundt) 19, 24, 569
- paralisia da 71
Aperceptiva, fraqueza 48, 56
- embotamento 19, 29, (51), 74,
103, 158
Apocalipse (S) 559
Apoplexia 574
Apreensão 31

Apreensão, estado do 87
Arca de Noé (D) 201
Arcaicos 524, 550, 563, 581
Areópago 525, 566
Arquétipos 550, 565
- localização dos 582
Arranha-céu (S) 124
Arte, obra de 398
Artificialidade 105
Artista 171
Artísticos, impulsos 531
- naturezas 105
Ascese 89
Assimilação 169, 416, 575
Associações 20, 87, 93, 544
- distração nas 37, 52, 134
- distúrbios nas associações
provocados pelos complexos 10,
93, 108 (E), 208, 506
- experiências (testes) 12(19), 16,
37, 82, 92, 96, 110 (E), 175, 183,
203-207 (E), 554
- indiretas 44, 135, 218
- lei das 22, 41, 82[97]
- na catatonia 9 (E), 22, 144
- na dementia praecox 8, 22, 210,
216-293 (E), 303
- patológicas 44 (E)
- por semelhança 22, 41, 82[97],
135[20]
- separadas 55
- séries de associações nos normais
38 (E), 50
- sonoras v.e.t.
- vazio de 178, 183[172], 186
Atavismo 529
Ataxia 33, 35
- intrapsíquica (Stransky) 37
Atenção 12[22] (Binet), 14
(Masselon), 19 (Wundt), 83
(Bleuler), 182
- diminuição da 12, 24, 30, 134,
300, 545
- distúrbio da 17, 22, 53, 162, 434
- posse da (Freud) 117, 137
Atitude 566
Ausências 183

Autismo (Bleuler) 429
Autocomiseração 403
Autocontrole 93, 147, 151, 521
Autocrítica 456
Autodefesa 487
Autodestruição do complexo patogênico 547, 583
Autoerotismo (Freud) 429
Automática, escrita (157[137]), 313
Automatismo, automatismos 7, 12[21] (Janet), 55, 71, 135, 163[144], 186, 300, 308
- de comando 17, 27
- melódicos 112
Automatismo, sentinent d' (Janet) 170
Automatização das atividades 182
Autossugestão 27, 137[123]

Basar (D) 293, 382
Beijar 283
Belle indifference 35, 145
Bíblia 574
Bloqueios 3, 16, 103, 146, 161, 175, 186, 288, 554, 571, 578
Branco 94, 118
Bruxaria 540
Budismo 5613
Burghölzli 166[148], 171, 199 (D), 325, (332), 358, 365 (D), 527, 554

Cabeça, dores de 160[140]
Cachorro 87, 101, 289, 291[186]
Cadáveres (D) 522
Cântico dos Cânticos 279
Caráter 154
Carcinoma 319
Cartas dos pacientes 199 (E)
Casamento 279, 295
- delírio de 165, 191
Casos
- (Freud) análise de uma mulher com dementia praecox paranoide 63-70
- histérico que dirigia insultos contra os sinos da igreja 81
- mulher masoquista que não podia suportar que se batesse no sobretudo para sacudir a poeira 97
- homem que, após uma decepção amorosa, não conseguia se lembrar do nome do rival 98
- histérica que ficou com o braço enrijecido depois de uma violência sexual 99
- jovem senhora que escondia o rosto na cortina enquanto narrava um sonho 100
- jovem que passeava com um carrinho de bebê, fingindo ter um filho 101
- mulher histérica que apresentava incongruência entre ideia e afeto 146
- paciente que acreditava ter contaminado os demais com suas ideias obsessivas 148
- histérica que atribuía a depressão a dores no braço 148
- (Riklin) histérica que vomitava o leite que bebia por ter sido agredida sexualmente no estábulo 149[132]
- paciente que se queixava de insinuações feitas a ele durante as refeições 157[136]
- histérica que se comportava infantilmente nos estados de excitação 159
- histérica que sofria profundas depressões e, incapacitada para o trabalho, melhorava o humor e mostrava grande prazer quando sugestionada a trabalhar 160[140]
- (Riklin) caso de gravidez histérica e maternidade 165
- cozinheira que caiu num grave estado de ansiedade após a extração dos dentes 167, 335
- demente precoce que achava que tudo era artificial 169[152]

- mulher catatônica que mostrava total falta de afeto com respeito a todas as reminiscências familiares 173
- irrupção de dementia praecox após ocultação durante anos de uma transgressão moral 180[167]
- ideias delirantes corrigidas pelas próprias vozes 180
- melhora surpreendente de um demente precoce no tempo em que se viu com uma doença corporal séria 180[168]
- (Kazowsky) paciente que extraia seus delírios sexuais dos sonhos 181[169]
- repetição catatônica do "Aleluia" 188
- paciente com estereótipo do pente 189
- demente precoce que gradualmente desenvolveu estereótipo e degenerações até sons incompreensíveis 191
- B. St. com demência paranoide e delírios muito vivos (análise) 198-314, 364
- moça com depressão e sonhos amedrontadores estereotipados depois de uma história de amor fracassada 291
- paciente salvo do suicídio pela aparição de um raio luminoso 305
- mão invisível que impede o suicídio de um psicopata 306
- duas aparições da mãe em sonho que impedem a conversão de um judeu 307
- estudioso que adoece por duas vezes ao visitar a cidade em que viveu durante o tempo de estudante, tendo que ser hospitalizado 341-354, 473, 533
- paciente que volta, a falar após cinco anos de silêncio 356
- (Abraham) doente que justifica os anos de silêncio 356

- doente que imita os movimentos de seu amado que era sapateiro 358
- paciente com pouca força de vontade que sonha com o complexo paterno, onde uma espada lhe atravessa o corpo 400
- (Flournoy) jovem senhora com irrupções de imagens fantasiosas 415
- neurologistas que diagnosticam erradamente uma viúva histérica com sarcoma na medula 469
- briga e internação em clínica provocando ataque de catatonia numa mulher 474
- internação no asilo que provoca alucinações e ideias delirantes 477
- aparecimento de uma psicose pela internação em clínica 478
- jovem que sofre conversão religiosa e se torna esquizofrênica. A anamnesia comprova nexos psicológicos com sentido 482-494
- rapaz que reprime com o intelecto suas emoções, culminando num delírio de perseguição 501
- jovem esquizofrênica que se queixa de não mais poder retornar à sua psicose 534
- paciente esquizofrênica com vozes distribuídas pelo corpo inteiro 540, 574
- mulher culta e instruída fascinada com uma preleção sobre o inconsciente. Seus sonhos apresentam sinais de que ela ficou seriamente abalada 561
- cura de uma jovem com catatonia grave 571

Catalepsia 3, 12, 161, 182, 193
Catástrofes 522 (D), 559 (S)
Catatonia 2, 103, 150, 160, 173 (E), 179, 188, 315, 346 (E), 471, 472, 503, 525, 533 (E), 571 (E)

- associações na 9, 22, 143
Categorias a priori (KANT) 527
Causalidade, princípio de 392, 405, 420, 467, 480
- psíquica (426), 498, 533
Cavalo (S) 123, 287
Cegonhas 40
Cegueira em relação ao próprio complexo 90, 93, 104
Censura (FREUD) 67, 137, 434
Cerebral, edema 537
- psique como secreção 409
- tumor 193
Cérebro e doença mental (cf. tb. achados orgânicos, toxinas) 7, 75, 179, 193, 196, 318, 322, 346, 453, 467, 471, 476, 497, 501, 505, 518, 537, 548, 583
Cérebro, fisiologia do 193
- remoção do 193, 196
Charon 165[148]
Chave mestra 230, 379
Choque 480, 513, 533
Choro convulsivo 146
Ciência 318, 392, 405, 422, 467
Citação 244
Ciúme 461
Civilização 541
Cloaca (FREUD) 286
Coexistência (lei da associação) 22, 41, 82[97]
Coito 165, 285, 292
Coletivos, sonhos 524, 565
- inconsciente 550, 565
Comer (S) 285
Compensação pela consciência 558
- esquizofrênica 567
- no delírio 61
- no inconsciente 448 (E), 578
- por conteúdos patológicos 212, 556
Complexo, complexos 134[117], 140, 521
- assimilações do 169, 207, 209, 431
- autonomia dos 74, 135, 146, 151, 176, 181, 218, 255, 435, 498, 506, 521, 579

- constelação do (7), 56, 86, 92, 109 (E), (135), 204, 207 (E)
- constelações de v.e.t.
- contrastantes 299, 308
- conversão dos (FREUD) 76, 141[127]
- da personalidade 17
- da profissão 204
- de lesão 212, 214, 299, 309
- de Édipo 564
- de Electra 564
- de endogamia 564
- de incesto 564
- delírio do 164 (E)
- de tonalidade afetiva 77-106, 82, 107-142, (512), (545), (554), (580)
- do eu v.e.t.
- efeito do 84, 138
- esquizofrênico 546, 578
- fixação do 184, 195
- incompatibilidade do (RIKLIN) 427
- indicador do 109, 117
- neurótico 547
- paterno 401
- patogênico 35, 578, 581
- pensamentos do 435
- posse pelo 102
- reações do 93, 107 (E), 175, 179, 578
- reprimido 70, 108, 179, 205, 307
- sensibilidade do 87 (E), 96 (E), 104, 106, 141, 433
- símbolo do 101, 298
- superpoderoso (184), (193)
- teoria do 428
Compreensão 391, 406, 417
- da doença pelo paciente (175), 309, 342
Condensação 50, 109, 124, 157, 218, 227 (E), 267, 271, 284, 300
Condicionalismo 480, 533
Conflitos 457, 467, 480, 487, 496, 516
Congelamento do universo 522
Conhecimento 18, 397
Consciência 56, 419, 506, 5613

- cisão da 55, 76
- conteúdos da 440
- dissociação (desdobramento) 55, 76, 141[127], 298, 304, (425), 507, 514, 555
- distúrbios de lucidez da 161, 163
- dupla consciência 105
- e psique 7, 567
- estreitamento da 12, 160
- irrupção do inconsciente na c. v.e.t.
- limiar da 5, 439, 453, 510, 524, 569
- unilateralidade 456, 465, 567, 579
- vazio da 37
Consideração, falta de 158
Constatar (D) 207, 237
Constelações cf. constelações do complexo contaminações 40 (E), 50 (E), 180, 254, 294 (E), 300
Contos de fada 565
Contrastante, tonalidade afetiva 425
- complexos 299, 308
Contraste, estado de 304, 347, (427)
Contrastes, associação de 22, 29, 138
Conversão dos complexos (Freud) 76, 141127
Convertido 307, 456, 462, (484), 491
Convulsão 183
- gritos convulsivos 468
- choro convulsivo 146
Coração, falta de 502
- distúrbios cardíacos 87
Cores 5624
Coroa (D) 228
Corpo humano 527, 576
Corpora quadrigemina 193
Corporal, estado e sonho 163[146], 400 (E), 565
- doenças 180, 321
- inervações de tonalidade afetiva 83

- sintomas corporais na histeria 141[127]
Correção das ideias delirantes 180, 299, 309 (E)
Cossacos 291
Crepuscular, estado epileptoide 571
- de Ganser v.e.t.
Crueldade 508

Daniel, 4º capítulo do livro de 450
Debilité mentale (Pelletier) 21
Definição, tendência de 208
Delire chronique à évolution systématique (Magnan) 166[149]
Delirantes, construções e ideias 17, 32, 71, 135[121], 147, 166, 175, 180, 190, 200 (E), 204 (E), 330, 335 (E), 364 (E), 412, 424, 452, 462, 474, 501, 508, 525, 549, 565, 578
Delírio 523, 525, 578
- alucinatório 61
- de ascensão social (cf. Krafft-Ebing) 154
- de perseguição 499, 506, 539
- de referência 169
- do complexo 163
- histérico 164
Dementia praecox (d. p. ou então esquizofrenia) 8, 122, 138, 195, 242, 256, 291, 307 (E), 317, 330, 343 (E), 368 (E), 418, 455, 462, 471, 482 (E)
- afetos na 33, 103, 106
- curso da associação na 22
- descrições da 1, 30
- distúrbios caracterológicos na 153
- distúrbios intelectuais na 161-181
- e histeria 73, 141, 143-197, 210, 492, (507)
- estereotipias na 182-193
- formas paranoides 9, 73, 162, 198-314 (análise), 389, 461, 471, 503, 556
- memória na 31
- no período de doenças corporais 180

Dementia sejunctiva (Gross) 55
- senilis (327), 471, 472, 497
Demônios (308), 351, 528
- exorcismo dos 321
Dentes 167, 205, 335
Depressivos, afetos 181
Depressões 148, 160[140], 291, 547
Desconversar, conversa marginal 16, 175, (185[174]), (271), (554)
Desejo, desejos 86[101], 235, 516
- delirante (298), 347, 382, 411
- sexuais 100, (289), (297)
Desejos, satisfação dos
- no delírio 61, 164, 194
- no sonho 163[146], 255, 304
Desencantar 562
Desenvolvimento, inibição do 529
Deslocamento 105, 141, 146 (E), 157, 166, 168, 205, 213
- de cima para baixo (Freud) 285, 294
Desunião consigo mesmo 427
Determinismo 90
Deus, deuses dos primitivos 525
- identificação com os 389
- visão de 562
- voz de 482, 574
Devaneio 22, (525)
Diabo 397, 540
Diagnóstico 539
Diásquise 497
Dinamismo 424
Discurso, confusão do 10[19], 36, 50[71]
Dispersão (cf. tb. atenção) 3, 13
Disponíveis, causas disponíveis do negativismo (Bleuler) 425, (427)
Disposição 492
- artística 105
- cerebral 501
- esquizoide 558, 563
- latente 515
- masoquista 97
Dissociação (cf. tb. consciência) esquizofrênica 427, 507, 544
Domination, sentiment de (Janet) 170
Dores corporais na histeria 166

Double personnalité 579
Dupla natureza 105
Duplo politécnico (D) 204, 219

Eclipses mentais (Janet) 175[164]
Ecocinesia 160
Ecolalia 160
Ecopraxia 27
Ecossintomas 160
Édipo, complexo de 564
Educação 90
Eidé (Platão) 527
Élan vital (Bergson) 418, 423
Electra, complexo de 564
Elipse (Forel) 50[70], 271
Embotamento 910, 383
- aperceptivo v.e.t.
- emocional (Kraepelin) 33, (40), (103), 144, (152)
- precoce (cf. tb. d.p.) 330
Emocional, estupidez 53, 177, (482)
- paralisia 147
Emoções (474), 527
- de atividade 170, 174
Empirismo 420
Encantamento 177
Endogamia, complexo de 564
Energia 418
- dos complexos 545
Engourdissement 161
Envenenamento cf. Toxina
Epilepsia 151, 326, 582
Epiléptica, demência 471
- perturbação mental 497
Epileptoide, estado crepuscular 571
Equilíbrio psíquico 454
Erupções cutâneas 468
Escolástica 396, 406, 422
Escrita automática (157[137]), 313
- manuscrito 156
Espada (S) 291, 400
Especulação 423
Espiritismo 157[137], 174
Espírito, espíritos maus 321

Esquecimento 92, 98 (E)
Esquizofrenia (Bleuler) (cf. tb. d.p., doença mental, psicose) 317, 425, 497, 505, 543, 553-584
- cura (318), 353, (549), 571
- e neurose 506, 511, 517, 544, 558, 567
- e sonho (22), (50), (263), 523, 544, 557
- etiologia (73), (480), (493), 570, 577
- latente 546, 558
- possibilidade de cura na (330), 503, 559
- psicogênese na 504-541, 532, 552, 570, 577
- sintomas (10), (30), (71), (154), (157), (166), (182), (242), (387), (481) (E), 505, 525, 541, 544, 552, 562, 570
- sintomas primários e secundários 505, 512, 522, 533, 537, 541
Esquizoide, disposição 558, 563
Estereótipos 17, 30
- motores (185), (189) (E), 202, 288, (358) (E)
- verbais 11, 41, 182-193, 202-297 (E), 578
Estímulo, palavras 203
- do complexo 554
- indiferentes 93, 102, 108
- neologismos como 215
- reação à palavra-estímulo em
Estado de estupidez emocional 177
Estômago, distúrbios no 87, 180[168]
Estrelas, queda das 522
Estupidez emocional 53, 177, (482)
Estupor 161
Eu 83, 498, 506, 516
- afeto do 86
- consciência do 55
- complexo do 82, 93, 102, 135, 151, 180, 218, 521 (579)
Euforia 146
Exageros 35, 547, 560
Excesso 105

Experiência interior 176
Êxtase 513
Extrovertido, tipo 418

Fadiga 513
- facilidade de 16
Faiblesse de la volonté (Janet) 505
Fala, centro da 323
Fala no sonho 50, 256, 298
Fanáticos 456, (513)
Fantasias 383, 411, 414, 428, 463, 565
Fascinação 561 (E), 569, 575, 578
Fausto (Goethe) 391
Febre 513
Filho, relação com o (E) 469
Filho ilegítimo 167, 337
Filhos (D) 292
Fim letal de doença 322, 537
Finalidade psíquica 498
Filosofia 467, 541, (582)
Filósofos 223, 308, 406, (423), 440
Fixação dos complexos 184, 195, (210)
Fobias 539
Fome 291
Fonction du réel (Janet) 19, 186, 195, 298, 491
Forel (D) 207, 236, 275, 279
Formação, grau de formação do paciente 575
Formigas 193
Frenesi 342, 571 (E)
Freud, erros observados por 109
Fringe of consciousness 5696

Gagueira, gago 341 (E), 344 (E)
Ganser, estado crepuscular de (160), 163[144], 164[147], 271
Gastroenterite 180[168]
Gatos 101, 289
Gênio 135[121]
Genitália 63, (97), (285), (291), 294
Gessler (D) 272
Ginástica 343
Grandeza, delírio de 346

- ideias de 207, 222, 291, 309
Grávida, gravidez 110, 116, 131
- histérica 165, 165148
Gregos 525
Grou 253
Grous de Íbicos (Schiller) 254, 375
Guilherme Tell (Schiller) 273
- (D) 273

Hannele, A ascensão de
(Hauptmann) 229, 279, 381, 382
Hebefrenia 54, 159, 315, 471
Heiterethei, Die (Ludwig) 66
Hereditariedade 336, (446)
Hermética, filosofia natural 582
Hidrocefalia 325
Hipnagógica, atividade mental 434
Hipnose (12), 137, 149^{132}, 160, 163, 181, 506
Hipnotismo 6, 59
Histeria 7, 10, 16, 27, 35, 58, 72, 77, 93, 103, 106, 137, 143-197, 210, 263, 304, 333, 389, 418, 451, 469 (E), 483, 492, 505, 539, 554, 558, 567
- e dementia praecox v.e.t.
Histero-hipnose 160
Homem e animal 403
Homossexual 502
Hufeland (D) 270, 377
Humor 117, 521
- contrastante 105, 146 (E), 304
Humores 457

Idade Média 321, 576
Ideias 78
- cisão de 547, 557, 559
- como sombras de representação (Kant) 440
- e afeto cf. incongruência
- estranhas 5, 10, 56
- fuga de 21
- herdadas 550, 565
- indistinção de 237, 300
- que persistem obstinadamente 17
- sequências, séries dissociadas de 58, 70, (76)

- súbitas patológicas 7, 56, 150, 163^{144}, 166, 180, (181), 218, 300
Ideias autóctones 56
Imagem, imagens arcaicas 524
- exorcismo pela 562
- semelhança de 111, 122, 250, 300
Imagem-memória 79
Imago (Spitteler) 355
Imbecilismo 177, 208, 325
Imperador Barba-Roxa (D) 201
Impulso sexual 291
Incesto 421
- complexo de 564
Incongruência entre ideia e afeto 33, 70, 103 (E), 144, (337), 547
Inconsciente 56, 157, 218, 414, 439, 550
- coletivo 549, 565
- importância do inconsciente na Psicopatologia 438-465, 527
- irrupção do (10), (61), (176), (181), (255), 453, 510, 516, 529, 555, 561 (E), 575
Incubação 147, 480, 502
Infância 525
Infantis, pensamentos e impulsos 389
- autocomiseração 403
- desejo de poder 397
- desejos 411
- desenvolvimento sexual 397
- fantasias 407, 463
Inferioridade 141, 153
Inibições 12, 84, 90, 93, 108, 119, 174, 180^{167}, 182, 215
Insônia 87, 137
Inspiração 10, 56, 176, 180
Instintos 527, 549, 565
- do sono 137 123, 403
- insubstituível (D) 203, 220
- intelecto 33, (79), (417), 502
- intelectual, alienação 73
- debilidade 208
- distúrbios 109, 160-181
- inteligência 329, 341 (E), 574
- limitação da 158
- interesse (CLAPARÈDE) 418

- falta de 482
- na vida 400
- sintomático 102
- traços de (D) 207, 234
Interior, experiência 176
Intoxicação cf. Toxina
Introversão 418, 4296, 437
Intuição 539
Intuições 452
Intuitivo, método (BERGSON) 423
Inundações (S) 561
Inventor patológico 460
Ira, raiva, acessos de 97, 474
Irritabilidade patológica 428, 480
Irritação 80
Isolamento (455), 559

Japonês-pecador 180, 269
Jesus (D) 22, 482
Juízo, julgamento 79, 90
Julgar, anestesia da capacidade de 578
Julius, Hospital 321

Kobsakow, síndrome de 10

Lança (S) 291, 294
Languedoc 303
Lapsos
- na escrita 102, 109
- na fala 92, 102, 109
- na leitura 92
Laranjas 121
Latente, psicose v.e.t.
Latente, tempo latente do afeto adequado 147
Leite, vomitar 149[132] (E)
Leitmotiv 80[96]
Lembrança, repressão da 61
Lendas 89, 463
Letargia 161
Libido 415, 418, 423, 433
Linguagem, manifestações patológicas na (185[174]), 303, (323), (356) (E),(546), 556
Linguagens celestes 157

Lobo 456
Lorelei (D) 224, 225, 226, 373, 500
Loucura, louco, maluco 336, 339, 474, 498, 508
Lua (D) 571
- ladrar para a (Andreyev) 518
Luar, noite de (Welti) 130

Macarrão (D) 202, 365, 500
Mãe 307 (S)
- de Deus (D) 279, 382
- busca da 502
Magistério (D) 218, 221, 222, 371
Manchas roxas no rosto 571
Mandala, símbolos do 582
Maneirismos 154
Mãos frias e pálidas 571
Maravilha do mar lilás-vermelho vivo (D) 202, 367
Maria Stuart (D) 201
Maria Teresa (D) 287, 310
Masoquismo 97 (E)
Massa, psicologia de 513
Masturbação 97, (141), 149[132]
Materialismo 7, 324, 453, 467, 496
Medicina 320, 418, 467, 480, 496, 576
Médico e paciente 35, 152, 389, 467, 480, 488, 575
Médium, espírita 157[137], 174, 555
Medula espinhal 27, 323, 468
Melancolia 181, 329
Melódicos, automatismos 109
Memória (cf. tb. lembrança) 12[18], 31, 329, 545
- distúrbios 16
- falsificações da 10
Mentais, distúrbios 318, 346, 443, 476
Mentais, doenças (cf. tb. d.p., psicose, esquizofrenia) 318, 321, 333, 385, 427, 529
- e psique 496
- fim letal 322, 537
- psicogênese 466-495

- sintomas (cf. tb. esquizofrenia) 333, 339, 362
Mente individual 551
Mescalina 548, 569
Metabolismo (cf. tb. toxina) 75, 137[123], 142, 196, 496, 570
Método construtivo 391, 404, 413, 422
- redutivo v.e.t.
Mimético, estereótipo 185
Mística 141
Mitologia 520, 576
Mitológicas, imagens (133), 414, 563
Mitos 463, 549, 571
Molécula psicológica 78, 135
Monopólio (D) 200, 264, 265, 364, 380
Monotonia 184
Moral, caráter moral duvidoso 471, 478 (E)
Moria, estado de 159
Morte, espera da 271
- sonho antes da 525
Motor, automatismo 196
- distúrbio 1
- estereótipo (185), (189) (E), 202, 288, (358) (E)
Mulato 456
Mulheres 140, 154, 165, 202, 213, 291
Mundo como Vontade e Representação (Schopenhauer) 561
Muscular, atrofia 503
Música wagneriana 80[96]
Mutismo 571

Nancy, escola de 496
Nápoles (D) 201, 365, 500
Narcose 478
Natural, filosofia hermética 582
Natureza 584
Natureza, explicação da 466
Negativa, sugestibilidade 27
Negativismo (cf. tb. resistência) 16, 27, 103, 179, 193, 425, 427

- esquizofrênico (crítica a Bleuler) 425-437
Negro 456
Neologismos 17, 39, 49, 49 (E), 155, 180, (185[174]), 190, 207 (E), 208, 215, 254 (E), 261 (E), (303), 310, 554, 578
Nervosismo 471
Nervoso, sistema 513
Neurastenia 433, 471
Neurologistas 468, 470
Neuroses 427, 436, 442, 470, 497, 505, 515, 558
- doutrina das (Freud) 434
- e esquizofrenia 506, 511, 517, 531, 544
- obsessivas v.e.t.
Noopsique (Stransky) 33
Numinosidade 528, 549, 566

Obscenidade 508
Obsédé (obsessivo) (Janet) 147 184
Observação, faculdade de 31
Obsessão 109, 141, 147[130]
Obsessivas, ideias (61), 148, 166, 192, 218
- fenômenos 17, 20, 27, 56, (462)
- neuroses 77, 148, 451, 503, 539, 558
Obsessivo, pensamento 176, 435
Óleo (D) 268
Onanismo (97), 141, (149[132])
Operações 566
Oposição, pares de 427, 457
Óptica, fixação 3, 16, 177
Orientação na esquizofrenia 163, 545, 557
Originalidade, mania de 154
ouriço (D) 283
Ovelhas 40

Palaver 566
Palavras, salada de 17, 157, 190, 215
- em contínua mutação 186[174]
Pânico 519
Paracelso, médicos seguidores de 576
Parafasia 135, 180, 185 174

Paralisia 193, 207, 258 (D), 503
- progressiva 305, 322, 327, (471), (479), 497
Paralogia (16), (177), 185[174], 271, (554)
Paranoia 61, (147), 169, 318, 499, 506, 525
Paranoide cf. d.p.
Parastesia 308
Paris 322
Pattern of behaviour 565
Pavor 86
Pecado 321, 335, 486
Pênis, símbolo do (285), 291
Pensamento 78, 91, 102, 518
- influência de 56, 175
- mitológico 133
- na esquizofrenia 428, 546
- obsessivo v.e.t.
- pressão de 434
- privação de 109, 161, 175, 179, 186, 215, 256, 288, 300
- sequência de 505, 510
Percepção sensória 79
Perception incomplète, sentiment de (Janet) 171
Perceptions insensibles (Leibniz) 440
Perceptivas, variantes 569
Persécuteur persécuté 499
Perseverações 12, 22, 30, 39, 53, 87, 92, 109, 182, 207 (E), 256, 544, 554, 578
Personalidade 78, 83, 182
- atrofia e esvaziamento da 102, 142
- cisão da 73, (195), 499, 503, (579)
- desdobramento da 105, 492, 506, (521), (544), (555), (559)
- unidade da 507, 541 pico (D) 207, 224
Pinheiro 118, 218
Pintar a situação psíquica 562
Pintor 520
Poço (S) 285
Poder, desejo de 397, 411

Poderosas, palavras 155 (E), 202, 208
Poetas 171, 298, 354, 385, 391, 520
Pragmatismo 419
Prata 249, 382, 500
Precoce, demência cf. dementia praecox
Processos celulares e fenômenos psíquicos (cf. tb. cérebro) 7, 56, (471), (493)
Proctofantasmista 391
Projeção para fora 174, 180, 406, 460
Primitivo 424, 453, 525, 549, 566, 576
- mentalidade 513, 529, 541
- simbolismo 524
Proprietária do mundo (D) 202, 207, 227, 382, 500
Psicanálise (cf. tb. análise) 140, 179, 193, 263, 397, 425, 432, 436
Psicastenia 170, 418, 471
Psicofísicos, processos (7), (12), 56
Psicogênese nas doenças mentais 466-495, 497, 501, 504-541
Psicografia 157[137], (313)
Psicologia 105, 419, 542, 549, 584
- comparativa 527
- e medicina 468
- experimental, prefácio, 2
- francesa 6, 14, 59
- individual 72, 406
- médica 527, 541
- personalista 527, 544, 551
- primitiva 529, 576
Psicológico, linha de desenvolvimento (399), (404), 422
- causa 534
- lei psicológica fundamental 7
- ponto de vista 318, 332
- sequência causal 426
- tipos 418
- valor 418
Psiconeurose 437
Psicopatologia 8, 69, 279, 470, 496, 542, 549
- o inconsciente na 438-465

Psicose 354, 421, 480
- aparecimento da (61), 323
- maníaco-depressiva (21), 329, 471
- conteúdo da 317-424
- histérica degenerativa 141
- induzida 574
- inicial 562
- latente 518, 539, (546), 558, 569, 570, 577
- o inconsciente na 443
Psicossexualidade 436
Psicoterapia 540, 542, (573)
- das psicoses 482, 503, 549
Psique 8, 33, 320, 324, 385, 397, 405, 409, 527, 567, 576
- cisão esquizofrênica da (Bleuler) 425
- dos dementes precoces 298
- normal 5, (33), 82, 103, 171, 177, 182, 204, 210, 269, 275, (385), 427, 443, 518, 524, 545, 563[5]
- secundária 137
- unidade funcional da 79
Psiquiatria antiga 141, 321, 334, 346, 453, 467, 501
- escola de Zurique (332), 414, 527
- experimental 397
- francesa (17), 55, 59, (170), 322, 418, (496)
- moderna 318, 332, 398, 405, 472, 552, 584
Psíquicos, elementos 5, 78, 440
- desempenho 12, 20
- energia 103
Psiquismo 425
Puberdade 525
Pulmonar, infecção (E) 342
Punhal (S) 291
Pupilas, reação nas 571
Puritanismo 104

Quadratura circuli 582
Queixa, estereótipos de 183
Quimismo celular 137[123]

Rainha Alexandra (D) 201, 207
Rainha dos órfãos (D) 201, 365, 380
Raison du coeur 527 raiva (cf. tb. ira) 103
Rãs 40, 206
Rato 501
Reação, frente ao afeto 182
- do complexo 93, (107) (E), 175, 179, 578
- verbal perturbada 208
Reação, tempo de 3, 11, 92, 175, 204, 208
Recaída psicótica 561, 571 (E)
Redenção 407
Redução 390, 404, 413, 423
Referência, delírios de 169
Reflexo, máquina de 193
Religião 541
Religioso 90, 105, 176, 525
- convicção 158, 462, (513)
- necessidade 423
Remorsos 490
Repetições nas experiências de associação 11, 37, 53, 204
Repressão, reprimir 119, 130 (E), 179, 304
- de lembranças dolorosas 61, 67, 76, 93, 108, 148 (E)
Reprodução, por hipnose 163
- distúrbios 30, 93, 163
- do complexo 146, 180[167], 256, 263
- impossibilidade de (Masselon) 16
Resistência (cf. negativismo) 16, 27, 93, 104
- muscular negativista 193
Revólver (S) 291
Rigi, cume 246
Ritos religiosos 91, 525
Romanos 525
Rua (S) 123, 129
Rubinstein de Petersburgo (D) 200

Sábia 571
Sachseln, igreja paroquial de 562

Salpêtrière 322
Salsicha (D) 283
Sanguíneo, suprimento sanguíneo do cérebro 323
- circulação 570
Santa Catarina de Sena 279
Santíssima Trindade, imagem da 562
Santos, lendas dos 92
Sarcomas 468
Schiller, "O Sino" de (D) 274, 275, 312, 376
Seio, câncer no 89
Sejunção da consciência (Wernicke) 55, 505
Semelhança (lei de associação) 22, 41, 82[97], 135[120]
Senado 525, 566
Senil, demência (327), 471, 472
- distúrbio 497
Sensação, sensações 18, 78, (519), 562[4]
- distúrbios de 330
- e intelecto 502
Sensação temporal nas doenças mentais 356
Sensibilidade 214
- hipersensibilidade histérica 35 (E)
Sentido 393
Sentiment d'automatisme (Janet) 170
- de domination (Janet) 170
- d'incomplétude (Janet) 170, 207
Sentimentos 78, 86
Serpente (D) 201, 284, 294
Sexual, desenvolvimento 397
Sexual, complexo 92, 102, 140, (206), (207), (213), 277-296
- excitação 97, (291) (E)
- fantasia 105
- ideia delirante 181[169]
- símbolo 286, 294
- vergonha 67
- violência 99, 149[132] (E)
Sexualidade, prefácio, 105, 140, 153, 202, 413
- na esquizofrenia 428

Sexualização do pensamento 435
Símbolo e alegoria 136
- catatônico (d.p.) 26, 30, 180, 390
- coletivo 527
- mandala 582
- no sonho 51, 400, 525
- poético 391
- sexual 285, 294
Simpático, distúrbio no sistema 570
Simplificação, simplificadas 22, 30
- superficialidade 39, 108, 134, 544
Sinnhuber (fixado ao sentido das coisas) (Vischer) 419
Sino, O (Schiller) 274, 275
Sistema 406, 416, 420, 462
Sistemática, ação (Freud) 92, 102, 104, (110) (E), 135, 184, 449
Sobredeterminação (Freud) 133
Sociedade 416
Sócrates (D) 203, 216, 220, 295, 370, 382
Sofrimento 103
Solar, fragmentação 522
Sommer-Leupoldt, sintoma de 54
Sonambulismo 59, 157, 163[144], 164[147], 171, 176, (298), 555
Sonho, sonhos 7, 87, 92, 111, 122, 140, 157, 163[174], 180, 218, 263, 267, 285, 298, 308, 400 (E), 505, 544, 557, 579
- análise dos 124 (E), 275, 291, 557, 560
- como tipo de associação 22
- compensatórios 561, 578
- condensação no 50
- de angústia 291
- discurso no 50, 256, 296
- endógenos e exógenos 163[146]
- fontes das ideias delirantes 181 206, 255, 518
- grandes sonhos 525, 549
- interpretação dos (FREUD) – prefácio, 23, 77, 92, 111, 122, 163[146], 239, 279, 287, 333, 400 (E), 434
- pensamento dos 133, 218, 267
- pessoais e coletivos 524, 549

- violentos 352 (e na d.p.)
Sono 137, 163[146], 513, 523, 544, 557, 579
- distúrbios do 181, 524
- imperativo orgânico do 137[123]
- sugestão do 137, 160
Sonoras, associações 11, 23, (39), 109, 135, 157, (222), (252), 267 (E), 291 (E), 294 (E), (300), 544
Stoffhuber (fixado à matéria) (Vischer) 419
Sublimação (Freud) 105[105], 279
Sugestão 20, 137, 160
- autossugestão 27, 137[123]
- do sono 160
Sugestibilidade 27, 160
- negativa 27
Suggestibilité (Masselon) 17
Suíça 291
- (D) 253, 374
Suicídio 536
- intenção de 198, (207), 305 (E)
Suínos, rebanho de 308
Superficialidade 37, 108, 134, 544
Superstição 174

Tântrico, texto 561
Teleológicas, alucinações 304
Tensão psíquica 1, 480, 520
Teólogos 176
Terremotos 522, 561 (S)
Timeu (Platão) 582[10]
Timopsique (Stransky) 33
Tique 187
Tonalidade afetiva 80 (E), 90, 140, 170, 174, 183, 204, 218
- complexos de v.e.t.
Touro 289
Toxina, significação da toxina na doença mental (cf. tb. cérebro, achados orgânicos) 75, 137[123], 141, 158, 196, 328, 471, 493, 496, (518), (544), 548, 552, 570, 581
Transitivismo 279

Tristeza anormal 329
Trocadilho 120, 252, 259
Troubles cénesthésiques (Solier) 522, 548
Tuberculose 402, 480
Turquia (D) 247, 500

Uremia 141
Uster (D) 280

Vaca 44
Veneno cf. toxina
Verbomotora, combinação 22, 37, 108, 250, 544, (578)
Verbais, estereótipos v.e.t.
Verborragia 12, 182, 186
Vergonha 64, 67, 100
Vestimenta "Museu Caracol" (D) 219, 221, 222, 371
Vida, perigo de 566
- ferida da 428
- história de 455
Vigília, estado de 137, 523
Visão, visões 180, 453, 508, 549, 565
- arquetípicas 582
- da genitália 63
- de Deus 562
Vontade 20, 33, 170, 402, 561
- fraqueza de (cf. tb. abulia) 505, 521, 531, 578
Vozes, exorcizar as 155
- ouvir 64, 180[167] (E), 180 (E), 190, 198, 307 (E), 453, 459, 482, 508, 540 (E), 574 (E)

Weltanschauung (cosmovisão) 420, 421, 422
- dos doentes (cf. tb. sistema) 417
Würzburg 321

Zähringer (D) 17, 310
Zarathustra (Nietzsche) 171
Zuppinger, senhor (D) 283, 293
Zurique 281, 291, 325[4]

CULTURAL

Administração
Antropologia
Biografias
Comunicação
Dinâmicas e Jogos
Ecologia e Meio Ambiente
Educação e Pedagogia
Filosofia
História
Letras e Literatura
Obras de referência
Política
Psicologia
Saúde e Nutrição
Serviço Social e Trabalho
Sociologia

CATEQUÉTICO PASTORAL

Catequese
 Geral
 Crisma
 Primeira Eucaristia

Pastoral
 Geral
 Sacramental
 Familiar
 Social
 Ensino Religioso Escolar

TEOLÓGICO ESPIRITUAL

Biografias
Devocionários
Espiritualidade e Mística
Espiritualidade Mariana
Franciscanismo
Autoconhecimento
Liturgia
Obras de referência
Sagrada Escritura e Livros Apócrifos

Teologia
 Bíblica
 Histórica
 Prática
 Sistemática

VOZES NOBILIS

Uma linha editorial especial, com importantes autores, alto valor agregado e qualidade superior.

REVISTAS

Concilium
Estudos Bíblicos
Grande Sinal
REB (Revista Eclesiástica Brasileira)

VOZES DE BOLSO

Obras clássicas de Ciências Humanas em formato de bolso.

PRODUTOS SAZONAIS

Folhinha do Sagrado Coração de Jesus
Calendário de mesa do Sagrado Coração de Jesus
Agenda do Sagrado Coração de Jesus
Almanaque Santo Antônio
Agendinha
Diário Vozes
Meditações para o dia a dia
Encontro diário com Deus
Guia Litúrgico

CADASTRE-SE
www.vozes.com.br

EDITORA VOZES LTDA.
Rua Frei Luís, 100 – Centro – Cep 25689-900 – Petrópolis, RJ
Tel.: (24) 2233-9000 – Fax: (24) 2231-4676 – E-mail: vendas@vozes.com.br

UNIDADES NO BRASIL: Belo Horizonte, MG – Brasília, DF – Campinas, SP – Cuiabá, MT
Curitiba, PR – Fortaleza, CE – Goiânia, GO – Juiz de Fora, MG
Manaus, AM – Petrópolis, RJ – Porto Alegre, RS – Recife, PE – Rio de Janeiro, RJ
Salvador, BA – São Paulo, SP